하드웨어 기반의

내장형 시스템

하판봉 지음

도서출판 GS인터비전

머리말

요즈음 가속화되고 있는 사물인터넷 (internet of things)과 4차 산업 혁명의 시대를 맞이하야 임베디드 시스템의 요구가 더 절실해졌다. 임베디드 시스템은 저전력, 소형, 저가격, 고신뢰성, 고연결성 등이 요구된다.

강의 준비하며 접한 최신의 인터넷 자료들과 청취한 YouTube 동영상들을 정리하여 교재로 만들기로 하였다.

다루는 내용은 주로 전자공학도를 대상으로 기술하였으므로 소프트웨어 보다는 하드웨어를 기반으로 다루는 내용이 더 많다.

먼저 임베디드 시스템의 정의, 특징, 및 종류들을 살펴보고, 이 내용들을 기술하다 보면 알아야할 디지털공학 내용을 언급하였다.

그리고 임베디드 시스템에서는 다양한 센서들을 이용하고 있으므로 센서들과 조정하는 회로들을 살펴보았다.

또한 운영체제에 대해서 알아보았다.

이어서 시스템을 구현하려면 마이크로컨트롤러가 필요한데 이들에 관한 구조에 기초지식을 먼저 다루고, 임베디드 시스템에서 꾸준하게 사용되고 있는 대표적인 마이크로컨트롤러인 8051, AVR, PIC, 및 Cortex를 다루었다. 또한 메모리도 다루었다.

또한 버스에 대한 기초 사항들을 살펴보고 임베디드 시스템에서 널리 사용되고 있는 각종 버스들인 AMBA, USART, CAN, I2C, SPI, USB, IEEE 1394, LIN 등에 대해서 다루었다.

마지막으로 사물 인터넷 시대를 맞아 보안이 화두가 되고 있기 때문에 암호화 및 디지털 서명에 대해서 살펴보았다.

임베디드 시스템을 공부하고자하는 전자공학도에 큰 도움이 되었으면 하는 바램이다.

취업 준비하느라 동분서주하고 있는 아들과 퇴근해서도 자료 준비하는 나를 묵묵히 지켜봐준 아내에게 고마움을 표한다.

2018.1.17.

하 판 봉

차 례

용 어

A

ABS	ant-lock braking system
ADC	analog-to-digital converter
AHB	advanced high-performance bus
ALU	arithmetic and logic unit
AMBA	advanced micro-controller bus architecture
ARM	advanced RISC machine
APB	advanced peripheral bus
ASB	advanced system bus
ASCII	American standard code for information interchange
ASIC	application-specific IC
ATM	automatic teller machine
AXI	advanced extensible interconnect

B

BJT	bipolar junction transistor
BL	bit line
BOR	brown-out reset
BSR	bank select register

C

CA	certificate authority
CAN	controller area network
CCW	counter clockwise
CG	character generator
CHE	channel hot electron injection
CISC	complex instruction set computer

CLB	configurable logic block
CMOS	complementary MOS
CMRR	common-mode rejection ratio
CPSR	current processor status register
CPU	central processing unit
CRC	cyclic redundancy check
CSMA/CA	carrier sense multiple access/collision avoidance
CSMA/CD	carrier sense multiple access/collision detection
CSR	certificate signing request
CTS	clear to send
CU	control unit
CT	computer tomography

D

DAC	digital-to-analog converter
DLC	data length code
DMA	direct memory access
DPSK	differential phase-shifting key
DRAM	dynamic RAM
DSP	digital signal processor
DVD	digital video disk

E

ECDSA	elliptic curve DSA
EDA	electronic design automation
EDF	earliest deadline first
EEPROM	electrically erasable PROM
EPROM	erasable PROM
DSA	digital signature algorithm
EXNOR	exclusive NOR
EXOR	exclusive OR

F

FCFS	first-come, first-served
FAMOS	floating-gate avalanche injection MOS
FGMOS	floating-gate MOS
FIFO	first in, first out
FLOTOX	floating gate oxide tunnelling
FN	Fowler-Nordheim
FPGA	field-programmable gate array
FSM	finite state machine
FSR	file select register

G

GDS	graphic database system
GIS	geographic information system
GPOS	general-purpose OS
GPS	global positioning system
GUI	graphic user interface

H

H/W	hardware
HA	home automation
HDL	hardware description language

I

I2C	inter IC
I/O	input and output
IC	integrated circuit
ID	identifier
IE	interrupt enable
IEEE	institute of electronic and electrical engineers
IOB	input-output block
IoT	internet of things
IP	interrupt pending or intellectual property or internet protocol
ISO	international standards organization

ISP	in-circuit programmer
ISR	interrupt service routine
ITS	intelligent transportation system

J

JTAG	joint test action group

L

LAN	local area network
LADAR	laser detection and ranging
LCD	liquid-crystal display
LDR	light-dependent resistor
LED	light-emitting diode
LIDAR	light detection and ranging
LIN	local interconnect network
LLC	logical link layer
LPF	low-pass filter
LR	link register
LRM	language reference manual
LRU	least recently used
LSF	least slack time first
LTP	lower threshold point
LUT	look-up table

M

M/W	middleware
MAC	medium access control
MEMS	micro electromechanical system
MMU	memory management unit
MOS	metal-oxide-semiconductor
MRI	magnetic resonance imaging
MSSP	master-slave serial port
NMI	non-maskable interrupt

N

NMI	non-maskable interrupt
NMOS	n-channel MOS
NRZ	non-return to zero
NVM	non-volatile memory
NaN	not a number

O

OP-AMP	operational amplifier
OS	operating system
OSI	open systems interconnection
OVI	open Verilog international

P

P&P	plug and play
P&R	placement and routing
PC	personal computer or program counter
PCB	printed circuit board
PCI	peripheral component interface
PCIe	peripheral component interface express
PCL	program counter lower byte
PDU	protocol data unit
PI	programmable interconnect
PIC	peripheral interface controller
PIR	pyroelectric infrared detector
PKI	public key infrastructure
PMOS	p-channel MOS
POR	power-on reset
PWM	pulse width modulation
PROM	programmable ROM

R

RAM	read and write memory
RFID	radio frequency identification
RISC	reduced instruction set computer
RMS	rate-monotonic scheduling
ROM	read-only memory
RSA	Rivest-Shamir-Adleman
RTL	register transfer level
RTOS	real-time OS
RTR	remote transmission request
RTS	request to send

S

S/W	software
SCI	serial communication interface
SDF	standard delay format
SFR	special function register
SOF	start of frame
SONAR	sound navigation and ranging
SP	stack pointer
SPA	service point address
SPI	serial peripheral interface
SPSR	saved processor status register
SRAM	static RAM

T

TAS	test and set
TCP	transmission control protocol
TLB	translation lookaside buffer

U

UART	universal asynchronous receiver and transmitter
USART	universal synchronous/asynchronous receiver and transmitter
USB	universal serial bus

UTP	upper threshold voltage

V

VCS	Verilog compiled simulator
VHDL	very high-speed IC HDL
VLIW	very long instruction word

W

WDT	watchdog timer
WL	word line

01

임베디드 시스템

이 장에서는 다음 사항들을 공부한다.

- 임베디드 시스템 정의
- 임베디드 시스템의 예
- 임베디드 시스템의 특징
- 임베디드 시스템 개발 시 고려 사항
- 임베디드 시스템의 응용

❖ 임베디드 시스템 정의

기기나 시스템들이 지능화되어 감에 따라 임베디드 시스템의 요구가 더욱 높아지고 있다. IoT (internet of things)와 스마트폰 시장이 커지면서 가정 내에서 조차 HA (home automation) 관련 기기나 시스템이 임베디드 시스템의 발달에 힘입어 더욱 고도화되고 있다. 현재 꽃을 피우고 있는 4차 산업 혁명 시대에는 더욱 더 부각되는 기술이라 생각이 든다.

Wikipedia 정의에 따르면 임베디드 시스템 (embedded system, 내장형 시스템)은 기계나 기타 제어가 필요한 시스템에 대해서 제어를 위한 특정 기능을 수행하는 컴퓨터 시스템으로 장치 내에 존재하는 전자 시스템이다. 즉, 임베디드 시스템은 전체 장치의 일부분으로 구성되며 제어가 필요한 시스템을 위한 두뇌 역할을 하는 특정 목적의 컴퓨터 시스템이다. 이에 비해 개인용 컴퓨터와 같은 특정되지 않는 일반적인 목적을 수행하는 컴퓨터 시스템과 대조된다. 특정 목적을 수행하는 컴퓨터 시스템이므로 목적을 설정하고 이를 수행하는 프로그램 코드를 작성하여 메모리에 기록하고 이를 읽어 동작 시키는 방법이 일반적이다.

스마트폰도 임베디드 시스템의 일종인데, 이것은 마이크로프로세서의 급속한 발전에 힘입어 범용의 컴퓨터 시스템과 구분할 수 없을 정도로 진화하여 전화나 문자의 원래의 기능 외에 앱 (app)이라 불리는 다양한 응용 프로그램을 실행시켜 특정 목적보다는 범용의 목적으로 사용되고 있다고 해도 과언이 아니다.

임베디드 시스템은 어떤 입력을 받아 원하는 출력을 내주도록 그 시스템 내에 내장되어 (embedded) 있는 마이크로컨트롤러에 의해서 제어되는 시스템이지 계산기가 아니다. 보통 H/W (hardware)와 이를 제어하는 S/W (software)가 결합되어 있다.

전자 하드웨어와 기계 부분을 포함하는 전체 장치의 일부로 내장되었다는 의미에서 임베디드 단어가 사용되었다. 임베디드 시스템은 오늘날 일상생활에 쓰이는 많은 장치들을 제어하고 있다.

임베디드 시스템에는 마이크로컨트롤러 (microcontroller)나 DSP (digital signal processor) 등의 프로세서 코어가 장착될 수 있다.

마이크로컨트롤러는 규모가 작은 시스템에 사용하므로 보통 운영 체제를 포함하지 않는 경향이 있다면, 임베디드 시스템은 좀 더 규모가 크기 때문에 운영 체제 (윈도우 CE, 또는 리눅스 커널)가 시스템에 포함된다. 이 운영체제 위에 특수한 기능만을 수행하도록 응용 프로그램이 장착되어 동작하는 경향이 있다. 예를 들어 같은 ARM이라도 마이크로컨트롤러는 한 칩에 메모리 (flash 메모리, RAM)을 포함하고 기타 하드웨어 (타이머,

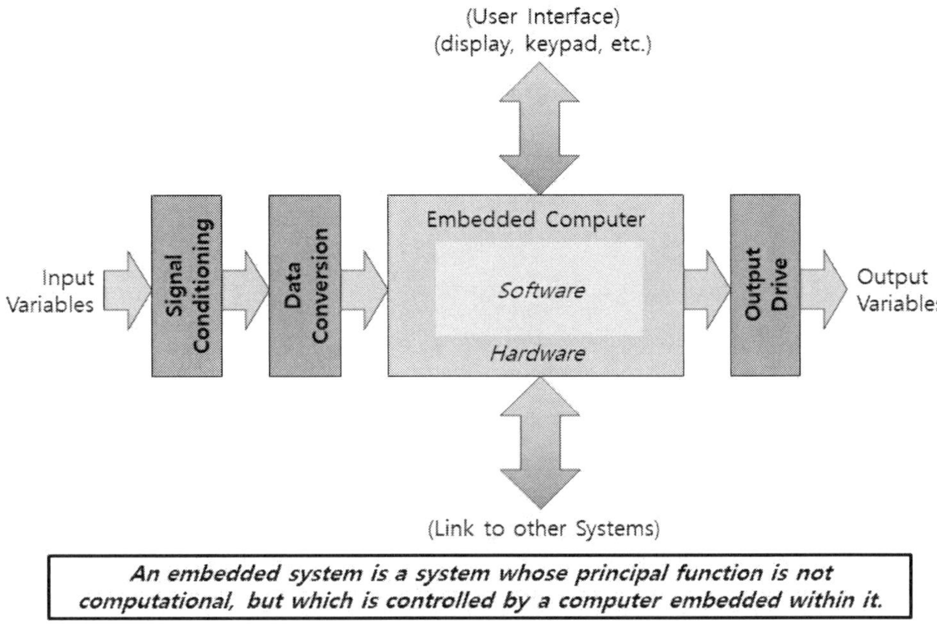

<일반적인 임베디드 시스템의 블록도>

UART, SPI, ADC 등 필요에 따라 장착)를 포함한다. 여기서 메모리는 용량이 크지 않기 때문에 운영체제를 포함하기에는 한계가 있다. 그러나 임베디드 시스템에서는 하드웨어는 한 칩 내에 장착하지만, 칩 밖에 많은 용량의 메모리를 장착하고 PCB (printed circuit board)에서 연결하는 것이 일반적이다. 이것은 시스템이 크기 때문에 용량이 큰 메모리를 시스템에 장착할 필요성이 있기 때문이다.

개인용 컴퓨터는 하드 디스크와 같은 대용량 저장장치에 운영 체제를 내장하고 있다. 그에 반해, 임베디드 시스템은 운영 체제와 응용 프로그램들이 ROM (flash 메모리)에 이미지 형태로 저장되어 있다가 시동과 동시에 램 디스크를 만든 다음, RAM 디스크 위에 운영 체제와 응용 프로그램들이 구성되고 구동되는 경우가 많다.

❖ 임베디드 시스템의 예

임베디드 시스템은 다음과 같은 다양한 분야에서 사용되고 있다.

- 사무용 기기: 프린터, 스캐너, 복사기
- 가전 제품: 세탁기, 마이크로 레인지, 김치 냉장고, 에어컨
- 휴대용 정보 기기: 스마트폰, 카메라, 휴대용 DVD player
- 네트워크 기기: 교환기, 라우터, 공유기, 게이트웨이
- 게임 기기: PlayStation4, XBox, 지능형 장난감
- 의료 기기: MRI, CT, 초음파 검사기
- 사무 기기: 전화기, 프린트, 복사기
- 제어: 공장자동화 시스템, 로봇 제어, 공정 제어
- 차량/교통: ITS (intelligent transportation system)
- 자동차 부속품: ABS 브레이크, 에어백시스템, cluster
- 유비쿼터스 시스템
- 항공/군용: 비행기, 우주선, 야전 이동 단말기 (GPS, GIS)
- 물류/금융: ATM, RFID, 물류 단말기
- 사물인터네트 (internet of things: IoT) 장치

❖ 임베디드 시스템의 특징

임베디드 시스템의 가장 큰 특징이며 그것을 정의하는 가장 큰 요소는 제한된 자원을 갖는다는 것이다. 휴대폰이나, 태블릿 PC, MP3 플레이어 등 주위에서 쉽게 볼 수 있는 임베디드 시스템의 큰 특징은 에너지가 제한적이라는 것이다.
물론 냉장고나 자동차, 혹은 전자레인지에 들어가는 임베디드 시스템은 그 심각성이 좀 덜한 편이지만, 컴퓨터 개발자들이 흔히 접하게 되는 태블릿 PC 같은 경우에는 배터리로 인한 에너지의 제한이 큰 걸림돌이 되는 경우가 많다. 이러한 배터리, 즉 전력의 제한을 해결하는 방안에는 몇 가지가 있다.

우선 하드웨어적인 문제로 해결하는 방법이 있다. 가장 기본적인 것은 물론 배터리의 용량을 늘리는 방법이지만, 그것은 기술의 발전 속도 상 어려운 일이다. 또 다른 방법으로는 CPU의 모드를 두는 것이다. 마냥 빠르게만 작동하는 CPU가 아니라, 그 속도를 늦추거나 하는 일이 없을 때는 잠들어 있는 슬리핑 모드로 보내는 것이다. 이렇게 CPU를 제어하는 방법 외에 메모리의 설계를 저전력을 위한 구조로 바꾸는 방법도 있다. 이러한 하드웨어 해결책 외에도 소프트웨어 해결책도 있다. 운영체제의 구조를 저전력을 위한 구조로 바꾸는 것이 하나인데, 이것은 CPU의 모드를 어떻게 하면 적절하게 변환할지를 운영체제에서 제어하는 것이다. 또한 임베디드 시스템 위에서 돌아가는 소프트웨어의 구조를 저전력을 위한 형태로 만들기 위해 특화된 컴파일러를 이용하는 것도 하나의 방법이다.

저전력을 위한 CPU 구조에도 몇 가지의 접근 방식이 있다. 그중에서 가장 대표적인 것은 가변적인 전력 기술이다. 전력 소비를 줄이는 가장 효율적인 방법이 전력을 낮추면 된다는 것은 누구나 아는 사실이다. 전통적인 시스템에서는 고정적인 전력을 사용하였지만, 최근에는 전력을 동적으로 변하게 하는 방법을 사용한다. 이렇게 전력을 동적으로 변화시켜서 사용하기 위해서는 언제 얼마큼 전력을 낮추어야 할지를 정해야 하는데, 이것을 CPU의 동작이 활발한 때와 활발하지 않은 때로 나누어서 정하는 것이다. 요즘 태블릿 PC 등에 많이 쓰이는 ARM 코어의 경우 7가지의 모드를 갖는다.

메모리와 CPU의 데이터 전송 시에 소비되는 전력 낭비를 줄이기 위한 방안들이 연구되고 있다. 메모리와 CPU 간의 데이터 전송을 줄이기 위해 비트의 수를 줄이는 방법이 있다. 또한 성능 향상을 위해 만들어진 캐시의 설계를 전력 소비를 줄이기 위한 설계로 바꾸어 나가는 방향도 있다.

하드웨어 접근법을 앞에서 살펴보았다. 이외에 소프트웨어 실행 시에 전력의 소비를 최소화하려고 노력하는 움직임도 있다. 그러기 위해서는 최적화된 컴파일러를 사용해야 한다. 물론 이러한 해결책은 하드웨어적인 해결책을 기반으로 행해지는 것이 보통이다. 이러한 방법은 프로그램 개발자가 코딩할 때와 컴파일링할 때에 코드 수준의 최적화라 할 수 있다. 앞으로 임베디드 시스템의 응용 프로그램을 개발할 일이 많은 개발자는 이러한 저전력에 대한 개념을 가지고 개발에 임한다면 한 단계 높은 수준의 프로그램을 개발 할 수 있을 것이다.

저전력을 위한 운영체제의 구조에는 하드웨어를 어떻게 조작할 것인지에 대한 접근 방식이다. CPU의 모드를 어떻게 제어할 것인지가 주를 이루게 된다. 즉, CPU의 모드 중 전력을 덜 소비하는 모드를 정하려면 저전력을 위한 프로세스 스케줄링 등이 필요하게 되는 것이다.

임베디드 시스템이 갖는 제한된 자원 중에는 저장 매체에 대한 것도 빼놓을 수 없다. 태블릿 PC나 휴대폰에는 보통 대용량의 하드디스크 대신 flash 메모리를 장착한다. flash 메모리는 하드디스크에 비해 용량대비 가격이 비싸다. 하지만 하드디스크를 달지 못하는 이유는 간단하다. 그것은 하드디스크의 암을 움직여주는 모터에 있다. 태블릿 PC나 휴대폰에 그러한 모터가 달린다면 약간의 충격이라도 쉽게 파손되고 소음도 심하게 나게 될 것이다.
임베디드 시스템의 크기를 보면 가전제품에는 영향을 주지 않지만 휴대용 기기에는 크게 작용하는 편이다. 이동성을 중시하는 휴대용 기기에 큰 덩치를 가진 것이라면 가지고 다니기 어렵다. 크기의 제한은 간접적으로 에너지의 제한도 가져온다.

일반적인 PC의 하드웨어와 임베디드 시스템에서 사용하는 하드웨어가 어떻게 다른지 살펴보자.

임베디드 시스템은 작게 구성해야 한다는 특징이 있기 때문에 하드웨어 구성요소도 일반 PC와는 달리 꼭 필요한 시스템 구성요소로만 이루어진다.

프로세서는 기존의 PC가 고성능이면 고성능일수록 좋은 반면 임베디드 시스템은 원하는 기능을 동작시키기 위한 최소한의 성능이면 된다.

메모리의 경우도 PC의 경우는 많으면 많을수록 좋지만, 임베디드 시스템은 필요한 최소한의 메모리만 있으면 된다.

보조기억장치의 경우는 임베디드 시스템은 거의 사용하지 않으며, 주변장치의 경우도 필요한 장치만을 사용한다.

- 보다 큰 시스템의 일부이거나 독립된 시스템이다.
- 하드웨어와 소프트웨어를 포함한다.
- 저가의 마이컨트롤러를 사용한 특정 용도의 시스템이다.
- 제한된 하드웨어에서 실시간 처리를 요한다.
- 여러 해에 이르는 오랜 기간 동안 오류 없이 안정적으로 동작해야 한다.
- 오류가 생기더라도 스스로 재기동할 수 있어야한다.
- 모바일 기기용인 경우 저전력으로 동작해야한다.
- 모바일 기기로 사용될 수 있으므로 크기에 제약이 있다.
- 최소한의 사용자 인터페이스를 갖는다.

❖ 임베디드 시스템 개발 시 고려사항

작은 크기, 경량

임베디드 시스템은 정보 가전 기기와 개인용 휴대 기기, 산업용 제어 기기 등의 내부에 포함되어 동작한다. 작은 용량의 기기에 맞도록 설계되어야 하기 때문에 각 기기의 특성에 맞도록 가볍고 효율적으로 설계되어야 한다.

안전성과 신뢰성

임베디드 시스템이 내장된 기기들 중에는 오류가 발생했을 경우 대형 참사가 뒤따를 수 있는 기기들이 많고, 작은 크기로 기기의 특성에 맞게 설계가 되어야하기 때문에 범용 시스템에서 기능을 모두 가지고 있지 않다. 임베디드 운영체제는 운용할 기기에 맞게 작고, 안정성 있고, 신뢰할 수 있게 설계되어야한다.

가혹한 환경

현재 많은 임베디드 시스템들은 각종 산업현장에서 기기 제어를 목적으로 사용되고 있다. 전문가가 쉽게 제어할 수 있는 안정된 환경에서 작동하는 것이 아니라 매우 열악하고 불안정한 환경에서 동작하는 경우가 많다. 많은 위험을 내포하고 있는 불안정한 환경에서도 오류 없이 안정적으로 동작되도록 설계되어야 한다.

저가격

임베디드 시스템들이 전통적인 컴퓨터 시스템에 비해 훨씬 엄격한 요구 사항을 갖고 개발되어야 하지만 비교적 비용에 관대한 군사용 기기들에까지 시스템의 비용이 매우 중요한 요소로 작용한다. 특히 휴대용 사무기기나 이동 통신 단말기 등의 경우 임베디드 시스템의 비용이 전체 기기의 비용에서 차지하는 부분이 매우 크기 때문에 즉각 제품의 가격 상승과 경쟁력 저하로 부각될 수 있다. 그러므로 저가의 비용으로 높은 효율을 발휘하는 시스템을 개발 할 수 있도록 설계하는 것이 매우 중요하다.

❖ 임베디드 시스템의 응용

임베디드 시스템은 다양한 분야에서 응용되고 있다.

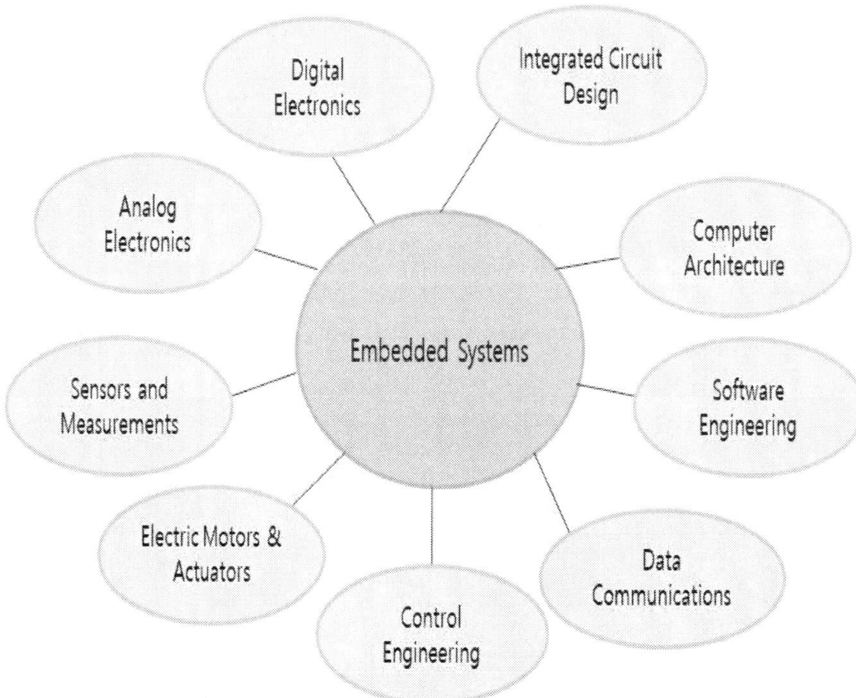

<임베디드 시스템의 응용분야>

02

임베디드 시스템용 운영체제
(operating system: OS)

이 장에서는 다음 사항들을 공부한다.

- 운영 체제의 특징
- 커널 (kernel)
- RTOS (real-time OS)의 특징
- 멀티태스킹 (multi-tasking) 스케줄링
- 스케줄링 알고리즘
    - 클록에 의해 구동되는 스케줄링
    - 가중치를 가진 (weighted) 라운드 로빈 (round robin) 스케줄링
    - 우선순위 (priority) 스케줄링
- 상호 배타 (mutual exclusion)
    - 인터럽트의 인에이블과 디스에이블
    - 테스트와 세트 (test and set) 연산
    - 스케줄링의 인에이블과 디스에이블
    - 세마포
- deadlock
- 상용 RTOS

임베디드 시스템을 개발할 때 간단한 시스템일 경우 운영체재 (OS: operating system)없이 개발할 수 있으나 다양한 멀티미디어 기능과 네트워크 기능을 제공하기 위해서 운영체제가 필요하다. 대부분은 실시간 운영체제 (RTOS: real-time OS)이지만 Windows 10, Embedded Linux등과 같이 PC 환경의 운영체제의 변형도 존재한다.

❖ 운영체재의 특징

운영체제는 임베디드 시스템에서 교향악단의 지휘자의 역할을 담당한다. 중요한 마이크로컨트롤러의 자원들을 관리하고 응용 프로그램들 간의 자원 사용 요구를 효율적으로 처리해준다. 운영체제는 다음의 특징을 갖는다.

- 태스크들을 스케줄링 한다.
- 메모리, I/O 장치 등과 같은 마이크로컨트롤러 자원들을 관리한다.
- 파일 시스템을 관리한다.
- 유저들과의 입출력을 상호적으로 처리한다.

❖ 커널 (kernel)

OS의 가장 자주 사용되는 부분으로 메모리에 상주하는 부분을 커널 (kernel)이라 한다. 보통 커널은 개발 툴에서 제공되는 부트로더 (bootloader)에 의해서 메모리에 로드된다. 부트로더는 전원이 가해지면 리셋 핸들러에 의해서 flash 메모리같은 비휘발성 메모리 (non-volatile memory: NVM)의 특정 위치에 있는 부트로더가 있는지 확인한다. 부트로더가 없으면 바로 응용 프로그램을 메모리에 로드하여 그 프로그램을 실행시킨다. 만약 부트로더가 존재하면 부트로드가 메모리에 로드되어 실행되면 타이머가 작동하여 별다른 부트로더에 관련된 명령이이 사용자로부터 없으면 해당 커널을 메모리에 로드시켜 커널을 실행시키는 역할까지 담당하게 된다. 부트로더에 관련된 명령어는 보통 flash 메모리 체크, 메모리 내용 보기, 제거 (erasing), 프로그래밍 (programming), 커널 로드, 커널 실행, 응용 프로그램 로드, 응용 프로그램 실행 등이 있다. 응용 프로그램에서 소프

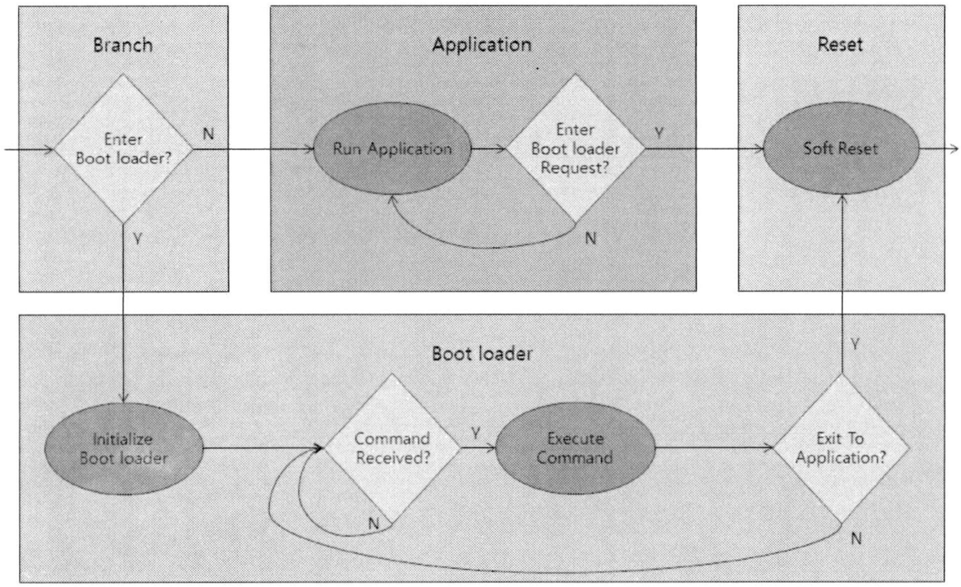

<부트로더>

트웨어 리셋이 걸리면 부트로더로 실행이 되어 부트로더 관련 명령어들을 주어 실행시킬 수 있다.

커널의 기능은 다음과 같다.

- 프로세스 관리
- context switching
- 스케줄링
- 메모리 관리
- 장치 관리
- 파일 시스템 관리
- 네트워크 관리
- 인터럽트 처리
- critical section: 적절한 메모리 보호 기능 제공

critical section은 서로 다른 프로세스들이 공유하는 메모리 공간을 의미한다. 한 프로세스가 사용하고 있는 메모리 내용을 다른 프로세스가 변경시키게 되면 안된다. 그래서 세마포를 이용하여 이런 일이 생기지 않도록 OS가 관리해야 한다.

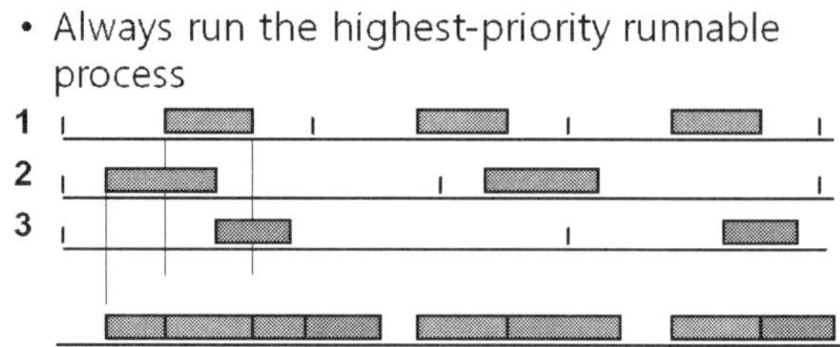

<우선순위 선점적 스케줄링>

커널로는 비선점적 (non-preemptive) 커널과 선점적 (preemptive) 커널이 있다. 우선순위 선점적 멀티태스킹 (multi-tasking)되는 예를 보인다.

❖ RTOS (real-time OS)의 특징

실시간 OS, 즉 RTOS는 실시간 응용, 특히 임베디드 시스템을 위한 멀티태스킹 OS이다. 개발 툴들이 존재하며 하드웨어와 소프트웨어 간의 층 (layer) 추상화 (abstraction)을 제공한다. 논리적 및 타이밍적 정확성이 요구된다. 빠른 실행이 요구되나 늦은 실행이 치명적이 아닐 때는 연실시간 (soft real-time)이라고 하고 치명적일 때는 경실시간 (hard real-time)이라 한다.

우선 적시성 (timeliness)과 데드라인 (deadline)을 먼저 정의한다. 적시성은 열악한 환경 하에서도 데드라인 이내에 논리적으로 정확한 출력을 산출해내는 것을 의미한다. 데드라인은 반응에 요구되는 시간의 한계 값을 의미한다. 실시간 (real time) 시스템은 데드라인 내에 시스템이 결과를 출력해내는 적시성을 가진 시스템을 말한다.

- 실시간성을 보장해야하기 때문에 지정된 시간 내에 서비스를 보장한다.
- 범용 운영체제 (GPOS: general-purpose OS)에 비해 높은 신뢰성을 요한다.
- 사이즈가 작고, 기능별 추가와 제거가 용이하다.
- 고성능이다.
- 예: VxWorks, μC/OS, pSOS, Nucleus, REX

모든 태스크는 실행시간, 주기, 및 데드라인 값들을 갖는다. 태스크가 주기 내에서 태스크가 실행된다.

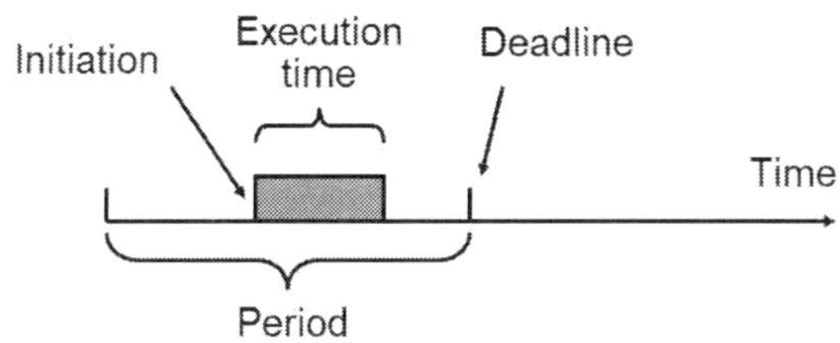

<태스크의 시간 값들>

RTOS의 구성요소

태스크 (task)는 OS의 관련된 상태에 따라 실행되고 있는 한 개의 스레드 (thread)이다. 스레드는 프로그램을 실행할 시 독립적인 실행 코드들로 나누어서 실행하게 되는데 그 중의 하나를 말한다.

구성요소로는 다음들이 있다.

- 스케줄러: 실시간으로 수행될 태스크들을 관리한다.
- 인터럽트 처리: 비동기적으로 발생한 외부에서 들어온 요청들을 처리한다.
- 자원 (resource) 관리: 제한된 리소스 사용을 극대화한다.
- 태스크/스레드 (thread): 스케줄러가 실행시킬 프로그램들을 나눈 작은 단위의 일.

❖ 멀티태스킹 (multi-tasking) 스케줄러

스케줄러 설계 파라미터

스케줄러 (scheduler)는 디스패처 (*dispatcher*)라고도 한다. 스케줄러는 커널의 한 부분으로 어떤 태스크가 다음에 실행될지를 결정한다. 여러 개의 태스크들을 효율적으로 스케줄링하기 위한 알고리듬을 고안 시 다음 파라미터들을 전제한다.

- 태스크의 수
- 요구되는 자원
- 실행 시간
- 데드라인 (deadline)

스케줄링 기준

스케줄러 설계 시 다음을 기준으로 고려하고 설계한다.

- 마이크로컨트롤러 사용
- throughput: 단위 시간당 수행된 태스크 수
- turn-around 시간: 프로세스 latency (최악의 응답 시간)
- 응답 시간: 프로세스의 대기 시간
- 실시간: 데드라인을 만족

스케줄링 정책

스케줄러는 다음의 정책으로 스케줄링 된다.

- FCFS (first-come first-served)
- shortest job first

❖ 스케줄링 알고리즘

더욱 더 결정적인 (deterministic) 시스템이 되기 위해서는 더 좋은 스케줄링 알고리즘이 고안되어져야 한다. 스케줄링 알고리즘으로 다음이 있다.

- 클록에 의해 구동되는 스케줄링
- 가중치를 가진 (weighted) 라운드 로빈 (round robin) 스케줄링
- 우선순위 (priority) 스케줄링

우선순위가 없이 스케줄링되는 태스크들을 다음에 보인다. 낮은 우선순위의 태스크가 실행될 때 높은 우선순위의 태스크가 인터럽트에 의해서 요구되어도 낮은 우선순위의 태스크가 실행을 완료하여야 높은 우선순위 태스크가 실행되고 있음을 보인다.

그에 반하여 우선순위에 의해서 스케줄링되는 것을 보면 낮은 우선순위의 태스크가 실행되고 있을 때 인터럽트에 의해서 높은 우선순위의 태스크의 실행을 요할 때 낮은 우선순위 태스크가 높은 우선순위 태스크에게 실행을 양보한다. 높은 우선순위 태스크의 실행이 완료된 뒤 낮은 우선순위의 태스크가 실행을 재개한다.

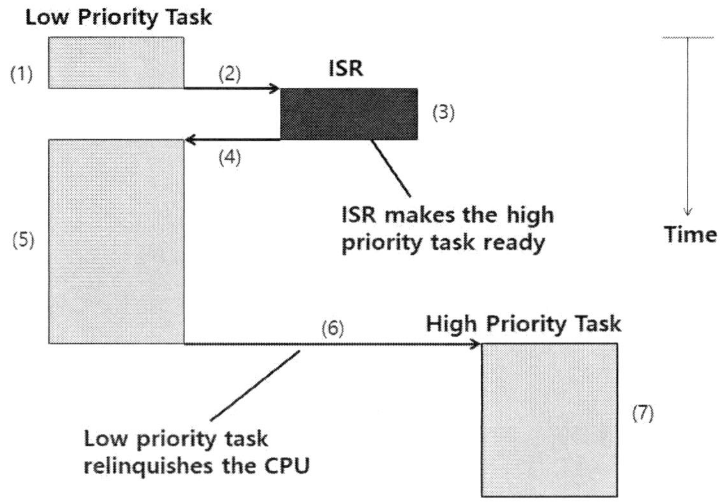

<우선순위 없이 실행되는 태스크들>

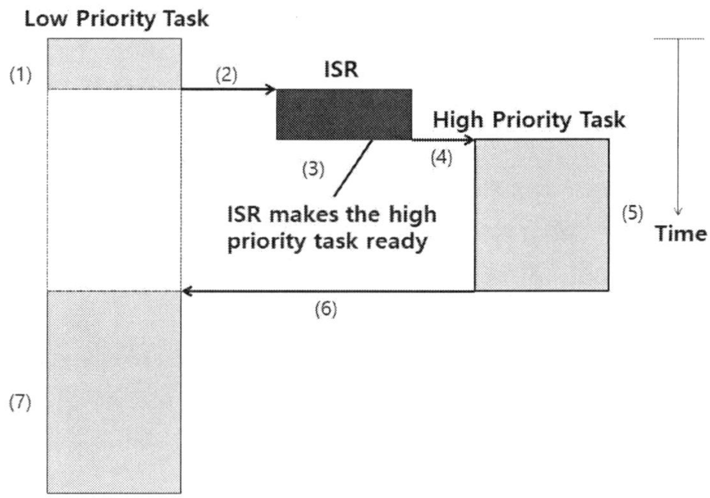

<우선순위로 실행되는 태스크들>

클록에 의해 구동되는 스케줄링

간단한 스케줄러를 설계 시 사용되는 방법이다. 클록 신호에 동기 되어 태스크들이 주어진 순서대로 실행된다.

- 모든 파라미터들을 사전에 알고 있다고 가정한다.
- 스케줄이 오프라인이나 어떤 일정 시간에 계산될 수 있다.
- 최소 실행 시간 오버헤드를 갖는다.
- 많은 응용에서 적합하지 않다.

가중치를 가진 라운드 로빈 알고리즘

- 태스크들이 FCFS 방식으로 스케줄링된다.
- 태스크들에 주어진 시간 양 (time quanta)이 그 태스크의 가중치에 비례한다.
- 우선순위를 요하는 태스크들에 적합하지 않다.

우선순위 스케줄링

우선순위 스케줄링을 하면 다음의 장점이 있다.

- 실행될 태스크가 있으면 결코 노는 상태로 가지 않는다.
- 프로세스들을 우선순위에 따라 할당된다.
- 설계 시 주어진 정적 우선순위와 실행 시 주어진 동적 우선순위가 있다.

우선순위 스케줄링 알고리즘

- EDF (earliest deadline first): 빠른 데드라인을 가진 태스크에 우선순위를 주는 것.
  동적으로 선택된 우선순위를 줌
  이해하기 쉽고 구현하기도 쉬움
  프로세서 사용이 100% 미만일 때 적합
- LSF (least slack time first): 상대적 데드라인에서 남은 실행시간을 뺀 시간을 부진한 (slack) 시간이라 한다. 부진하게 진행된 태스크에 우선순위를 주는 것.
- RMS (rate-monotonic scheduling): 주기적인 태스크에 대해서 주기에 반비례하게 우선순위를 주는 것.
  고정된 우선순위를 줌
  프로세서 사용이 69% 미만일 때 적합
- 우선순위 반전 (priority inversion): 높은 우선순위 태스크가 이미 critical section에 있는 낮은 우선순위 태스크와 공유할 때, 높은 우선순위 태스크가 중간 우선순위 태스크를 기다리는 것으로 끝나는 문제가 생긴다.

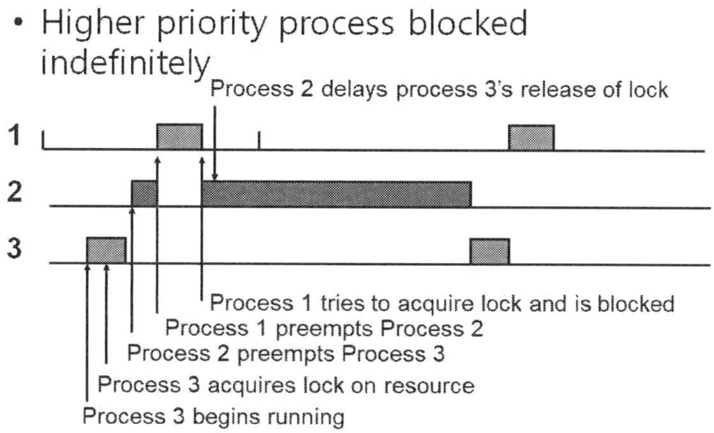

<priority inversion의 예>

- 우선순위 상속 (priority inheritance): 우선순위 반전을 해결하기 위해 나왔다.
  낮은 우선순위 태스크가 이미 critical section에 있을 때, 높은 우선순위 태스크가 critical section에 대해 pending되기 시작하는 시점에 낮은 우선순위 태스크는 높은 우선순위 태스크의 우선순위를 상속 받는다.
  이렇게 함으로써 중간 우선순위 태스크는 낮은 우선순위 태스크를 방해하지 않고 높은 우선순위 태스크는 중간 우선순위 태스크가 끝나기를 기다리지 않는다.
  낮은 우선순위 태스크가 critical section을 빠져 나오면 낮은 우선순위 태스크는 원래 우선순위로 되돌아간다.

프로세스의 속성

- 프로세스 ID (identifier)
- PC (program counter)
- 프로세스 상태
- 우선순위
- 범용 레지스터
- 열린 파일들의 목록
- 열린 장치들의 목록
- 보호 (protection)

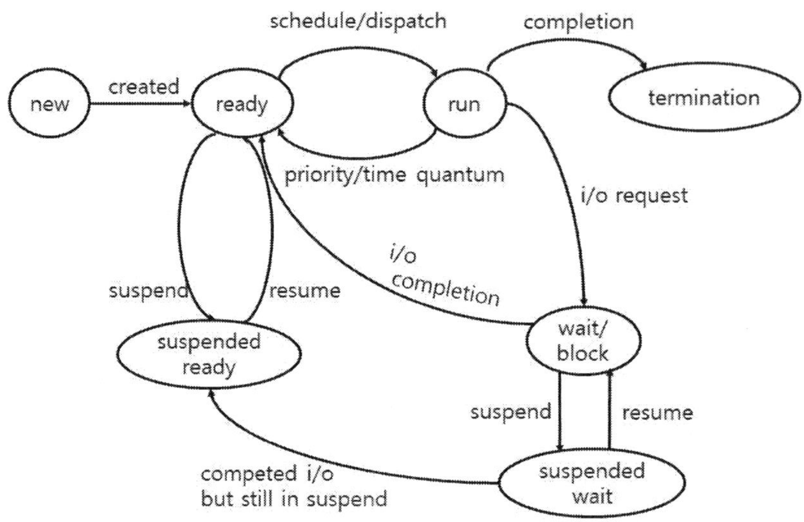

<프로세스 상태 천이>

프로세스의 상태

프로세스는 다음과 같이 생성되어서 소멸될 때까지 OS에 의해서 여러 프로세스 상태를 거치게 된다. 프로세스가 시간에 따라서나 이벤트에 의해서 실행을 원하면 태스크가 생성되어 대기 큐에 들어간다. 우선순위를 요하면 우선순위 큐에 들어간다. 이것을 생성 (new) 상태라 한다. 먼저 우선순위 큐부터 FCFS 기준으로 실행 시킬 준비를 한다. 우선순위 큐가 비면 낮은 우선순위의 대기 큐를 마찬가지로 처리한다. 이것을 준비 (ready) 상태라 한다. 그러면 실행 중인 태스크의 실행이 끝나면 스케줄러가 태스크를 메모라에 적재하여 실행하게 된다. 이것을 실행 (run) 상태라고 한다. 더 높은 우선순위의 태스크에 의해서나 할당된 시간을 초과해서 실행을 중단하게 되면 준비 상태로 진입하고 완전히 실행을 완료했으면 종료 (termination) 상태로 간다. 실행 상태에서 처리 속도가 느린 입출력 장치를 사용할 경우 대기 (wait)나 중단 (block)로 간다. 그리고 입출력 처리가 끝나면 준비 상태로 간다. 준비 상태와 대기 상태에는 처리 준비가 아직 되지 않을 때 보내는 일시 중지된 준비 (suspended ready)와 일시 중지된 대기 (suspended wait)상태가 각각 있다.

round-robin 스케줄러 예

time quanta (T_Q)는 스케줄러가 프로세스에게 실행 시에 할당하는 최대 시간이다. burst time은 각 프로세스가 실행되는데 소요 시간을 의미한다. 프로세스의 도착 시간 (T_A)와 burst time (T_B)이 아래 표와 같이 주어졌다고 가정하자.

<각 프로세스의 도착 시간과 버스트 타임>

프로세스 번호	도착 시간	burst time
1	0	4
2	1	5
3	2	2
4	3	1
5	4	6
6	6	3

TQ=2일 때 우선순위 선점이 없는 round-robin 스케줄러의 대기 큐에는 시간이 0일 때 프로세스 1 (P1)만이 도착 했으므로 P1이 TQ만큼 실행된다. 단위 시간 2에서 프로세스 대기 큐에 새로운 프로세스 P2와 P3가 도착해 있고 또한 P1의 잔여 버스트 타임이 2단위 시간이 남아 있으므로 P2와 P3 뒤에 P1을 다시 추가한다. 즉 {P2, P3, P1}. FCFS로 스케줄 되므로 P2가 2 단위 시간만큼 실행된다. 단위 시간 4에서 프로세스 대기 큐에 새로운 프로세스 P4와 P5가 새로 도착해 있고 또한 P2의 잔여 버스트 타임이 3단위 시간이 남아 있으므로 P4와 P5 뒤에 P2을 다시 추가한다. 즉 {P3, P1, P4, P5, P2}. 그리고 FCFS로 스케줄 되므로 P3가 2 단위 시간만큼 실행된다. 단위 시간 6에서 프로세스 대기 큐에 새로운 프로세스 P6가 새로 도착해 있고 여기서는 P3의 잔여 버스트 타임이 없이 실행되었으므로 P6 뒤에 P3을 다시 추가할 필요가 없다. 즉 {P1, P4, P5, P2, P6}. 그리고 FCFS로 스케줄 되므로 P1가 2 단위 시간만큼 실행된다. 단위 시간 8에서 새로 도착한 프로세스는 없고 실행되었던 P1의 잔여 버스트 타임이 없으므로 대기 큐에 P1을 다시 추가할 필요가 역시 없다. 즉 {P4, P5, P2, P6}. 마찬가지로 FCFS로 스케줄 되므로 P4는 잔여 버스트 타임이 1만 남았으므로 1 단위 시간만큼 실행된다. 단위 시간 9에서 대기 큐는 {P5, P2, P6}가 된다. P5가 2 단위 시간만큼 실행된다. 단위 시간 11에서 새로 도착한 프로세스는 없고 실행되었던 P5의 잔여 버스트 타임이 4 남았으므로 대기 큐에 P5를 다시 추가된다. 즉 {P2, P6, P5}. P2가 2 단위 시간 만큼 실행되고 잔여 버스트 타임이 1 남았으므로 대기 큐에 추가된다. 즉 {P6, P5, P2}. 단위 시간 13에서 다시 P6가 2 단위 시간 만큼 실행되고 잔여 버스트 타임이 1 남았으므로 다시 대기 큐에 추가된다. 즉 {P5, P2, P6}. 단위 시간 15에서 다시 P5가 2 단위 시간 만큼 실행되고 잔여 버스트 타임이 1 남았으므로 대기 큐에 추가된다. 즉 {P2, P6, P5}. 단위 시간 17에서 P2가 마지막으로 1 단위 시간 만큼 실행된다. 또한 단위 시간 18에서 P6가 마지막으로 1 단위 시간 만큼 실행된다. 그리고 마지막으로 P5가 2 단위 시간 만큼 실행되고 스케줄링이 완료된다.

프로세스 실행 결과는 다음과 같이 된다.

P1	P2	P3	P1	P4	P5	P2	P6	P5	P2	P6	P5

0 2 4 6 8 9 11 13 15 17 18 19 21

<T_Q=2인 경우 프로세스 실행 순서와 시간>

위의 결과를 바탕으로 완료 시간 (complete time: T_C), turn-around time (TAT: T_C-T_A), 대기 시간 (T_W=TAT-T_B)을 계산하면 다음과 같다.

<T_Q=2인 경우 프로세스들의 시간 변수들>

프로세스 번호	도착 시간	버스트 타임	완료 시간	TAT	대기 시간	응답 시간
P1	0	4	8	8	4	0
P2	1	5	18	17	12	1
P3	2	2	6	4	2	2
P4	3	1	9	6	5	5
P5	4	6	21	17	11	5
P6	6	3	19	13	10	7

T_Q=4일 때 마찬가지 요령으로 스케줄링 해보면 다음과 같다.

P1	P2	P3	P4	P5	P6	P2	P5

0 4 8 10 11 15 18 19 21

<T_Q=4인 경우 프로세스 실행 순서와 시간>

<T_Q=4인 경우 프로세스들의 시간 변수들>

프로세스 번호	도착 시간	버스트 타임	완료 시간	TAT	대기 시간	응답 시간
P1	0	4	4	4	0	0
P2	1	5	19	18	13	3
P3	2	2	10	8	6	6
P4	3	1	11	8	7	7
P5	4	6	21	17	11	7
P6	6	3	18	13	10	11

T_Q가 커지면 대기 시간과 응답 시간 (response time)이 커지지만 프로세스간의 스위칭이이 작아져서 프로세스간의 자원을 대피 및 복구하는데 걸리는 context switching 시간이 감소하게 된다.

우선순위 선점적 round-robin 스케줄러 예

다음과 같이 주어진 문제를 우선순위 선점적 (priority preemptive) round-robin 스케줄링 하면 어떻게 되는 지 살펴본다.

<각 프로세스의 우선순위, 도착 시간, 및 버스트 타임>

프로세스 번호	우선순위	도착 시간	burst time
1	2	0	4
2	4	1	2
3	6	2	3
4	10	3	5
5	8	4	1
6	12	5	4
7	9	6	6

단위 시간 0에서 프로세스 1이 더 높은 우선순위의 프로세스 2가 도달할 때 까지 실행된다. 단위 시간 1에서 프로세스 2가 더 높은 우선순위의 프로세스 3이 도달할 때 까지 실행된다. 단위 시간 2에서 프로세스 3이 더 높은 우선순위의 프로세스 4가 도달할 때 까지 실행된다. 단위 시간 4에서 프로세스 5가 도달하지만 프로세스 4보다 우선순위가 더 낮기 때문에 프로세스 4가 계속 실행된다. 단위 시간 5에서 우선순위가 가장 높은 프로세스 6이 도달하므로 버스트 타임 동안 실행된다. 단위 시간 9에서 그 다음 우선순위의 프로세스 4가 나머지 버스트 타임 동안 실행된다. 그리고 세 번째와 네 번째로 높은 우선순위의 프로세스 7과 5가 각각 실행된다. 마지막으로 프로세스 3, 2, 및 1이 나머지 버스트 타임동안 각각 실행된다.

1	2	3	4	6	4	7	5	3	2	1

0 1 2 3 5 9 12 18 19 21 22 25

<우선순위 선점적 스케줄링에 따른 프로세스 실행 순서와 시간>

여기서 응답 시간은 프로세스의 첫 실행 시간과 도착 시간과의 차이를 의미한다. 결과를 보고서 알 수 있듯이 우선순위가 높은 프로세스들의 응답 시간이 매우 작다.

<각 프로세스의 시간 변수들>

프로세스 번호	우선순위	도착 시간	버스트 타임	완료 시간	TAT	대기 시간	응답시간
1	2	0	4	25	25	21	0
2	4	1	2	22	21	19	0
3	6	2	3	21	19	16	0
4	10	3	5	12	9	4	0
5	8	4	1	19	15	14	14
6	12	5	4	9	4	0	0
7	9	6	6	18	12	6	6

❖ 상호 배타 (mutual exclusion)

각 태스크는 데이터의 오염 (corruption)을 막기 위해 critical section같은 태스크들 간의 공유된 데이터들이 있을 때 이들로의 배타적 접근이 가능해야 한다. 이를 상호 배타 (mutual exclusion)라고 한다. 이를 위해 태스크들이 서로 통신하는 가장 쉬운 방법은 공유된 데이터 구조를 통해서이다. 공유된 데이터로는 글로벌 변수, 포인터, 버퍼, ring 버퍼, 및 연결된 리스트 (linked list) 등이 있다. 공통적인 방법으로 다음들이 있다.

- 인터럽트의 인에이블과 디스에이블을 사용한다..
- 테스트와 세트 (test and set) 연산을 행한다.
- 스케줄링의 인에이블과 디스에이블을 사용한다.
- 세마포를 사용한다.

인터럽트의 인에이블과 디스에이블

배타적 접근을 얻는 가장 빠르고 쉬운 방법이다. 인터럽트를 디스에이블시키고 자원을 사용하고난 뒤 인터럽트를 인에이블시킨다. 이것은 각 태스크가 인터럽트 처리 루틴으로 변수를 공유할 수 있는 유일한 방법이다. 그렇지만 너무 오랫동안 디스에이블시킬 수 없는 단점이 있다. 왜냐하면 인터럽트 대기시간 (latency)이 길어지기 때문이다.

테스트와 세트 (TAS: test and set) 연산

TAS (test and set)는 두 태스크가 글로벌 변수 값에 기반을 두고 자원에 접근하는 것이다. 만약 변수 값이 0이면 태스크는 자원에 접근하고 다른 태스크가 접근 못하도록 변수 값을 1로 만든다. 테스트와 세트 연산은 마이크로컨트롤러에 의해서 한 개의 명령같이 나누어서 처리되어서는 안된다. 이것을 원자 연산 (atomic operation)이라고 한다. 그래서 테스트와 세트 연산중에 인터럽트 발생을 막아야한다.

```
disable interrupts;
if (variable == 0) {        // is variable 0?
   variable = 1;            // set variable
   enable interrupts;
   access the resource;
   disable interrupts;
   variable = 0;            // reset variable
   enable interrupts;
} else
   enable interrupts;
```

<테스트와 세트의 예>

스케줄링의 인에이블과 디스에이블

스케줄링의 인에이블과 디스에이블은 태스크들 간의 변수를 공유할 때는 사용가능하나 인터럽트 처리 루틴으로는 불가능하다. 스케줄러를 잠근다는 의미는 선점을 막는다는 뜻으로 현재 실행중인 태스크를 가장 높은 우선순위의 태스크로 만든다는 뜻이다. 비록 이 방법이 잘 통하나 커널을 무용지물로 만들기 때문에 사용을 자제해야한다. 스케줄러가 잠겼을 때는 비선점적 커널과 같다.

```
lock scheduler;
access the resource;
unlock scheduler;
```

<스케줄링의 인에이블과 디스에이블>

세마포 (semaphore)

1960년 중반 Edgser Dijkstra에 의하여 세마포 (semaphore)가 고안되었다. 세마포는 멀티태스킹 커널에서 서로 배타적으로 사용하는 상호 배타 (mutual exclusion)를 유지시키고, 이벤트 발생을 고지시키는 신호 방식과 태스크들 간의 활동을 동기 시키기 위하여 사용된다. 세마포는 코드가 실행을 계속하기 위해 얻어야할 열쇠이다. 만약 그 열쇠가 이미 사용되고 있다면 요구하는 태스크는 그 열쇠가 사용되지 않을 때까지 기다려야 한다. 0과 1만 사용하는 이진 (binary) 세마포와 0 이상의 정수를 사용하는 계수 (counting) 세마포가 있다.

다음의 처리가 있다.

- initialize (or create): 어떤 값으로 초기화 및 대기 목록 비움
- wait (or pend): 세마포 얻는데 사용
- 세마포가 양수이면 값 감소하고 열쇠 획득하고 태스크 실행
  그렇지 않으면 실행금지하고 대기목록에 넣음
  타임아웃이 발생하면 대기 태스크에 금지해제 하며 오류 코드를 줌
- signal (or post): 세마포를 해지하는데 사용
  태스크 대기가 없으면 세마포 값을 증가
  그렇지 않으면 우선순위가 높거나 먼저 기다린 대기 중인 태스크 실행, 값 변경 없음

❖ deadlock

만약 태스크 중의 어떤 프로세스가 그 집합 내의 다른 프로세스로부터 어떤 이벤트를 기다리고만 있다면 그 집합은 deadlock 상태에 있다고 한다.

deadlock에 대한 필요조건은 다음과 같다.

- 상호 배타: 각 자원이 한 프로세스에게 할당되어 있거나 할당된다.
- hold and wait: 전에 주어진 자원들을 현재 가진 프로세스들이 새로운 자원들을 요구하는 것
- 비선점: 한 프로세스에 할당된 자원들은 다른 프로세스가 빼어올 수 없다.
- circular wait: 두 개 이상의 프로세스들이 원형 체인같이 어떤 프로세스에 의해서 소유된 자원이 체인 중의 다음 프로세스에 요구되어 지는 것.

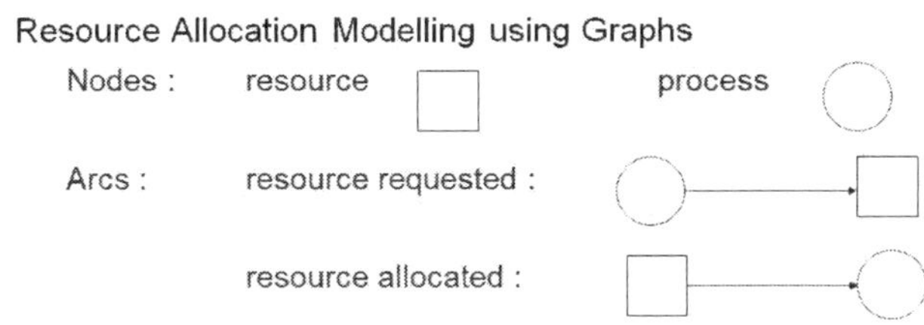

<그래프를 이용한 자원 할당 모델링>

여러 프로세스들의 집합에서 어떤 프로세스가 여러 개의 자원들을 사용하거나 요구하는 사항을 도표로 나타내어 모델링하는 것을 그래프를 이용한 자원 할당 모델링(resource allocation modelling using graphs)이라 한다. 원형 노드는 프로세스를 나타내고, 정사각형 노드는 자원을 나타낸다. 자원 노드에서 프로세스 노드로 들어오는 아크는 자원이 할당된 것을 의미하고 반대 방향의 아크는 자원 요구를 의미한다.

circular wait에 의해서 deadlock이 생긴 경우의 도표를 보이면 다음과 같다. p_1 노드는 p_2 노드에 할당된 자원 R_1을 요구하고, p_2 노드는 p_3 노드에 할당된 자원 R_3을 요구하고, p_3 노드는 p_1 노드에 할당된 자원 R_2을 요구하고 있어 deadlock이 발생하였다.

deadlock이 생기지 않도록 여러 자원을 서로 동시에 사용하는 멀티태스킹 스케줄링 알고리즘이 Banker 알고리즘 (Banker's algorithm)이다. 이것을 아래 표에 보였듯이 다음 3개의 프로세스가 3개의 자원을 이용하는 경우로 설명한다. 현재 3개의 프로세스에 할당된 자원 벡터는 alloc=[R0, R1, R2]= [1+0+1, 0+3+0, 2+1+2]=[2, 3, 5]이다. 만약 현재 이용 가능한 자원 벡터가 avail=[2, 2, 0]이라면 초기의 maximum resource 벡터

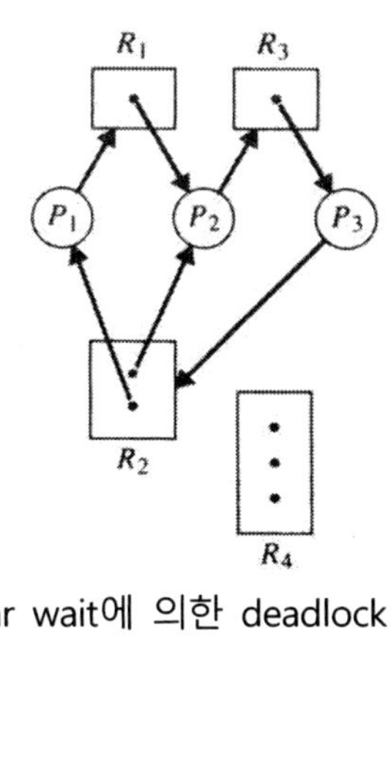

<circular wait에 의한 deadlock 발생>

maxres는 alloc의 각 열의 성분들을 더한 값 벡터 [6, 8, 6]에다 avail 벡터를 더한 값이 된다. maxres=[2, 3, 5]+avail=[2, 3, 5]+[2, 2, 0]=[4, 5, 5]가 된다. 즉 자원 R0는 최대 4개가 있고 자원 R1는 최대 5개가 있으며 자원 R2는 최대 5개가 있다는 뜻이다. claim matrix은 각 프로세스가 실행 시에 필요한 각 자원에 대한 요구량을 담고 있다. Banker 알고리즘은 먼저 각 프로세스가 실행되기 위하여 필요한 자원들을 계산하는 것으로 시작된다.

프로세스의 스케줄링 여부를 나타내는 플래그 벡터 flag에 어떠한 프로세스도 스케줄링 되지 않았으므로 flag=[false, false, false]로 시작한다.

step 1: need matrix인 need를 먼저 작성해야 하는데 need=claim-alloc로 계산된다.

step 2: 현재 이용 가능한 자원 벡터 avail과 각 프로세스가 필요로 하는 자원 수를 담고 있는 matrix need의 각 행과 비교하여 이용 가능한 자원 수가 충분하면 실행하고 그렇지 않으면 순차적으로 해당 플래그가 false인 프로세스를 검색하여 스케줄링 시킨다. p0 프로세스부터 시작한다. avail=[2, 2, 0]이므로 p0 프로세스는 2개 밖에 없는 자원 R0을 3개나 요구하므로 스케줄링될 수 없다. 그래서 플래그 벡터 flag 내에 그 프로세스에 해당하는 위치에 실행되지 않았다는 false를 그대로 저장한다. 즉, flag=[false, false, false].

step 3: 다음 프로세스 p1에 대하여 요구자원이 [1, 2, 0]이므로 현재의 이용 가능한 자원 벡터 avail=[2, 2, 0]이므로 이용 가능한 자원 수가 충분하므로 p1을 실행한다. 실행 후 할당된 자원을 회수할 수 있으므로 이용 가능한 자원 벡터 avail에 p1이 할당된 자원을 더하여 증가시킨다. 즉, avail=avail+[0, 3, 1]=[2, 2, 0]+[0, 3, 1]=[2, 5, 6]. 플래그 벡터 flag 내에 그 프로세스에 해당하는 위치에 true를 그대로 저장한다. 즉, flag=[false, true, false].

step 4: 다음 프로세스 p2에 대하여 요구자원이 [0, 2, 1]이므로 현재의 이용 가능한 자원 벡터 avail=[2, 5, 6]이므로 이용 가능한 자원 수가 충분하므로 p2을 실행한다. 실행 후 할당된 자원을 회수할 수 있으므로 이용 가능한 자원 벡터 avail에 p2가 할당된 자원을 더하여 증가시킨다. 즉, avail=avail+[1, 0, 2]=[2, 5, 6]+[1, 0, 2]=[3, 5, 8]. 플래그 벡터 flag 내에 그 프로세스에 해당하는 위치에 true를 그대로 저장한다. 즉, flag=[false, true, true].

step 5: 한 바퀴를 돌았으므로 다시 처음으로 가서 p0의 flag 내용이 false이므로 아직 스케줄링이 안되었고 이용 가능한 자원도 요구 자원보다도 많으므로 스케줄링된다. 그리고 할당된 자원을 회수하므로 avail=[3, 5, 8]+[1, 0, 2]=[4, 5, 10]. flag=[true, true, true]가 되어 모든 프로세스가 스케줄링되었다. 스케줄링된 safe sequence는 p1, p2, p0가 된다.

프로세스	allocation matrix alloc			claim matrix claim			need matrix = claim - alloc		
	R0	R1	R2	R0	R1	R2	R0	R1	R2
p0	1	0	2	4	1	2	3	1	0
p1	0	3	1	1	5	1	1	2	0
p2	1	0	2	1	2	3	0	2	1

❖ 상용 RTOS

무선 센서 네트워크에서 목표로 둔 상용 RTOS로는 TinyOS와 μCLinux가 있다. 고가의 상용 RTOS로는 pSOS, VxWorks, QNX, 및 VRTX가 있으며, 그 외에 uC/OSII, FreeRTOS, Salvo, 및 RTEMS 등은 소스가 공개되어 무료 또는 저가의 라이선스 비용만 지불하면 사용할 수 있는 것들을 포함하여 그 수가 헤아릴 수 없을 정도이다. Nucleus는 저작권 없는 RTOS이다.

리눅스가 오픈 소스이기 때문에 무료로 이용할 수 있고, 인터넷에 자료가 널려 있더라도 UNIX계열 OS를 임베디드 시스템에서 무리없이 동작시킬수 있는 하드웨어가 뒷받침되지 않는다면 애당초 리눅스를 임베디드 시스템용 OS로 선택하는 것은 불가능하다. 반도체 기술의 끊임없는 발전으로 고성능의 멀티 코어 CPU와 대용량의 DDR 메모리와 NAND flash 메모리 등이 아주 저렴한 가격으로 제공되므로 부담 없이 임베디드 시스템의 OS로 리눅스를 선택할 수 있게 된 것이다.

실시간 응용을 위한 Linux

현재 여러 실시간 특징들이 Linux에 도입되었기 때문에 실시간 임베디드 OS로 널리 사용되고 있다.

장점

- 기능성과 확장성이 우수
- 다양한 마이크로컨트롤러 지원
- 로열티가 없어 가격 경쟁력이 우수하다.
- 사용자층이 넓어 오류 수정이 빠르고 안정성이 우수하다.

단점

- 기존의 RTOS보다 많은 메모리를 요구한다.
- 범용 OS로 설계되어 실시간 처리에 불리하다.
- GUI (graphic user interface) 환경 제품 개발이 어렵다.
- 개발 업체와 개발자들이 독자적으로 개발하여 표준화가 어렵다.

디바이스 드라이버 (device driver)

Linux에서는 장치가 장착되면 디바이스 드라이버 (device driver)를 장착하고 장치 사용이 끝나면 이것을 제거 가능하도록 모듈화되어 있다.

디바이스 드라이버 (device driver)는 물리적인 하드웨어 장치를 다루고 관리하는 소프트웨어를 의미한다. 쉽게 말하면 하드웨어와 운영체제하에서 돌아가는 응용프로그램 간의 연결 고리가 되는 프로그램으로 하드웨어 구성 요소가 운영체제 아래서 제대로 작동하는데 꼭 필요한 프로그램이다. 이것은 커널의 일부분이다. 디바이스는 주번호 (major number)와 부번호 (minor number)를 이용하여 구분되어진다.

이러한 디바이스 드라이버의 용도는 응용프로그램에서 하드웨어장치를 이용해서 데이터를 직접 읽고 쓰거나 제어해야 하는 경우에 디바이스 드라이버를 이용한다.

디바이스 드라이버의 구성 요소를 보면 디바이스를 관리할 수 있는 인터페이스를 구현하기 위한 함수와 자료 구조의 집합이라고 할 수 있다.

커널은 이렇게 구현된 인터페이스를 통해 물리적인 디바이스에게 I/O 함수를 요청하고, 제어할 수 있다. 디바이스 드라이버는 인터페이스를 통하여 접근하는 데이터 형식이다.

커널과 제어를 필요로 하는 하드웨어 사이의 계층이다. 이것은 커널이 장치와 직접 대화하게 하는 대신에 잘 정의된 인터페이스를 제공하여 작업을 개별적인 디바이스 드라이버에게 맡기는 형식이다

커널은 명확히 정의된 인터페이스를 통해서 장치에 접근을 시도하게 되며, 따라서 디바이스 드라이버에서는 이러한 커널이 알고 있는 인터페이스를 제공하여야만 한다.

구성도를 보면 디바이스 드라이버와 하드웨어간의 디바이스 인터페이스가 존재하고 디바이스 드라이버는 사용자 프로그램과 파일시스템으로 서로 통신을 한다.

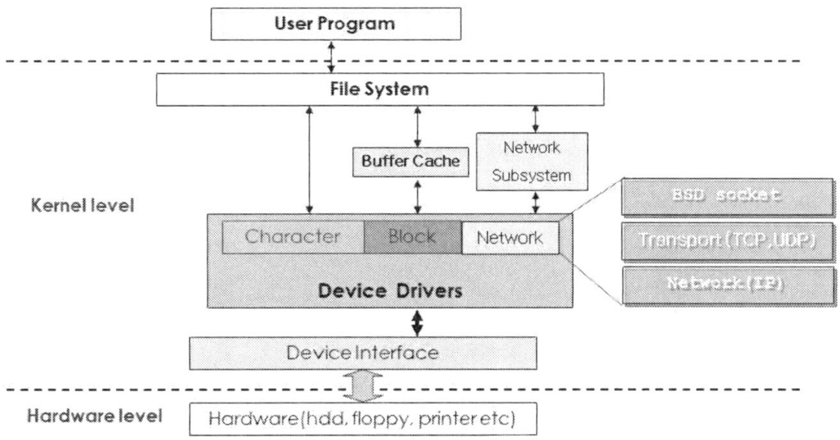

<디바이스 드라이버 구성도>

디바이스 드라이버의 종류

디바이스 드라이버는 분류하면 크게 문자 드라이버, 블록 드라이버, 네트워크 드라이버로 나눌 수 있다.

먼저 문자 디바이스 드라이버는 저속, 순차적, 사용자 응용프로그램과 1바이트 단위로 데이터를 송수신 한다. 이것은 오디오, UART, 키보드 같은 장치가 해당된다. 다음과 같은 특징을 갖는다.

- 하나의 파일처럼 사용
- 파일 접근에 필요한 open, close, read, write 등의 시스템 콜을 구현
- 일반적으로 순차적 접근만 허용
- /dev/tty1와 /dev/lp1와 같은 파일 시스템 노드로 접근

블록 디바이스 드라이버는 고속, 랜덤, 사용자 응용프로그램과 블록 단위로 데이터를 송/수신 한다. 이것은 하드디스크 같은 고속 저장장치에 이용된다. 다음과 같은 특징을 갖는다.

- 디스크와 같이 파일 시스템을 가질 수 있는 것
- 블록 단위로만 접근
- Linux에서는 한 번에 여러 크기의 바이트 전송 가능.

문자 디바이스와는 커널과 하드웨어의 인터페이스에만 차이가 존재한다. 파일 형태로 접근 가능하고 사용자에게는 문자 디바이스와 동일한 것으로 보인다.

네트워크 디바이스 드라이버는 문자와 블록 디바이스 드라이버와는 달리 파일 형태의 노드를 통해서 데이터를 주고받는다. 하지만 네트워크 디바이스 드라이버는 메모리에 있는 구조체 형식을 통하여 데이터를 송수신 한다. 다음과 같은 특징을 갖는다.

- 모든 네트워크 트랜잭션은 하나의 인터페이스를 통해서 처리
- 네트워크 인터페이스는 패킷 송수신을 책임짐
- 각 디바이스는 스트림은 상관않고 패킷만을 주시. 스트림 기반의 디바이스가 아님.
- 파일 시스템 상에 존재하지 않는 특별한 이름으로 접근
- 패킷 전송에 관련된 시스템 콜을 구현

<디바이스 드라이버 종류>

종류	설명
문자	디바이스를 파일처럼 취급하고 접근하여 직접 읽기와 쓰기를 수행 데이터 형태는 스트림 방식으로 전송 예) 콘솔, 키보드, 시리얼 포트 드라이버 등
블록	디스크와 같이 파일 시스템을 기반으로 일정한 블록 단위로 데이터 읽기와 쓰기를 수행 예) flash 메모리, 하드 디스크, CDROM 드라이버 등
네트워크,	네트워크의 물리 계층과 프레임 단위의 데이터를 송수신 예) 이더넷 디바이스 드라이버

연습 문제

1. 커널의 기능은 무엇인가?

2. 프로세스 상태로는 무엇이 있는가?

3. time quanta 가 2이고 시간이 0일 때 스케줄링 큐에 다음의 순서로 프로세스가 들어와 있을 때 대기 시간과 실행 시간을 계산하라.

process number	burst time
p1	6
p2	5
p3	2
p4	3
p5	7

4. 현재 이용 가능한 자원이 [0, 1, 1]일 때 다음에 대해서

(1) need matrix를 계산하라.

(2) 초기에 사용가능한 자원을 구하러.

(3) safe sequence를 구하라.

프로세스	allocation matrix alloc			claim matrix claim			need matrix = claim - alloc		
	R0	R1	R2	R0	R1	R2	R0	R1	R2
p0	1	0	0	3	2	2			
p1	6	1	2	6	1	3			
p2	2	1	1	3	1	4			
p3	0	0	2	4	2	2			

03

디지털 공학

이 장에서는 다음 사항들을 공부한다.

- 컴퓨터에서 수와 글자의 표현
- CRC (cyclic redundancy check) 코드
- 논리 게이트 (logic gate)
  - 인버터
  - 삼상태 (tristate) 게이트
  - open-drain
  - Schmidt trigger

임베디드 시스템을 기술하면서 필요한 기초 사항을 여기서 기술한다. 마이크로 컨트롤러 내에서 수를 정수형과 부동소수점으로 표현하는 방법과 문자를 표현하는 것에 다룬다. 그리고 메시지 프레임을 보낼 때 오류 검출용으로 많이 사용하는 CRC (cyclic redundancy check)을 어떻게 발생하고 어떻게 오류 검출에 사용되는지를 보인다.

❖ 컴퓨터에서 수와 글자의 표현

컴퓨터에서 수를 표현하기 위해 2진수를 사용한다. 수에는 정수 (integer)와 부동소수점 (floating-point) 수가 있다. 정수는 다시 부호가 없는 (unsigned) 정수와 부호를 가진 (signed) 정수로 나누어진다. 부동소수점 수는 32비트로 표현하는 단정도 (single-precision) 부동소수점 수와 64비트로 표현하는 배정도 (double-precision) 부동소수점 수로 나누어진다. 문자를 표현하기 위해서는 문자를 7비트로 부호화한 ASCII (American standard code for information interchange)를 사용한다.

정수의 표현

n비트의 부호가 없는 정수는 0ㅇ[서 2^n-1까지의 양의 정수를 표현하는데 사용되고 부호가 있는 정수는 MSB를 부호 비트로 간주하고 2의 보수 (2's complement)로 표현하는 것이다. 그러면 $-2^{(n-1)}$ 에서 $2^{(n-1)}-1$까지 표현할 수 있다.

<2의 보수 (부호를 가진 2진수)>

10진수	2진수	16진수
-128	1000 0000	80
-127	1000 0001	81
-126	1000 0010	82
-125	1000 0011	83
-124	1000 0100	84
⋮	⋮	⋮
-3	1111 1101	FD
-2	1111 1110	FE
-1	1111 1111	FF
0	0000 0000	00
+1	0000 0001	01
+2	0000 0010	02

10진수	2진수	16진수
+3	0000 0011	03
⋮	⋮	⋮
+125	0111 1101	7D
+126	0111 1110	7E
+127	0111 1111	7F

부동소수점 수의 표현

IEEE 754로 표준화되어 있다. 단정도 부동소수점의 경우 다음과 같이 표현된다.

- 먼저, 32비트로 표현한다.
- 부호 (sign)부, 지수 (exponent)부, 및 가수 (mantissa)부로 나눈다.
- MSB (most significant bit)로 부호를 표현한다.
- 8비트의 지수 (exponent)와 23비트의 가수 (mantissa)로 나눈다.
- 음수인 경우 부호부는 1, 양수인 경우 0이 된다.
- 주어진 수를 1.b22b21...b2b1b0 형태로 정규화 한 뒤 1.0을 제외하고 표현한다.
- 지수부는 127 (= 28-1)의 Bias 값을 더해 표현한다.

예를 들어서 -118.625를 단정도 부동소수점 수로 표현한다면 그 절댓값은 이진법으로 나타내면 1110110.101이 된다. 그 다음, 절댓값의 소수점을 왼쪽으로 이동시켜, 왼쪽에는 1만 남게 만든다. 예를 들면 111_0110.101=1.1101_1010_1×2^6 과 같다. 이것을 정규화된 (normalized) 부동소수점 수라고 한다.

가수부는 소수점의 오른쪽 부분으로, 부족한 비트 수 부분만큼 0으로 채워 23비트로 만든다. 결과는 110_1101_0100_0000_0000_0000이 된다.

지수는 6이므로, 바이어스를 더해야 한다. 32비트 IEEE 754 형식에서는 바이어스는 127이므로 6+127 = 133이 된다. 이진법으로 변환하면 1000_0101이 된다. 다만, 지수부의 모든 자리가 모두 0 또는 1인 경우는 각각 0 또는 무한대를 나타내는 등 종종 특수한 목적으로 예약되어 있다.

<IEEE 단정도 부동소수점 표현>

지수 부분 (E)	가수 부분 (M)	대표적인 값
0	±0	0
0	0이 아님	±2-126 x 0.M
1 ~ 254	임의의 값	±2(E-127) x 1.M
255	±0	±∞
255	0이 아님	NaN (not a number)

그래서 -118.625를 단정도 부동소수점 수로 표현한다면 다음과 같다.
1100_0010_1110_1101_0100_0000_0000_0000

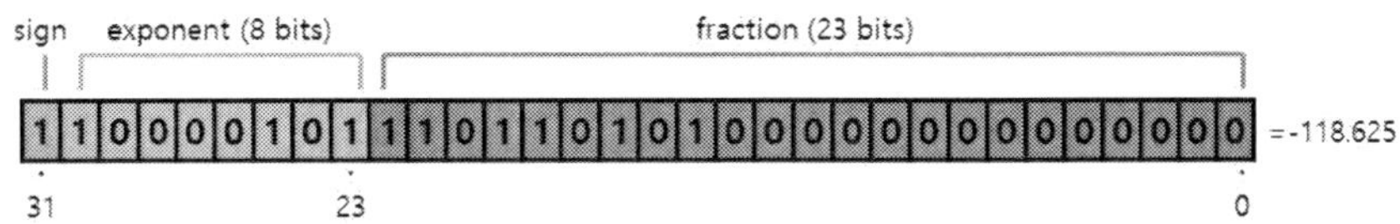

<단정도 부동소수점 수의 표현>

배정도 부동소수점 수로 표현한다면 부호 1비트, 지수부 11비트, 가수부 52비트를 사용한다. 4배정도 (quadruple precision)에서는 128비트로 부호 1비트, 지수부 15비트, 가수부 112비트를 사용한다.

문자의 표현

문자를 표현할 때 ASCII를 사용한다. 문자열 (string)은 문자들의 열로서 만들어진다. 즉 문자열 "string"은 문자들 's', 't', 'r', 'i', 'n', 'g'의 조합으로 만들어진다.

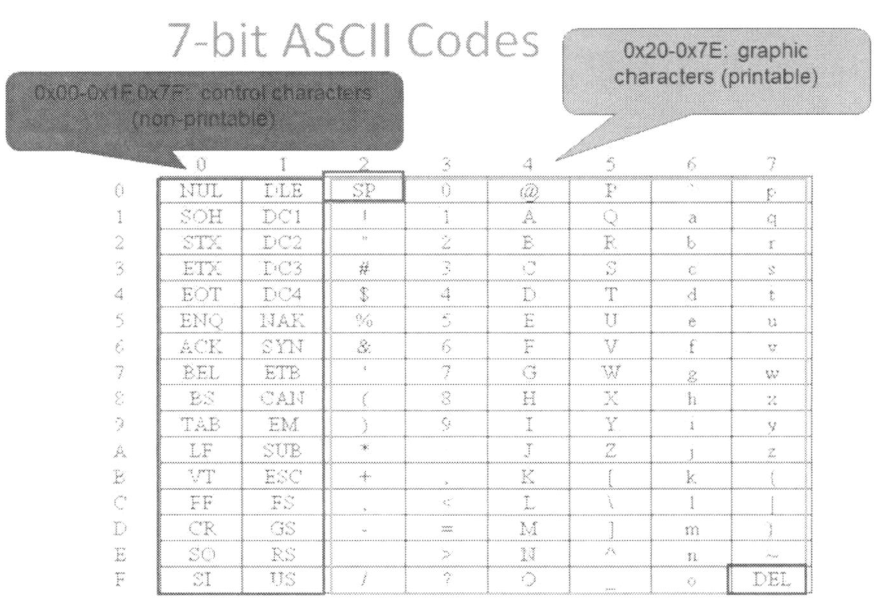

	0	1	2	3	4	5	6	7
0	NUL	DLE	SP	0	@	P	`	p
1	SOH	DC1	!	1	A	Q	a	q
2	STX	DC2	"	2	B	R	b	r
3	ETX	DC3	#	3	C	S	c	s
4	EOT	DC4	$	4	D	T	d	t
5	ENQ	NAK	%	5	E	U	e	u
6	ACK	SYN	&	6	F	V	f	v
7	BEL	ETB	'	7	G	W	g	w
8	BS	CAN	(	8	H	X	h	x
9	TAB	EM	)	9	I	Y	i	y
A	LF	SUB	*		J	Z	j	z
B	VT	ESC	+	;	K	[	k	{
C	FF	FS	,	<	L	\	l	|
D	CR	GS	-	=	M	]	m	}
E	SO	RS		>	N	^	n	~
F	SI	US	/	?	O	_	o	DEL

<ASCII>

❖ CRC (cyclic redundancy check) 코드

직렬 통신에서 패킷 단위로 데이터를 전송할 때 전송 오류 여부를 검사하기 위해 CRC 코드를 사용하는데 여기서는 이것에 대한 원리를 설명한다. 예를 들어tj 전송할 메시지 비트 열 m = {1, 0, 1, 1}을 CRC 발생기 (generator) g = {1, 1, 0, 1}을 이용하여 보낸다고 하면 m과 g를 다항식으로 보고 다항식 나눗셈을 한다. 즉 g(x) = x3 + x2 + 1 이 된다. 메시지 다항식 m(x)을 발생기 다항식 g(x)로 나누면 g(x)가 3차이므로 나머지 r(x)는 2차 다항식까지 나올 수 있으므로 이것의 계수는 3개가 필요하다. 그래서 나눗셈을 하기 전에 메시지에 3개의 0을 추가하고 나눗셈을 수행한다. 2진수의 빼셈은 exclusive or 연산으로 수행한다. 메시지에 추가된 3개의 0을 계산된 나머지로 대치하여 전송한다.

```
         1100
       ------------
1101 )   1011 000
         1101
       ------------
          110 0
          110 1
       ------------
               100      이 나머지가 CRC 코드이다
```

그러면 전송할 메시지 비트 열은 m = {1, 0, 1, 1, 1, 0, 0,}이 된다. 수신단에서는 마찬가지로 수신하면서 CRC를 다항식 나눗셈을 하여 새로 계산한다.

```
         1100
       -----------
1101 )   1011 100
         1101
       ------------
          110 1
          110 1
       ------------
               000   이 나머지가 모두 0이면 오류 없이 수신된 것이다.
```

위와 같이 오류가 없다면 새로 계산된 CRC 코드는 0이 됨을 알 수 있다. 만약 0이 아닌 경우에는 오류가 발생한 것이다. 이 나눗셈을 하는 회로를 아래에 보였다. 메시지의 왼쪽부터 인가된다.

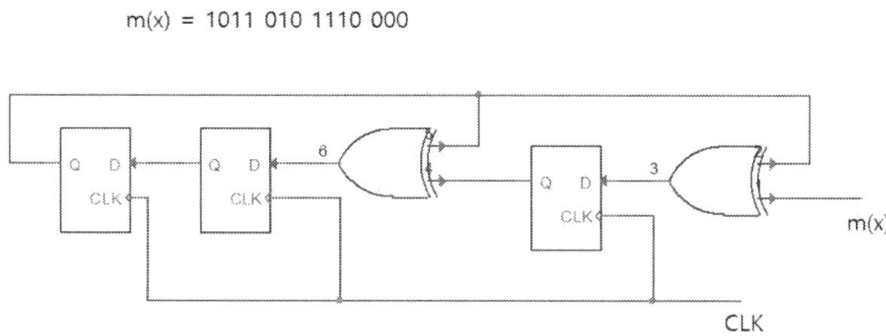

<CRC 발생기>

<CRC 발생기를 통한 CRC 계산>

시간	D2	D1	D0	입력
0	0	0	0	1
1	0	0	1	0
2	0	1	0	1
3	1	0	1	1
4	0	0	0	1
5	0	0	1	0
6	0	1	0	0
7	1	0	0	

❖ 논리 게이트 (logic gate)

과거에는 BJT (bipolar junction transistor)를 이용하여 논리 게이트 (logic gate)나 메모리들을 만들었으나 요즘은 저전력 측면에서 거의 CMOS (complementary metal-oxide- semiconductor)를 이용하여 만든다. 이런 게이트를 만들기 위한 가장 기본이 되는 게이트가 인버터 (inverter) 게이트이다. NOT 게이트라고도 한다. 위쪽에는 PMOS (p-channel MOS) 그리고 아래쪽에는 NMOS (n-channel MOS)을 두어 출력을 V_{DD}로 pull-up 시키거나 접지로 pull-down 시킴으로써 동작한다.

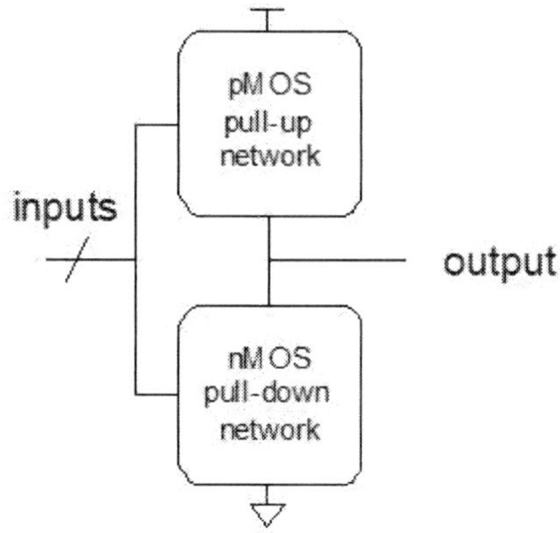

<CMOS 인버터 원리>

〈인버터의 출력〉

	pull-up off 상태	pull-up on 상태
pull-down off 상태	z (float)	1
pull-down on 상태	0	x (unknown)

이것을 기반으로 전도 보수의 법칙 (rule of conduction complements)에 따라 다른 유형의 게이트를 구현한다. 이 법칙의 의미는 인버터에 보인 것과 같이 pull-up 네트워크는 pull-down 네트워크의 보수이다. 그래서 직렬회로는 병렬회로로, 병렬회로는 직렬회로로 꾸며질 것이다. 2입력 NAND 게이트를 구성한다고 하면 아래쪽의 NMOS는 NAND의 경우 두 입력이 논리 1일 때 출력이 0이므로 2개의 NMOS를 직렬로 연결을 넣고, 위쪽의 PMOS는 전도 보수의 법칙에 따라 병렬로 연결된 2개의 PMOS를 넣는다.

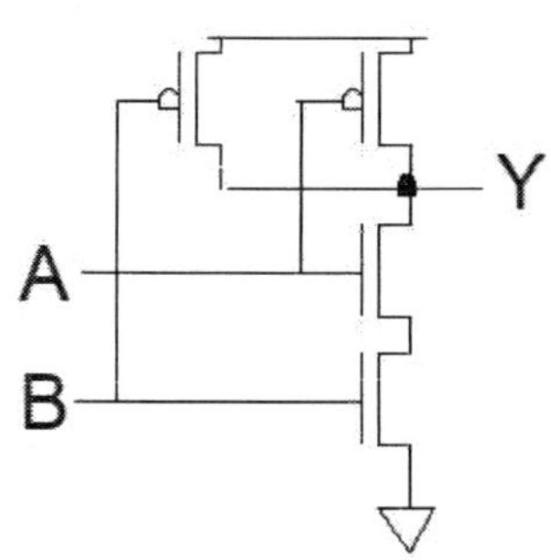

<2입력 CMOS NAND 게이트>

4입력 NOR 게이트를 구성한다면 아래쪽에는 NMOS 4개를 병렬로, 위쪽에는 이래쪽의 보수관계인 PMOS 4개를 직렬로 연결하면 된다.

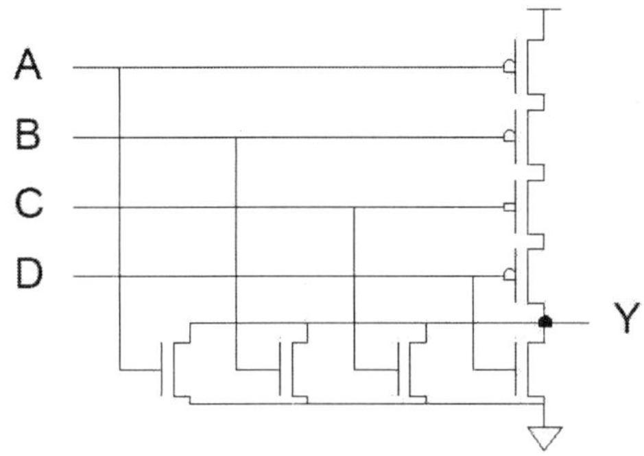

<4입력 CMOS NOR 게이트>

일반적으로 논리식 (logic equation) $Y=\overline{(A+B+C)D}$를 CMOS로 구현한다고 하면, 아래쪽에는 A, B, C 입력을 받는 3개의 NMOS를 병렬로 연결한 후 이것과 D 입력을 받는 NMOS를 직렬로 연결하여 만들고, 위쪽에는 이것의 보수로 구현한다.

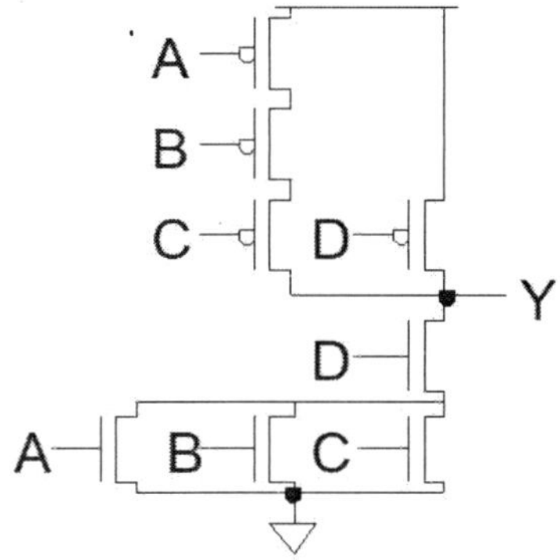

<논리식 $Y=\overline{(A+B+C)D}$을 CMOS로 구현>

이런 식으로 모든 논리에 관련된 게이트를 구성할 수 있을 것이다.

이외에 버스를 구현하기 위해서는 삼상태 (tri-state) 출력과 open-drain 출력을 가진 게이트가 필요하다. 삼상태 출력을 CMOS로 구현한 예를 다음에 보인다. 이 회로에서 전도 보수의 법칙을 적용하지 않는다.

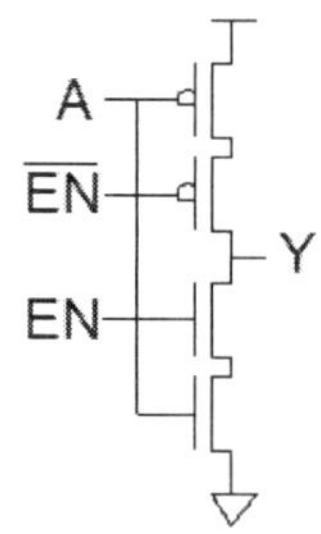

<삼상태 CMOS 인버터>

위의 회로는 다음과 같이 동작될 것이다. EN이 논리 0이면 인버터 사이에 추가되어 있는 EN과 $\overline{EN}$에 연결되어 있는 두 MOS가 off 상태가 있으므로 출력은 고저항(high-impedance) 상태가 될 것이다. 그에 반하여 EN이 논리 1이면 인버터 사이에 추가되어 있는 EN과 $\overline{EN}$에 연결되어 있는 두 MOS가 on 상태가 되므로 일반적인 인버터로서 동작할 것이다.

<삼상태 CMOS 인버터의 진리표>

EN	A	Y
0	0	z
0	1	z
1	0	1
1	1	0

기호로 나타내면 다음의 두 가지가 있는데 위의 예는 아래의 기호에 해당된다.

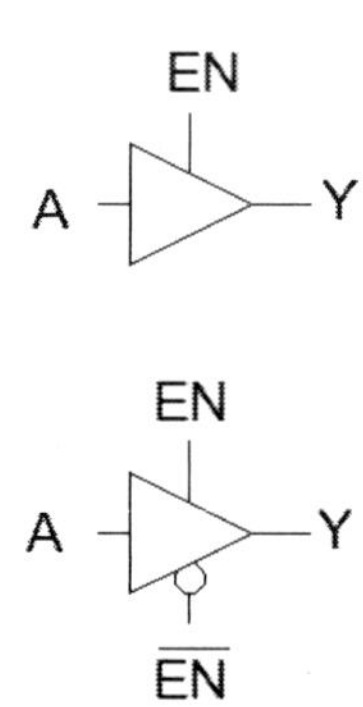

<삼상테 논리 게이트 심볼>

open-drain 출력을 이용하여 LED (light-emitting diode)나 계전기 (relay) 등과 같이 큰 전류를 요하거나 다음에 공부할 I2C (inter IC)나 CAN (controller area network)에서 버스를 구성할 때 사용된다. 두 입력 CMOS NAND 게이트에서 PMOS 부분을 제거한 것이다. 그래서 이 회로를 동작시키려면 외부에서 pull-up 저항 R_{PU}를 최대 낮은 상태의 출력 전류 I_{OL}에서 최대 낮은 상태의 출력 전압 V_{OL}이 얻어지도록 계산해서 달아주어야 한다.

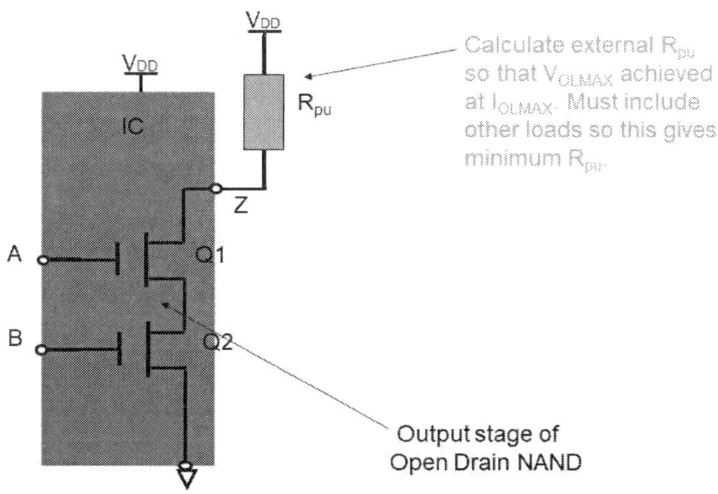

<open-drain 출력을 가진 CMOS 2입력 NAND 게이트>

위의 회로는 한 입력이라도 논리 0이면 출력은 open 상태로 되어 pull-up 저항에 전류가 흐르지 않는다. 그렇지만 두 입력이 논리 1 상태가 되면 출력노드 Z가 논리 0가 되어 pull-up 저항을 통해서 응용에 맞는 큰 전류를 흘릴 수 있다.

<open-drain 게이트의 진리표>

A	B	Q1	Q2	Z
0	0	open	open	1
0	1	open	on	1
1	0	on	open	1
1	1	on	on	0

슈미트 트리거 (Schmidt trigger)

슈미트 트리거 (Schmidt trigger)는 느리게 변하거나 잡음이 낀 입력 신호의 깨끗하고 빠른 디지털 출력으로 성형 (shaping)할 때 이용하는 회로이다. BJT나 CMOS로 만들 수 있다. CMOS로 구현하게 되면 높은 입력 임피던스를 갖고, 3~15 V의 높은 구동 전압을 가지며, 또한 경계치 (threshold) 전압이 대칭적이다. 구동 전압이 높으므로 당연히 원하는 잡음 여유 (noise margin)를 얻을 수가 있다.

$V_{th} = V_{DD}/2$이고 $R_1 < R_2$라고 가정할 때 두 인버터 중 한 인버터가 항상 off 되므로 두 저항에 흐르는 전류가 같을 것이다. 그래서 다음의 관계식이 성립한다.

$$V_{I1} = \frac{R_2}{R_1 + R_2} V_I + \frac{R_1}{R_1 + R_2} V_o$$

그러면 $V_{i1} < V_{th}$일 때 $V_o = 0$으로 유지될 것이다. 이때의 첫 번째 인버터 입력 전압은 다음과 같다.

$$V_{I1} = \frac{R_2}{R_1 + R_2} V_I$$

이때 $V_{i1} = V_{th}$이 되었을 때 $V_o = V_{DD}$로 스위칭 시키는 UTP (upper threshold point) V_{T+}는 다음과 구해진다.

$$V_{th} = \frac{R_2}{R_1 + R_2} V_{T+} \Rightarrow V_{T+} = (1 + \frac{R_1}{R_2}) V_{th}$$

$V_{i1} > V_{th}$일 때 $V_o = V_{DD}$로 유지될 것이다. 이때의 첫 번째 인버터 입력 전압은 다음과 같다.

$$V_{I1} = \frac{R_2}{R_1 + R_2} V_I + \frac{R_1}{R_1 + R_2} V_{DD}$$

이 상태에서 첫 번째 인버터에 가해지는 입력 전압이 V_{th}이하로 낮추도록 하는 V_I가 가해지면 출력이 다시 $Vo = 0$으로 될 것이다. 이렇게 스위칭 시키는 전압이 LTP (lower threshold point) V_{T-}이므로 다음 식이 성립한다.

$$V_{I1} = V_{th} \approx \frac{R_2}{R_1 + R_2} V_{T-} + \frac{R_1}{R_1 + R_2} V_{DD}$$

V_{T-}에 대해서 풀면 다음과 같이 된다.

$$\frac{R_2 - R_1}{R_1 + R_2} V_{th} = \frac{R_2}{R_1 + R_2} V_{T-} \Rightarrow V_{T-} = (1 - \frac{R_1}{R_2}) V_{th}$$

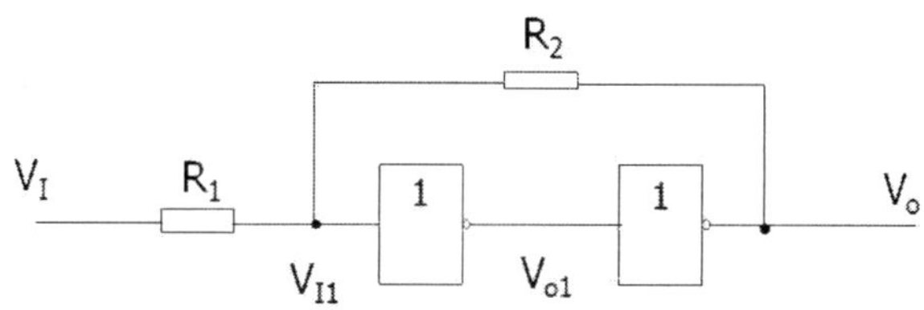

<슈미트 트리거>

다음과 같이 삼각파를 인가하면 다음과 동작한다.

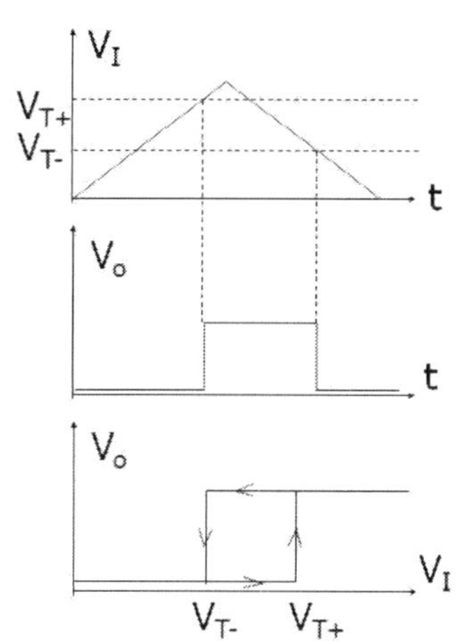

<슈미트 트리거의 동작>

위와 같이 이력 (hysteresis) 현상을 보이는 것을 슈미트 트리거라고 한다. 느리게 변하는 펄스 파형을 빠르게 변하도록 성형시키는 다른 예를 다음에 보였다.

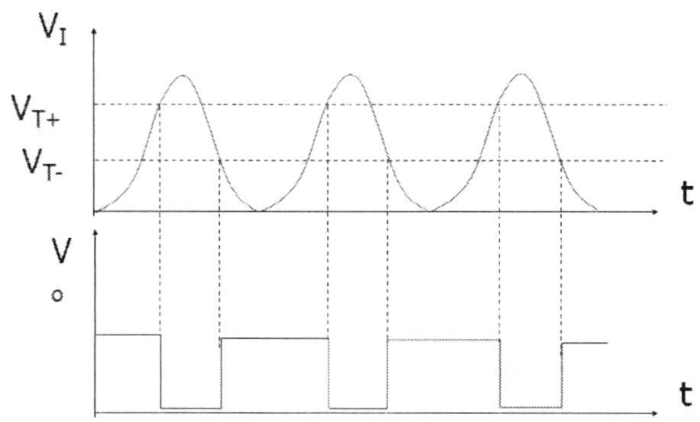

<슈미트 트리거를 이용한 성형 회로>

$V_H = V_{T+} - V_{T-}$을 이력 전압 (hysteresis voltage)이라고 하며 입력 파형에 이력 전압 이하의 잡음이 들어오더라도 출력에 영향을 미치지 않는 회로를 설계할 수 있다.

연습 문제

1. 십진수 -118.625를 소수점이하 5자리를 가진 16비트 2진수로 표현해 보아라.

2. 위의 문제를 32비트 단정도 부동 소수점으로 표현해 보아라.

3. 위의 문제를 64비트 배정도 부동 소수점으로 표현해 보아라.

4. 다음은 무슨 게이트 일까?

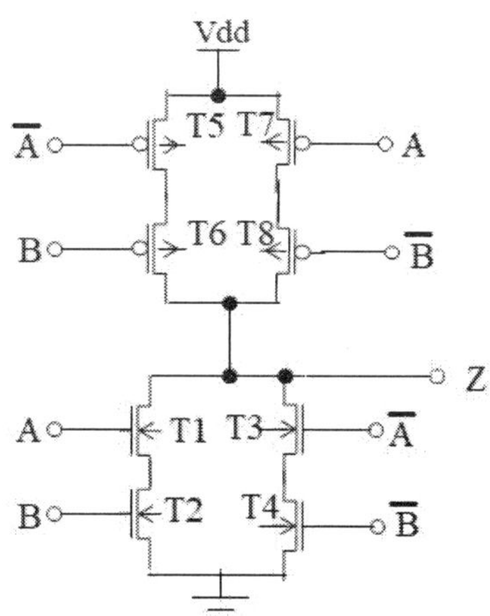

5. Schmidt trigger의 용도는?

6. Schmidt trigger를 사용하면 hysteresis 전압 크기 이하의 잡음에 영향을 받지 않음을 보여라.

7. 전송할 메시지 비트 열 m = {1, 0, 1, 1, 0, 1, 0, 1, 1, 1, 0}을 CRC 발생기 (generator) g = {1, 1, 0, 1, 1}을 이용하여 보낸다고 할 때 CRC를 구하라.

04

FPGA
(field-programmable gate array)

이 장에서는 다음 사항들을 공부한다.

FPGA (field-programmable gate array)
FPGA 설계 과정
Verilog HDL
FPGA 설계 예

❖ FPGA (field-programmable gate array)

임베디드 시스템의 빠른 프로토타입 (prototype) 제작이나 가격에 구애받지 않는 군사용 응용에서 FPGA (field-programmable gate array)가 이용된다. 말 그대로 프로그램 가능한 게이트 배열을 포함하고 있는 집적회로이지만 그 내에는 바로 사용할 수 있는 많은 공통의 역할을 하는 붙박이 (built-in) 하드웨어를 포함한다. FPGA 중심에는 수많은 논리 게이트, 배선, 및 레지스터들을 포함하고 있다. AND, OR, 및 NOT 같은 논리 연산을 수행하는 논리 게이트는 트랜지스터를 이용하여 만든다. FPGA 칩은 이러한 부품들을 가지고서 재구성이 가능하도록 (reconfigurable) 하다는 것이 중요하다. 레고 블록을 생각하면 되겠다. 수많은 조각들을 조립하여 새로운 형체를 만드는 것으로 비유하면 되겠다. FPGA 칩 내에 현재 수백만 개에서 수십억 개의 트랜지스터를 포함한다. 30% 작은 칩 공간에 이러한 수들이 2배가 되도록 설계 기술이 발전하고 있다.

다음은 FPGA 칩의 한 종류를 보인다. 내부에는 회로 구현에 사용되는 수많은 CLB (configurable logic block) 그리고 선 연결에 사용되는 PI (programmable interconnect)이 들어있다. 그 외에 블록 메모리, 신호처리를 위한 곱셈기, 외부와의 입출력을 위한 IOB (input-output block), 클록을 원활하게 공급하기 위한 클록 컨트롤 들이 있다.

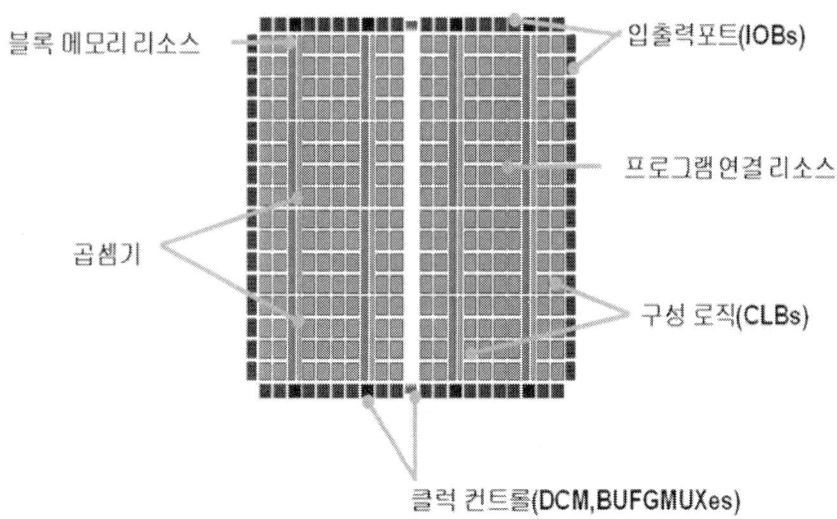

<Xilinx FPGA 구조>

CLB는 Xilinx FPGA의 기본 우선순위 구성 블록이며 이 블록을 다시 쪼개보면 slice로 구성이 되어 있습니다. CLB에는 4개의 slice가 존재 하며 이 각각의 slice에는 2개의 flip-flop과 2개의 LUT (look-up table)로 구성이 되어 있다. 즉 하나의 CLB에는 8개의 flip-flop과 8개의 LUT가 존재하게 된다. 그러나 최근의 시리즈에는 하나의 CLB에 2개의 slice가 존재하고 이 각각의 slice에는 4개의 flip-flop과 4개의 LUT가 존재한다. 다음 그림의 경우, 한 slice에 2개의LUT와 2개의 flip-flop으로 구성되어 있다. LUT는 분포된 소량의 각 주소 공간에 1비트의 데이터를 저장하는 SRAM이라 볼 수 있다. 논리 입력 신호가 이 SRAM의 주소 선으로 인가되면 각 주소 공간에 저장된 데이터에 따라 어떠한 조합 논리 (combinational logic)도 구현 할 수 있다. 이 예에서는 LUT가 4개의 입력을 가지고 있으므로 2^4 x 1 비트를 저장하는 SRAM이다. 만약 4개의 입력에 대한 XOR (excusive OR)을 구현한다면 LUT에 다음 표와 같이 데이터를 저장해 두면 된다는 것을 알 수 있다.

<XOR를 구현하기 위한 LUT 데이터>

주소	입력				출력
	A	B	C	D	Y
0	0	0	0	0	0
1	0	0	0	1	1
2	0	0	1	0	1
3	0	0	1	1	0
4	0	1	0	0	1
5	0	1	0	1	0
6	0	1	1	0	0
7	0	1	1	1	1
8	1	0	0	0	1
9	1	0	0	1	0
10	1	0	1	0	0
11	1	0	1	1	1
12	1	1	0	0	0
13	1	1	0	1	1
14	1	1	1	0	1
15	1	1	1	1	0

그리고 SRAM 출력을 flip-flop에 저장하여 입력으로 다시 귀환하여 사용하게 되면 어떠한 순차 논리 (sequential logic)도 설계할 수가 있다.

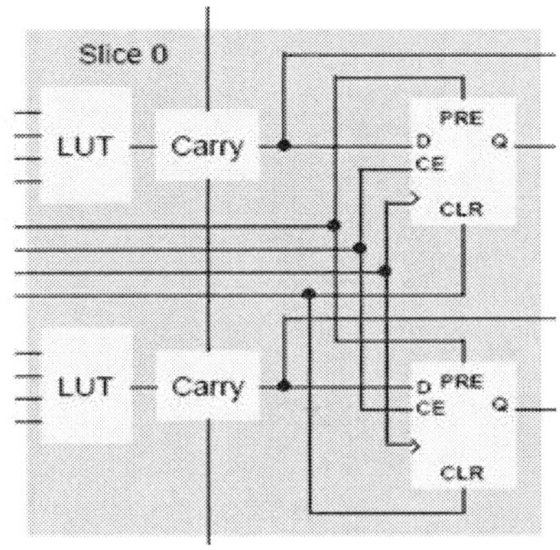

<CLB 구성도>

❖ FPGA 설계 과정

기능 블록도

FPGA 설계는 다른 설계자들이 참고해서 수정해서 사용할 수 있는 청사진 같은 기준 설계 (reference design)에서 시작할 수 있도록 해준다. 기준 설계는 FPGA 판매 지원 노력의 일부로 응용 엔지니어에 의해서 제공되지만 점차 제품 그 자체가 되고 있다.

FPGA로 시스템을 설계하는 과정은 어떻게 되나 설명한다. 다음은 고수준 시스템 설계 흐름을 보인다.

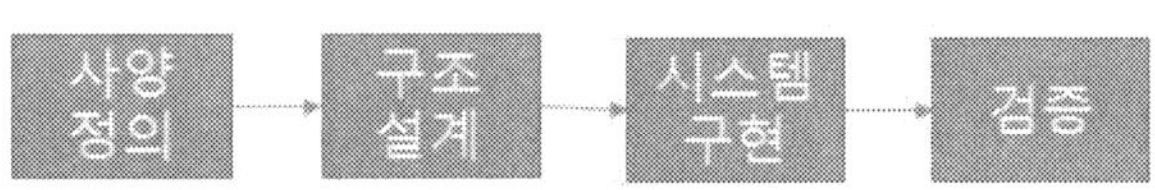

<시스템 설계 흐름>

먼저 요구사항들을 정의하고 정의할 시스템의 구조를 만들어 내야한다. 여기서 구현할 설계에서 필요한 부품들을 정한다. 그 다음에, 계획된 구조를 이용하여 시스템을 구현한다. 마지막으로 요구조건들을 만족하는지 검증해야 한다.

아래 그림은 가장 단순한 형태의 시스템 설계 흐름을 보여준다. 구조 생성과 시스템 구현은 시스템 구조가 어떨 것이며 시스템 설계에서 필요한 H/W을 만들고 시스템 설계를 구현하는데 필요한 S/W 응용을 만들 것이다. 위의 흐름을 좀 더 쪼개면 S/W 응용 흐름이라는 별도의 흐름으로 분리시킬 수 있다.

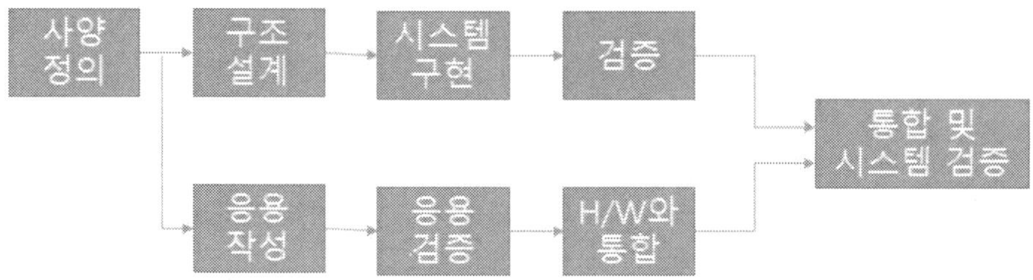

<S/W 응용 흐름을 포함하는 시스템 설계 흐름>

응용 흐름은 시스템을 구현하는데 필요한 응용 (자동화 응용 혹은 통신 응용)을 개발하는 것이다. 설계자들은 가끔 그 시스템이 배부될 응용에 따라 다른 플랫폼에서도 돌아갈 것을 고려해야한다. 종종, 응용 분야들은 이러한 배부될 시스템들이 공통의 기능을 수행하고 다른 시스템들과 같이 동작하도록 S/W 및 H/W 표준들을 확립해두고 있다. 설계자들은 그들의 응용 논리가 특정 표준과 개발 플랫폼에 무관하게 동작하도록 분리되도록 개발하는데 이것을 미들웨어 (middleware: M/W)라고 한다. 이러한 미들웨어는 다른 응용에서 재사용된다. 이러한 미들웨어의 장점은 다른 미래의 표준이나 플랫폼에 쉽게 포함되도록 하는 다른 장점이 있다. 다음 그림은 미들웨어 개발을 포함하는 시스템 설계 흐름을 보인다.

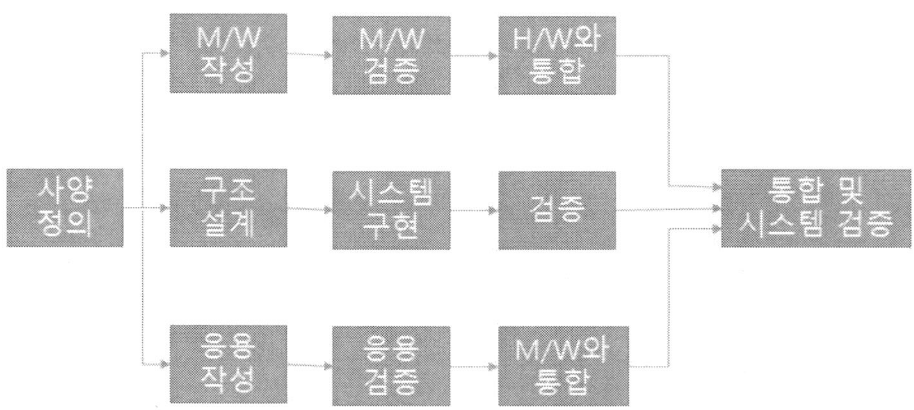

<미들웨어 포함하는 시스템 설계 흐름>

기능 블록을 존재하는 IP (intellectual property)로 바꾸기

FPGA 제조자들은 대부분의 시스템들이 다년간 수많은 같은 종류의 기능을 요구하는 것을 배워왔다. 이러한 기능으로 네트워크 데이터 I/O, 그래픽 처리, 마이크로프로세서 등이 있다. 그래서 이러한 블록들을 설계자가 제각기 개발하는 것은 이치에 맞지 않다. 요즘 FPGA 제작자들이 이러한 기능들을 바로 사용할 수 있도록 IP (intellectual property)로 제공한다. IP는 H/W와 함께 이에 함께 돌아갈 S/W을 같이 제공한다. 설계된 블록도 내에 있는 블록들을 존재하는 IP로 대치한다.

없는 블록들을 코딩하기

요즘의 FPGA는 프로그램하기가 훨씬 더 쉬워졌다. 구현하고자 하는 블록을 찾아내어 사용하고자하는 HDL (hardware description language)를 선택하여 텍스트 에디터로 코딩하여 그 설계를 합성 (synthesis)하여 PROM 파일을 만들어 FPGA에 로딩하면 된다. 로딩 되면, 로딩된 파일에 따라 FPGA가 재구성되어 돌아가게 된다. 오류 여부를 찾아내기 위하여 디버깅을 한다. 합성 툴은 HDL 코드를 번역하여 선택된 FPGA 내에 존재하는 물리적인 H/W 블록들로 맵핑시킨다. 이 과정에서 기존에 존재하는 IP와의 연결도 해준다.

시스템 설계 검증하기

FPGA의 검증은 시뮬레이션 환경에서 행해진다. 설계를 FPGA에 넣기 전에 설계가 잘 동작하는지 시뮬레이션하는데 시뮬레이션 툴을 사용한다. 설계가 의도된 대로 동작하는지 확인될 때까지 디버깅과 코드 검증은 반복된다. 대부분의 설계자들은 FPGA를 검증하는데 테스트벤치 (test bench)를 사용한다. 테스트벤치는 FPGA에 집어넣을 시스템 모델을 구성하는 실제의 하드웨어와 소프트웨어 시뮬레이션이 섞여있는 것을 말한다. 대부분의 FPGA는 수백만개에서 수십억개의 게이트를 포함하기 때문에 모든 부분을 시뮬레이션하는 것은 불가능하다. 대신, 테스트벤치는 설계의 중요 부분을 포함하는 가장 중요하고 의미 있는 게이트에 집중한다. 시뮬레이션 툴은 어떤 부분을 분리해서 이 부분을 설계자가 원하는 대로 동작하도록 하는 디버깅 도움을 주는데 도움을 준다.

시스템을 FPGA에 맵핑하기

합성된 비트열은 시스템을 구현하기 위하여 FPGA에 다운로드 된다. HDL 코드를 수정하는 능력은 설계, 디버그, 및 검증을 똑같은 환경을 제공해서 더 빠르게 시장에 물건을 내놓는 시간을 줄여준다.

시스템에서 설계를 실행해보기

설계가 하드웨어에 프로그래밍되고 원하는 대로 동작하는지 확인하는 것을 클로져 (closure)라고 한다. 많은 응용에서, 전력 소모가 중요하다. 그리고 속도가 다음으로 중요하다.

❖ Verilog HDL

Verilog HDL 역사

HDL (hardware description language) 언어로 VHDL (very high-speed IC HDL)과 Verilog HDL이 널리 사용되고 있다. Verilog HDL은 1983년 미국 Gateway Design Automation사에서 Verilog-XL이라는 논리 시뮬레이터와 함께 사용할 수 있는 하드웨어 기술 언어를 개발한 것이 시초이다. 그 당시에 사용되고 있던 하드웨어 기술 언어인 HiLo와 범용 컴퓨터용 언어인 C를 기반으로 개발되었다. 1985년에 Verilog 언어와 시뮬레이터가 EDA (electronic design automation) 시장에 발표되었고 1989년에 Cadence Design Systems사가 Gateway Design Automation 사를 합병을 하여 Verilog 언어와 시뮬레이터에 대한 사용권을 가지고 있다.

Verilog 언어는 처음에는 시뮬레이션을 위하여 탄생되었으나 나중에 합성 (synthesis) 기능이 추가되었다.

한편, 그 당시 미 국방성의 지원을 받아 국제 표준이 된 VHDL 언어에 부담을 느낀 Cadence Design Systems사는 Verilog 언어의 표준화에 대한 필요성을 느끼고 1991년 OVI (Open Verilog International)이라는 조직을 결성하고 Verilog 언어를 공개하였다. OVI는 LRM (Language Reference Manual)을 개정하는 등 많은 노력을 하여 1993년 12월에 IEEE Working Group이 구성되어 표준화 작업이 진행되어 1995년 12월에 IEEE Std. 1364-1995로 표준화되었다.

Cadence Design Systems 사는 OVI에 LRM을 공개한 이후로 많은 회사들이 Verilog 시뮬레이터를 개발하기 시작하여 특히 Chronologic Simulation 사에 의해서 개발된 VCS (Verilog compiled simulator)가 널리 사용되고 있다. VCS는 컴파일러 방식이라 인터프리터 방식인 Verilog-XL보다도 속도가 훨씬 빠르다.

그 후 기존의 Verilog 언어가 갖는 단점들을 보완하여 개선된 개정판 IEEE Std. 1364-2001과 IEEE Std. 1364-2005가 새로 나왔으며 최근에는 SoC (system-ona-chip) 기술이 보편화되면서 HDL의 확장 형태인 SystemVerilog가 개발되어 IEEE 표준화로 추진되어 2009년부터 Verilog와 SystemVerilog가 합쳐져서 SystemVerilog 2009 (IEEE Std. 1800-2009)로 나와 있다.

Verilog HDL의 특징

과거에는 회로의 구성 부품들을 도면으로 그려 회로들을 그려 설계할 수 있었으나 회로 내부에 들어가는 부품 수들이 기하급수적으로 늘어감에 따라 한계에 봉착하게 되었다. 현재는 하드웨어를 기술하는 언어인 Verilog로 문장 (statement)으로 기술하여 표현하기 때문에 수많은 부품들을 연결하여 회로들을 쉽게 구성할 수 있다. 또한 주석문 (comment)을 적절한 곳에 넣음으로써 문서화 (documentation)도 같이 할 수 있기 때문에 과거처럼 설계 후에 문서화를 하지않고 동시에 할 수 있는 장점이 있다.

Verilog 언어는 국제적으로 공인된 표준이므로 특정 EDA 툴에 종속적이지 않으며 특정 공정 기술 또는 설계 방법에 제한 받지 않는다. Verilog HDL은 생산을 위하여 특정 반도체 제조회사의 공정 기술에 맞도록 회로를 합성 (synthesis)하고 검증 (verification)할 수 있다.

Verilog HDL은 여러 단계의 설계가 가능하도록 하고 있는데 하드웨어와 소프트웨어가 분리되어 있을 때 가능하다. 이런 단점을 극복하기 위해 SystemVerilog HDL이 나왔다. 시스템, RTL (register transfer level) 수준, 및 게이트와 스위치 수준의 시뮬레이션, 정적과 동적 타이밍 분석, 검증에 사용될 수 있다. 또한 게이트 수준의 팬아웃 (fanout)과 SDF (standard delay format) 데이터를 이용한 타이밍 시뮬레이션도 지원한다.

Verilog HDL을 이용한 설계 과정

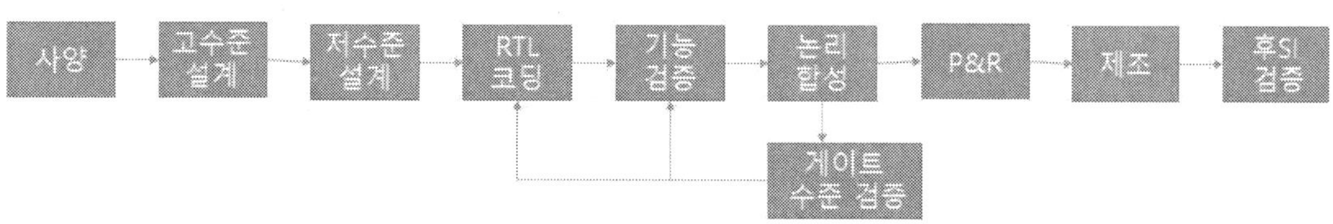

<전형적인 설계 과정>

4비트 전가산기 설계 예를 보인다.

먼저 1비트 반가산기 (half adder)를 먼저 설계한다.

```
module half_adder(a, b, cout, sum)
//
//     a
//   + b
// ------
//cout sum
input a, b;
output cout, sum;
wire a, b, cout, sum;

assign sum = a ^ b;    // sum = a xor b
assign cout = a & b;  // cout = a and b

endmodule
```

그리고 반가산기 2개와 OR 게이트 하나를 이용하여 다음 관계식에 맞추어 구조적 모델링으로 구현한다.

$sum=a\oplus b\oplus ci$

$cout=ab+ci(a\oplus b)$

```
module full_adder(ci, a, b, cout, sum)
//    ci
//     a
//   + b
// ------
//cout sum

input ci, a, b;
output cout, sum;
wire ci, a, b, cout, sum;
wire s1, c1, c2; //중간 wires

//half_adder에서 입력 순서 a, b, c, s
half_adder u0 (ci, a, c1, s1);
half_adder u1 (s1, b, c2, sum);
or u3 (cout, c1, c2);

endmodule
```

시뮬레이션

하드웨어 모델을 검증하는데 시뮬레이션 한다. 앞에서 언급했던 테스트벤치를 사용하여 RTL 블록들이 정상적으로 동작하는지 검증한다. 이러한 테스트벤치 (test bench) 코드를 아래에 보인다.

```
module full_adder_tb()

reg ci, a, b;
wire co, s;

full_adder u (ci, a, b, co, s);

initial begin
   $monitor("Time=%t CI=%b A=%b B=%b CO=%b S=%b", $time, ci, a, b, co, s);
   ci = 0;
   a = 0;            // ci=0, b=0, a=0
   b = 0;
   #5 a = 1;         // ci=0, b=0, a=1
   #5 b = 1;         // ci=0, b=1, a=1
   #5 a = 0;         // ci=0, b=1, a=0
   #5 ci =1, b = 0; // ci=1, a=0, b=0
   #5 a = 1;         // ci=1, b=0, a=1
   #5 b = 1;         // ci=1, b=1, a=1
   #5 a = 0;         // ci=1, b=1, a=0
   #5 $finish;
end

endmodule
```

합성 (Synthesis)

합성 (synthesis)은 Verilog HDL로 만든 RTL 코드, 목표 기술 (target technology) 라이브러리, 및 제약 조건 (constraint)을 입력으로 받아 목표 기술 기본 요소 (primitive)로 맵핑하는 과정이다. 또한, 합성 툴은 매핑한 후에 배선의 지연은 감안하지 않고 게이트에서 유발되는 지연을 감안하여 타이밍 분석까지 해준다. 뒷단 (back-end)에 net 목록을 넘기기 전에 다음의 두 가지를 행한다.

- 형식적 (formal) 검증: RTL로부터 게이트로의 매핑이 정확한지 검증한다.

- 스캔 (scan) 삽입: ASIC (application-specific integrated circuit)의 경우 스캔 체인을 삽입한다.

P&R (placement and routing)

합성 툴에서 나온 게이트 수준 네트 목록은 Verilog HDL 네트 목록 형식으로 변환되어 P & R (placement and routing) 툴에 의해서 받아들여진다. 모든 게이트나 레지스터가 놓여지고 배선된 뒤 P&R 툴은 GDS (graphic database system) 파일로 출력된다. 이것은 파운드리 (foundry)에서 ASIC을 제작하기 위해서 사용된다. 보통, P & R 툴은 SDF (standard delay format) 파일을 출력하는데 사용된다. 이것은 게이트 수준 네트 목록과 함께 타이밍 분석을 위하여 정적 타이밍 분석을 위하여 뒷주 (back-annotation)를 단다.

SI 후 (Post SI) 검증

일단 프로토타입 칩이 제작되면 시장에 내놓기 전에 실제 환경에 두고 테스트해봐야 한다. RTL로 시뮬레이션 속도가 느리기 때문에 SI 후 (post SI) 검증에서 버그가 쉽게 생길 가능성이 있다.

❖ FPGA 설계 예

먼저 조합 논리 회로의 예로 4비트 전가산기 (full adder)를 설계한다. 먼저 앞에서 구현된 1비트 전가산기를 4개를 이용한다.

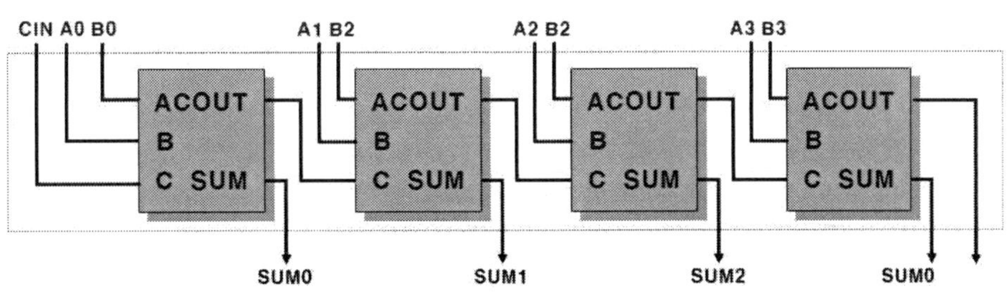

<4비트 전가산기>

```
module full_adder_4(ci, a, b, cout, sum)
// 4-bit full adder
//              ci
//     +      a[3:0]
// ---------------
// cout sum[3:0]
input wire ci;
input wire [3:0] a, b;
output cout;
output [3:0] sum;

wire c0, c1, c2; //중간 wires

//full_adder에서 입력 순서 ci, a, b, cout, sum
full_adder u0 (.ci(ci), .a(a[0]), .b(b[0]), .cout(c0), .sum(sum[0]));
full_adder u1 (.ci(c0), .a(a[1]), .b(b[1]), .cout(c1), .sum(sum[1]));
full_adder u2 (.ci(c1), .a(a[2]), .b(b[2]), .cout(c2), .sum(sum[2]));
full_adder u3 (.ci(c2), .a(a[3]), .b(b[3]), .cout(cout), .sum(sum[3]));

endmodule
```

FPGA 설계의 순차적 회로의 예로 2비트의 0과 1을 검출하는 FSM (finite state machine) 회로를 설계해본다. 이것에 대한 상태도를 그리면 다음과 같다. 한 개의 1을 받은 상태를 one_1, 두개의 1을 받은 상태를 two_1, 그리고 한 개의 0을 받은 상태를 one_0, 두개의 0을 받은 상태를 two_0으로 나타내었다.

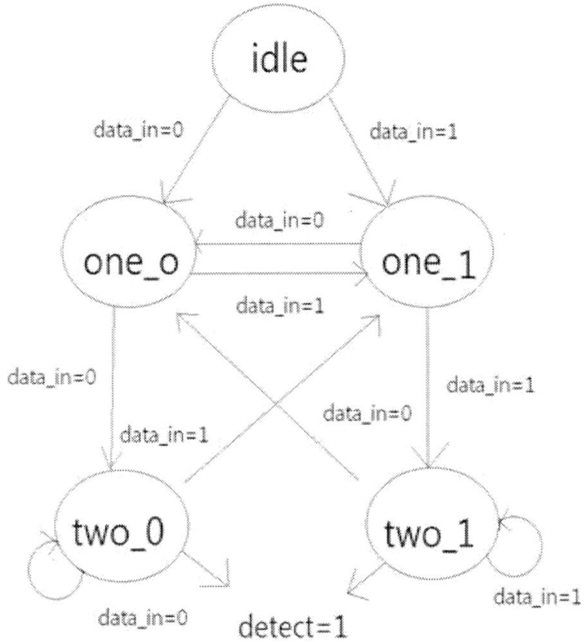

<연속 두 비트 검출하는 예제에 대한 상태도>

이것에 대한 코드를 다음에 보였다. 입력신호로 데이터가 들어오는 data_in, 전원이 공급될 낮은 idle 상태로 리셋시키는 낮은 활성 신호인 rst_n, 및 클록 신호 clk가 있고 출력신호로 detect가 있다.

```
module bits_report(clk, rst_n, data_in, detect);
input data_in, clk, rst_n;
output detect;

parameter idle= 3'b000;
parameter one_0= 3'b001;
parameter one_1= 3'b010;
parameter two_0= 3'b011;
parameter two_1= 3'b100;
reg[2:0] state, next;

always @(posedge clk or negedge rst_n)
  if(!rst_n) state <= idle;
  else state <= next;

always @(state or data_in) begin
  next<= 3'bx;
  case(state)
    idle : if(data_in) next <= one_1; else next <= one_1;
    one_1: if(data_in) next <= two_1; else next <= one_0;
    one_0: if(data_in) next <= one_1; else next <= two_0;
    two_1: if(data_in) next <= two_1; else next <= one_0;
    two_0: if(data_in) next <= one_1; else next <= two_0;
  endcase
end

assign detect = (state == two_0) || (state == two_1);

endmodule
```

위 코드의 시뮬레이션 결과는 다음과 같다.

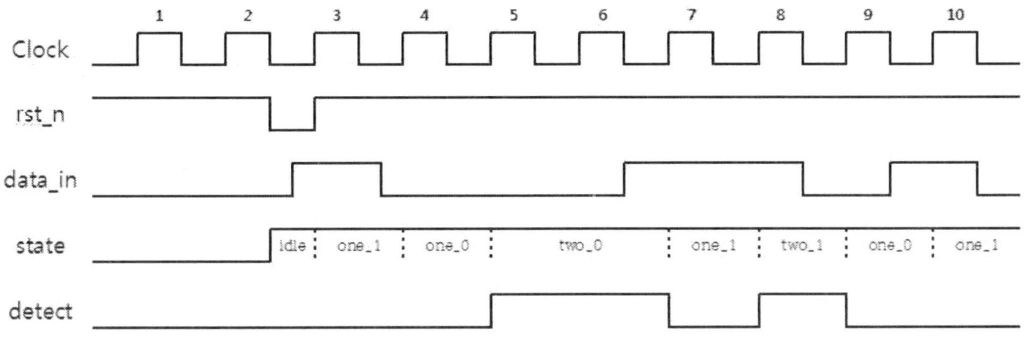

<연속하는 2비트를 검출하는 회로의 시뮬레이션 결과>

Mealy FSM은 입력이 변화할 때 마다 출력이 동시에 바뀌므로 출력에 지연이 없으나, Moore FSM은 입력에 무관하게 상태에 연관되어서 출력을 내므로 안정된 출력을 얻을 수 있으나 입력에 대해서 자ㅣ연된 출력이 얻어 지는 단점이 있다. 다음은 입력 수준 L을 출력 펄스 P로 변환하는 회로를 구현하는 예를 보인다. Moore와 Mealy FSM (finite state machine)의 타이밍 도를 다음 그림에 보였다. 다음 그림처럼 Mealy FSM 구현이 더 빠른 출력 경향을 보인다.

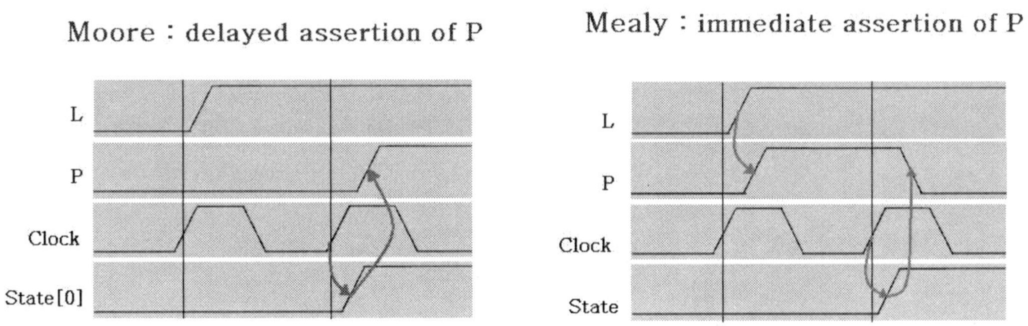

<레벨-펄스 변환기 FSM 회로의 타이밍도>

Mealy FSM의 출력은 상태와 입력에 의해서 변하므로 더 적은 상태로 구현할 수 있다.

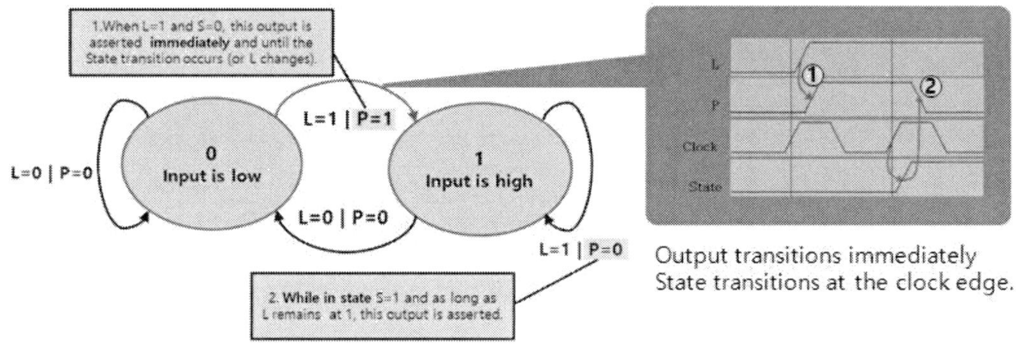

<Mealy FSM 상태 천이도와 타이밍도와의 관계>

이것에 대한 다음 상태와 출력에 대하여 간략화하면 다음과 같다.

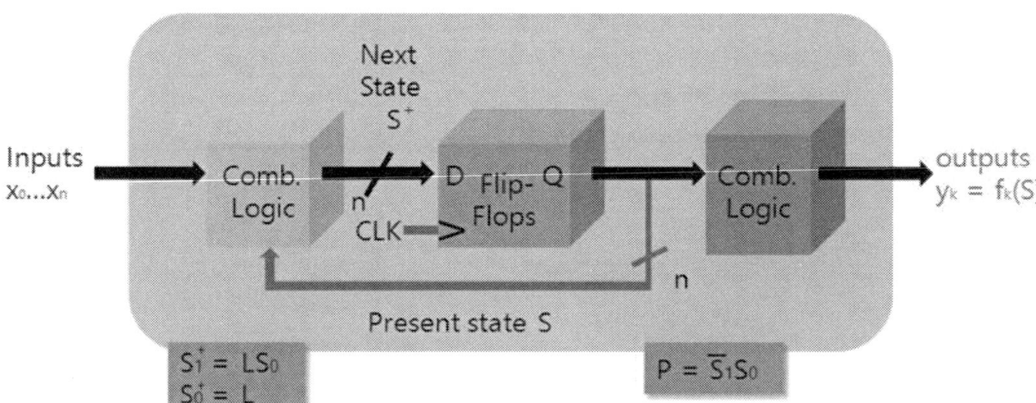

<다음 상태와 출력에 대한 간략화>

이것을 구현하면 다음과 같다.

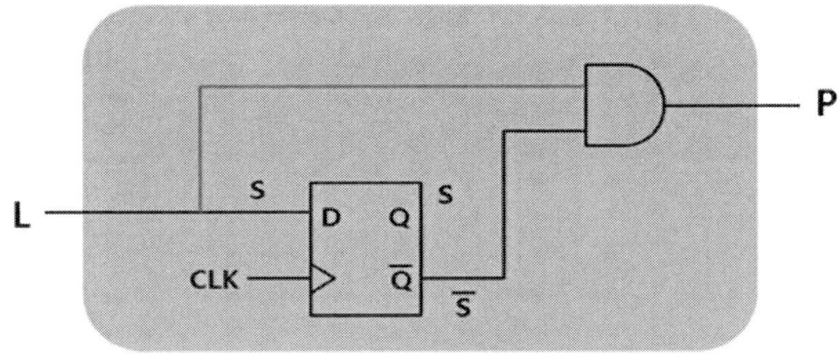

<Mealy FSM으로 구현된 회로>

다음으로 Moore FSM으로 구현하기 위해 상태도를 그리면 다음과 같다.

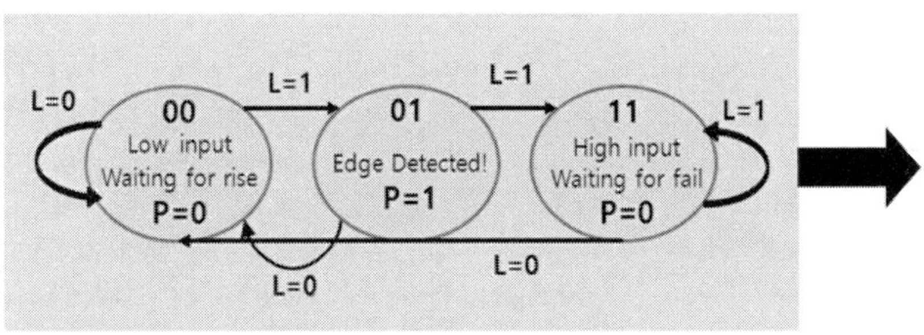

<Moore FSM 구현의 상태도>

이것에 대한 상태 천이표로 변환하면 다음 그림과 같다.

Current state		In	Next state		Out
S_1	S_0	L	S_1^+	S_0^+	P
0	0	0	0	0	0
0	0	1	1	1	0
0	1	0	0	0	1
0	1	1	1	1	1
1	1	0	0	0	0
1	1	1	1	1	0

<Moore FSM 상태 천이표>

이것에 대한 다음 상태와 출력에 대하여 간략화하면 다음과 같다.

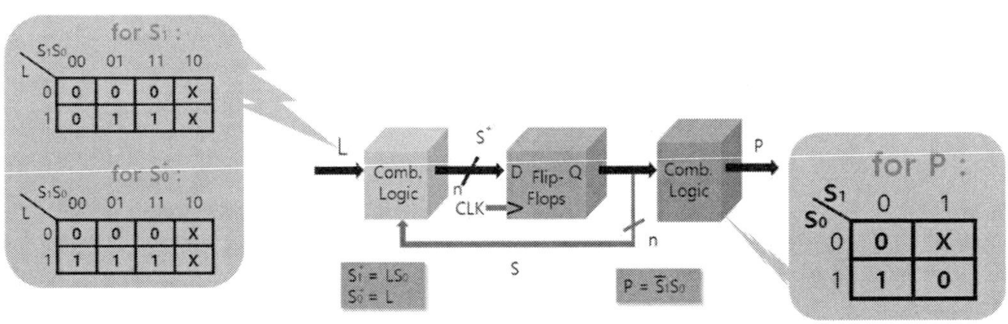

<다음 상태와 출력>

연습 문제

1. CLB는 무엇인가?

2. 4비트 equivalence (or XNOR) 게이트에 대한 LUT를 작성하라.

3. FPGA로 시스템 구현과정을 설명하라.

4. even parity detector에 대한 Mealy FSM과 Moore FSM으로 구현하라.

05

센서(sensor)

이 장에서는 다음 사항들을 공부한다.

- 센서의 원리
- 센서의 종류
  - 온도 센서
  - 광 센서
  - 초음파 센서
  - MEMS (micro elctromechanical system) 센서
- 조정 회로 (conditioning circuit)
  - OP-AMP
  - 반전 증폭기 (inverting amplifier)
  - 비반전 증폭기 (non-inverting amplifier)
  - 덧샘 회로 (adder)
  - 뺄셈 회로 (subtracter)
  - 버퍼링된 전압 분배기 (buffered voltage divider)
  - 적분기 (integrator)
  - 비교기 (comparator)
  - instrumentation 증폭기
  - Wheatstone 브리지

❖ 센서의 원리

센서 (sensor)란 외부 자극 (stimulus)의 물리적 량을 감지하여 전기적 신호로 반응하는 장치를 말한다. 보통 변환기 (transducer)와 혼동을 많이 하는데 변환기는 한 형태의 에너지를 다른 현태의 에너지로 변환하는 장치를 통틀어 언급한다. 외부의 물리량은 온도, 가스, 압력, 속도, 가속도, 유량, 조도 등이 있다.

<검출 가능한 현상>

자극	물리적 량
음향	파 (진폭, 위상, 분극), 스펙트럼, 파속도
생물 및 화학	유체 농도 (가스나 액체)
전기	전하, 전압, 전류, 전장 (진폭, 위상, 분극), 전도도, 유전율
자기	자장 (진폭, 위상, 분극), 자속, 투과
광	회절, 반사, 흡수
열	온도, flux, 비열, 열전도도

센서는 물리적 법칙을 바탕으로 하여 만들어진다. 이러한 물리적 법칙으로 다음들이 있다.

- Ampere's Law
  자장 속에 있는 전류가 흐르는 도체가 있을 때 힘 (Lorentz force)을 받는다.
  예) galvanometer

- Curie-Weiss Law
  강자성 (ferromagnetic) 물질은 상자성적 (paramagnetic) 성질을 보이는 온도 천이가 있다.

- Faraday's Law of Induction
  코일은 역기전력을 일으켜 자기의 변화에 저항한다.
  예) 변압기

- Hall Effect
  전류가 흐르는 전도체에 수직적으로 자장이 걸리면 이들 방향에 수직적으로 전압이 걸린다. 즉 전하 q를 가진 정공은 drift 속도가 $\vec{v}$일 때 전장 (electric field) $\vec{E}$와 자속 (magnetic flux) $\vec{B}$가 주어졌을 때 정공에 작용하는 힘 $\vec{F}$는 다음과 같이 주어진다.

$$\vec{F} = q[\vec{E} + (\vec{v} \times \vec{B})].$$

예) Hall-effect sensor, angular position

- photoconductive Effect
  반도체 물질에 빛을 쬐면 그 물질의 저항이 감소한다.
  예) 광저항 (photoresistor)

- Coriolis Effect
  회전하는 좌표계 내에서 운동하는 물체는 관성력을 받는다.
  예) accelerometer

- Seebeck Effect
  서로 다른 도체나 반도체 사이에 온도 변화는 그들 간의 전위차를 만든다.
  예) thermocouple

- Peltier Effect
  두 금속의 접합면에 흐르는 전류의 방향에 따라 열을 방출하거나 흡수한다. 이 현상은 Seebeck Effect의 반대이다.
  예) thermoelectric cooling

- piezoelectric Effect
  결정체 재료에 압력을 가하면 전하가 형성된다. 반대로 전압을 가하면 기계적 변형이 생긴다.
  예) 스피커, 마이크, accelerometer

- pyroelectric Effect
  어떤 결정체 물질에 열을 가하거나 식히면 일시적인 전압이 발생한다.
  예) PIR (pyroelectric infrared detector)

- Bernoulli's Principle
  액체의 속도 증가는 동시에 압력의 감소를 가져온다.
  예) bernoulli meter

❖ 센서의 종류

온도 센서

많은 물리 현상이 온도에 의존하기 때문에 압력, 부피, 전기 저항, 변형 등을 측정하여 간접적으로 온도를 측정할 수 있다.

- RTD (resistance temperature detector)
  온도에 따라 저항이 변하는 것을 이용. 선형성을 갖는다.

$$R = R_0 + \alpha T$$

- thermocouple
  두 종류의 서로 다른 금속선의 한끝을 용접하여 개회로를 만들고 그 접합부의 접속단을 측온접점 (열접점), 도선 또는 계기와의 접속단을 기준접점 (냉접점) 이라하여 용접 부분에 다른 온도를 가하면 온도와 일정한 관계가 있는 열기전력이 발생한다. 따라서 기준 접점온도를 일정하게 유지하면 이 기전력에 의해 측온접점의 온도를 알 수가 있으며 이때의 금속선을 열전대라고 한다.

- thermistor
  온도에 따라 저항이 변하는 것을 이용. 비선형성을 갖는다.

$$R = R_0 + \exp[\beta(\frac{1}{T} - \frac{1}{T_0})]$$

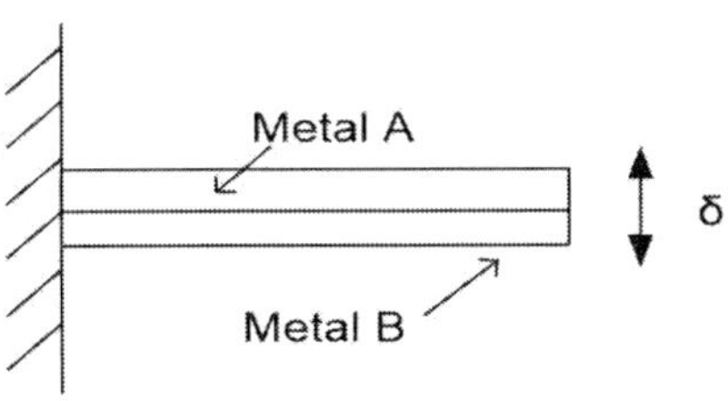

<thermocouple>

광 센서

포토레지스터, 포토다이오드, 및 포토트랜지스터 같은 포토컨덕터로 구성되어 있다. 이미지 센서, 적외선 검출기, 조도계 등에서 사용되어지고 있다.

- 포토레지스터 또는 LDR (light-dependent resistor)
  광량에 따라 수 백 Ω에서 몇 MΩ까지의 저항 값이 바뀌는 소자.

초음파 센서

위치 측정을 위해 사용된다. 2~13 MHz 범위의 음파를 발생하여 반사되어오는 음파를 검출하여 거리를 측정한다. SONAR (sound navigation and ranging)에서 사용된다.

MEMS (micro electromechanical system) 센서

요즘 스마트폰에 gyro 센서, accelerometer, 및 전자적 나침판 등과 같은 다양한 센서들이 장착되고 있다. MEMS (micro electromechanical system) 기술의 도움을 받아 가능해졌다. 이것은 micro-fabrication으로 one chip 상에 제작된 움직이는 미세부품들을 의미하는데 보통 이것들을 제어하거나 처리하는 전자회로도 같이 집적되어서 제작된다.

gyro 센서, accelerometer, 및 전자적 나침판 등의 동작 원리는 유사하다. accelerometer의 경우에 대해서 간단히 설명한다. comb 구조로 되어 있으며 가속을 받지 않았을 때 finger와 그 finger를 감싸고 있는 도체 사이의 거리를 d라고 가정한다. 그림에 있는 것처럼 수평 방향으로 가속을 받게 되면 inertial mass가 가속되는 반대 방향으로 쳐지게 될 것이다. 그래서 inertial (또는 proof) mass에 고정되어 있는 finger와 이것을 감싸고 있는 도체 사이를 살펴보면 push-pull 구조로 되어 있어서, 한 도체와 x 변위만큼 줄어들면 다른 도체와는 같은 변위 x 만큼 늘어난다. 도체의 면적이 A라고 가정할 때 d만큼 떨어져 있는 두 도체 간의 정전용량은 다음과 같이 된다.

$$C = \epsilon \frac{A}{d}$$

한 finger에 대해서만 적용하면 두 개의 capacitor가 있는 것과 같다. 만약 움직임이 있으면 정전용량은 다음과 같이 바뀔 것이다.

$$C_1 = \epsilon \frac{A}{d-x} \quad \text{그리고} \quad C_2 = \epsilon \frac{A}{d+x}$$

센싱은 정전용량 간의 차를 전압으로 변환하는 회로를 사용한다. 그래서 움직임이 없을 때는 변환되는 전압이 없으며 움직임이 있으면 변환되는 전압은 다음과 같다.

$$\begin{aligned} V &\approx C_1 - C_2 = \epsilon \frac{A}{d-x} - \epsilon \frac{A}{d+x} \\ &= 2\epsilon A \frac{x}{(d-x)(d+x)} \approx x \end{aligned}$$

센싱 전압은 x에 비례하고, x는 가속도에 비례하므로 가속도를 센싱한 것이다. comb 구조로 한 것은 한 finger에서 유도된 전하량이 작기 때문에 병렬로 여러 finger를 연결해 놓고 전하량을 많게 하려는 것이다.

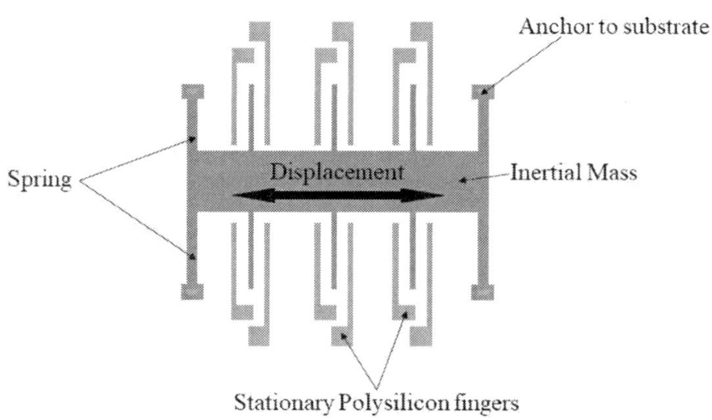

<accelerometer>

gyroscope도 accelerometer와 같은 원리를 이용하는데 고정축 (anchor)의 양쪽에 앞에서 설명한 가속계 2개를 양쪽에 배치해두었다. 각속도 $\vec{\Omega}$로 회전하는 물체에서 속도 $\vec{v}$로 운동하는 입자는 Coriolis 가속도를 다음 식과 같이 받는다.

$$\vec{a_c} = -2\vec{\Omega} \times \vec{v}$$

이 식을 어떤 질량 m을 가진 물체에 적용하면 다음 식과 같은 Coriolis 힘을 받는다.

$$\overrightarrow{F_c} = -2m\overrightarrow{\Omega} \times \overrightarrow{v}$$

gyroscope가 장착된 스마트폰이나 자동차가 회전하지 않으면 Coriolis 힘을 받지 않는다. 그렇지만 회전축을 중심으로 반시계 방향으로 (counter clockwise: ccw) 회전을 한다면 proof mass들의 위쪽 방향으로 향하는 각속도 벡터가 생기고 두 proof mass는 두 proof mass를 연결하는 직선에 수직이면서 표면에 나란하게 서로 반대 방향으로 Coriolis 힘을 받으므로 각 finger에서의 정전용량이 변하므로 이것을 센싱해서 회전이 생긴 것을 감지할 수 있다.

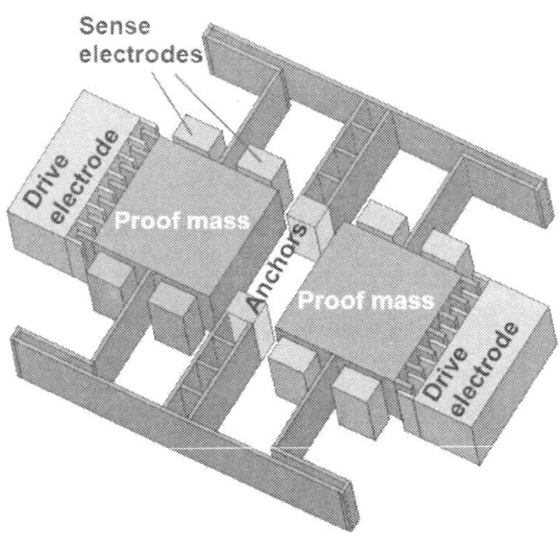

<gyroscope>

❖ 조정 회로 (conditioning circuit)

OP-AMP

센서로 부터 받은 신호를 마이크로컨트롤러로 건네주기 위해서는 조정 회로 (conditioning circuit)가 필요하다. 조정 회로로는 전압 분배기, 증폭기, Wheatstone 브리지, 적분기, 레벨 변환기 등이 있다. 보통 OP-AMP (operational amplifier)로 제작된다.

일반적으로 전원 전압은 ±12 V이지만 특정한 소자는 ±18 V 정도로 높게 사용될 때도 있다. 어떤 OP-AMP들은 하나의 전원만으로도 동작이 되는데 이 같은 경우에 V-는 접지에 연결된다.

OP-AMP의 출력전압은 전원 전압보다 근사적으로 약 1V가 낮은 값으로 제한이 된다. 이것은 ±12 V의 전원 공급을 가진 OP-AMP는 ±11 V사이의 값으로 출력이 된다는 뜻이다. 이 값은 종종 ±VSAT의 형태로 언급이 된다.

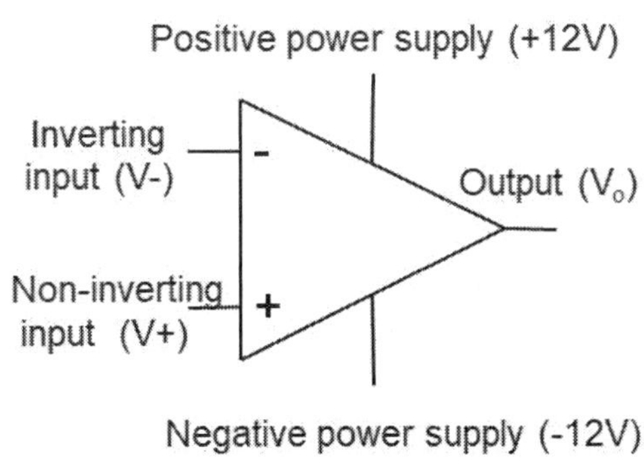

<OP-AMP>

OP-AMP의 출력 전압은 비반전 (non-inverting) 입력 전압과 반전 (inverting) 입력 전압의 차가 증폭되어 나타난다.

$$V_o = A_{OL}(V_+ - V_-)$$

A_{OL}은 개루프 (open-loop) 증폭도라고 한다. 개루프라는 것은 출력과 입력 사이에 연결이 없다는 것을 의미한다. 즉, 귀환 (feedback)이 없다는 것이다. 저주파수로 동작

(10 kHz보다 낮은)할 때 A_{OL}은 일반적으로 100보다 더 크고 DC (direct current)에서는 100,000을 넘을 수도 있다.

반전 증폭기 (inverting amplifier)

다음은 반전 증폭기 (inverting amplifier)로 많이 사용되는 회로이다.

$$E_o = -\frac{R_2}{R_1}E_i$$

$$\frac{1}{R_3} \approx \frac{1}{R_1} + \frac{1}{R_2}$$

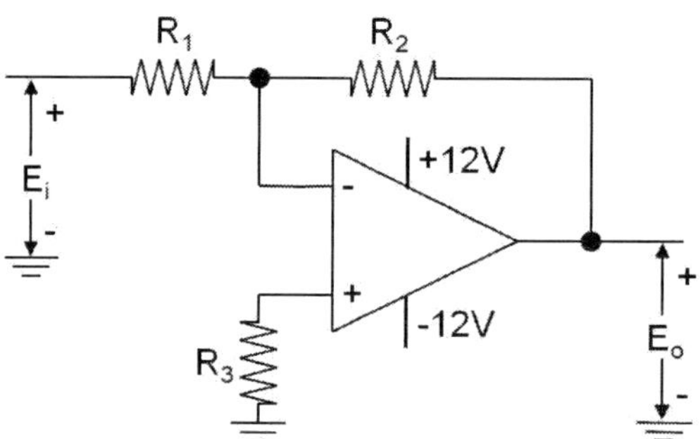

<반전 증폭기>

비반전 증폭기 (non-inverting amplifier)

다음은 비반전 증폭기 (non-inverting amplifier)로 많이 사용되는 회로이다.

$$E_o = (1 + \frac{R_2}{R_1})E_i$$

$$\frac{1}{R_3} \approx \frac{1}{R_1} + \frac{1}{R_2}$$

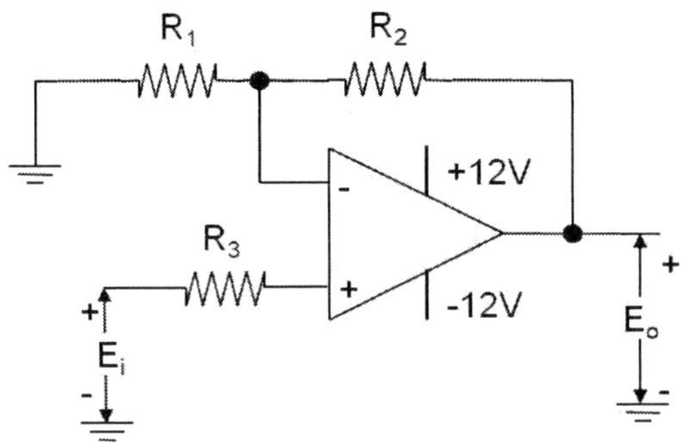

<비반전 증폭기>

덧셈 회로 (adder)

다음은 덧셈 회로 (adder)이다. 즉 두 입력 전압의 증폭도를 달리해서 더하는 회로이다.

$$E_o = \frac{R_1}{R_3}E_1 + \frac{R_3}{R_2}E_2$$

$$\frac{1}{R_4} \approx \frac{1}{R_1} + \frac{1}{R_2} + \frac{1}{R_3}$$

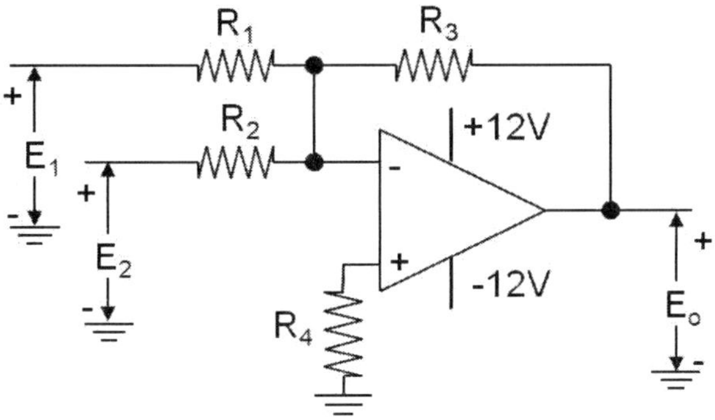

<덧셈 회로>

뺄셈 회로 (subtracter)

다음은 뺄셈 회로 (subtracter)이다. 즉 두 입력 전압의 차를 증폭하는 회로이다.

$$E_o = \frac{R_2}{R_1}(E_2 - E_1)$$

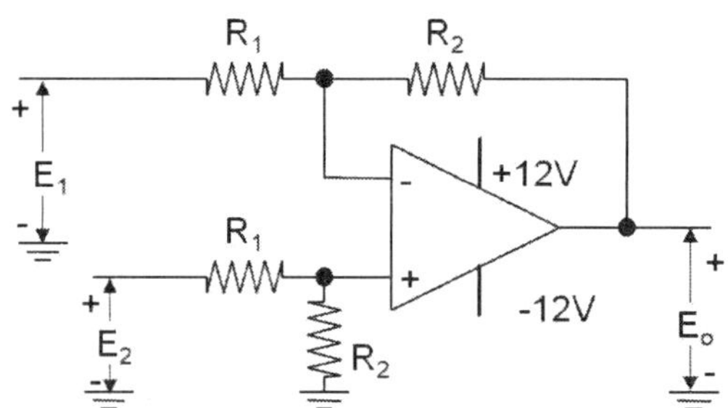

<뺄셈 회로>

버퍼링된 전압 분배기 (buffered voltage divider)

다음은 버퍼링된 전압 분배기 (buffered voltage divider) 회로를 보인다. 많은 센서가 potentiometer 형태로 제작된다. 버퍼 (buffer)가 필요한 이유는 센서에 조정 회로를 연결할 때 이 회로가 센서에 영향을 주지 않으려면 연결된 회로의 입력 임피던스가 굉장히 커야한다. 그리고 이 연결된 회로의 후단에 연결될 회로에게는 출력임피던스가 작아서 마찬가지로 영향을 미쳐서는 안되기 때문이다. 즉 버퍼는 앞에 나오는 회로에게는 부하로서 영향을 안주고 뒤에 나오는 회로에게는 전압원으로 동작하여 구동기로서 잘 동작하도록 한다.

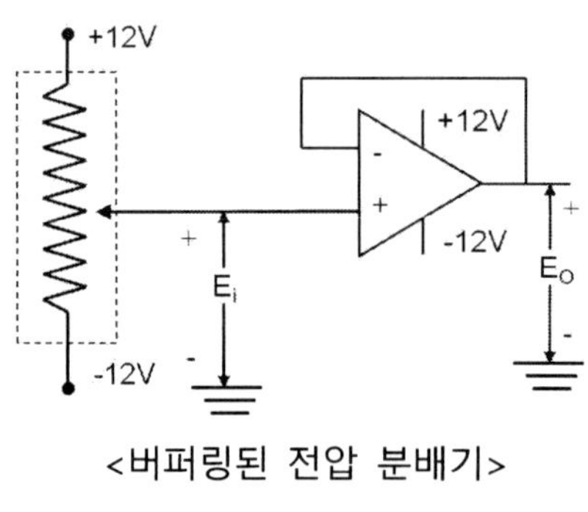

<버퍼링된 전압 분배기>

적분기 (integrator)

다음의 회로는 잡음의 영향을 둔감하게 하기 위하여 입력 전압을 스무딩 (smoothing) 하는 적분기 (integrator) 회로이다. 즉 극점 (pole) 하나를 가진 간단한 LPF (low-pass filter)로서 동작한다.

$$E_o(t) = \frac{-1}{RC}\int_0^t E_i(t)dt + E_o(0)$$

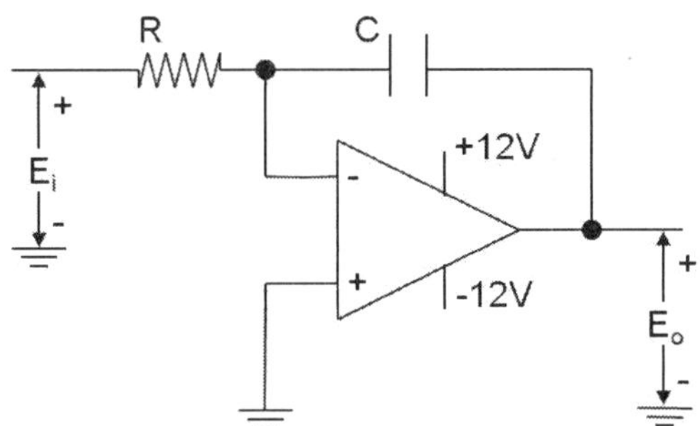

<적분기 회로>

비교기 (comparator)

다음은 입력 전압과 기준 전압 간의 크기를 비교하는 비교기 (comparator)이다.

$$E_0 = \begin{cases} -12 & \text{if } E_i > E_{ref} \\ -12 & \text{if } E_i < E_{ref} \end{cases}$$

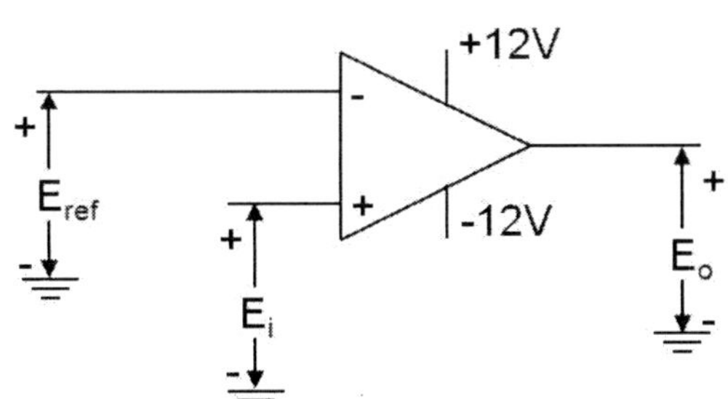

<비교기>

instrumentation 증폭기

다음은 입력 전압을 증폭시키는 계측 장비에서 많이 이용되는 instrumentation 증폭기이다. 상하 대칭적으로 저항을 연결하고 있다. triple OP-AMP instrumentation 증폭기로 알려줘 있다. instrumentation 증폭기가 가져야할 특징은 다음과 같다.

- 높은 증폭도
- 높은 입력 임피던스
- 낮은 출력 임피던스
- 높은 CMRR (common mode rejection ratio)
- 낮은 drift offset 전압

이 회로의 입출력 관계식은 다음과 같다.

$$E_o = \frac{R_2}{R_1}(1 + 2\frac{R_3}{R_G})E_i$$

그래서 위의 회로는 위의 instrumentation 증폭기의 특징을 모두 만족한다. 보통 R_G 자리에 potentiometer를 연결하는데 R_G가 0이면 증폭도가 ∞가 되므로 보통 R_G와 직렬로 고정 저항을 연결하여 사용된다.

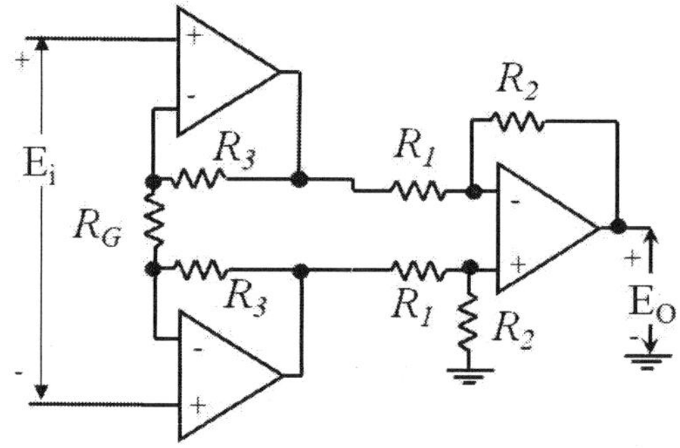

<instrumentation 증폭기>

Wheatstone 브리지

Wheatstone 브리지 회로는 2개의 전압 분배기를 1개의 전압원에 연결한 구조이다. 출력에서 들여다 본 Thévenin 등가 전압과 등가 저항을 각각 구하면 다음과 같다.

$$V_{th} = V_s\left(\frac{R_2}{R_2+R_1} - \frac{R_4}{R_4+R_3}\right)$$

$$R_{th} = \left(\frac{R_2R_1}{R_2+R_1} + \frac{R_4R_3}{R_4+R_3}\right)$$

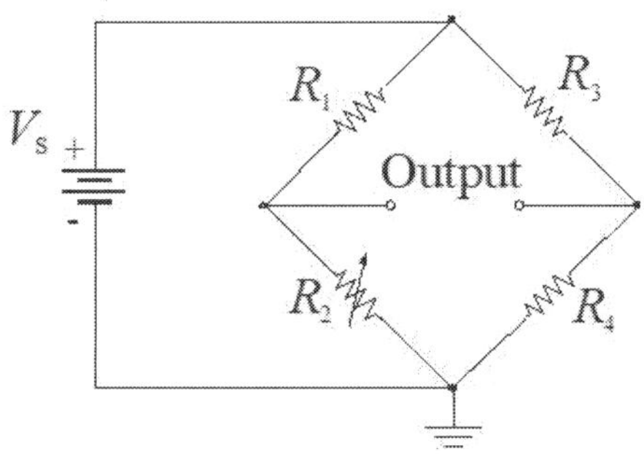

<Wheatstone 브리지>

만약 모르는 저항 값을 구하고 싶다면 검류계 (galvanometer)를 출력 단자 사이에 연결하고 여기에 흐르는 전류가 0이 되게 가변 저항 R_2를 조정했을 때 평형 상태(balanced state)에 도달했다고 한다. 그 때 $V_{th}=0$이 되므로 이때의 저항들 간에는 다음 식이 만족된다.

$$V_{th} = V_s\left(\frac{R_2}{R_2+R_1} - \frac{R_4}{R_4+R_3}\right) = 0$$

$$R_3R_2 = R_4R_1$$

그래서 R_1 저항 값을 측정하고 싶다면 나머지 알고 있는 저항 값들로 구할 수가 있다.

연습 문제

1. 비반전 증폭기의 입출력 관계식을 유도하라.

2. 출력 단자에 검류계를 연결하였다. 검류계의 내부 저항 R_g가 500 Ω이라고 가정할 때 검류계에 흐르는 전류를 계산하라. R_1=1 kΩ, R_2=3.5 kΩ, R_3=1.6 kΩ, R_4=7.5 kΩ이고 V_s=6 V이다.

06

마이크로프로세서/마이크로컨트롤러 구조

이 장에서는 다음 사항을 공부한다.

- 마이크로프로세서/마이크로컨트롤러 구조상의 분류
  - CISC/RISC/VLIW
  - Von Neumann/Harvard
  - little-endinan/big-endian
- cache 메모리
  - direct-mapped cache
  - set associative cache
- 가상 (virtual) 메모리

❖ 마이크로프로세서/마이크로컨트롤러 구조상의 분류

마이크로프로세서는 CPU (central processing unit)라고도 하며 내부에 제어장치 (control unit: CU), 산술논리장치 (arithmetic & logic unit: ALU), 및 레지스터 그룹 (또는 scratch pad memory 또는 register file)으로 구성되어 있다.

마이크로컨트롤러 (microcontroller)는 마이크로컴퓨터 (microcomputer)라고도하며 one chip 상에 CPU와 함께 적은 용량의 내부 RAM과 입출력 포트들을 같이 집적해 놓은 칩을 말한다. 입출력 포트로는 병렬 입출력, 직렬 입출력, 타이머/카운터, ADC (analog-to- digital converter), DAC (digital-to-analog converter) 등이 있다.

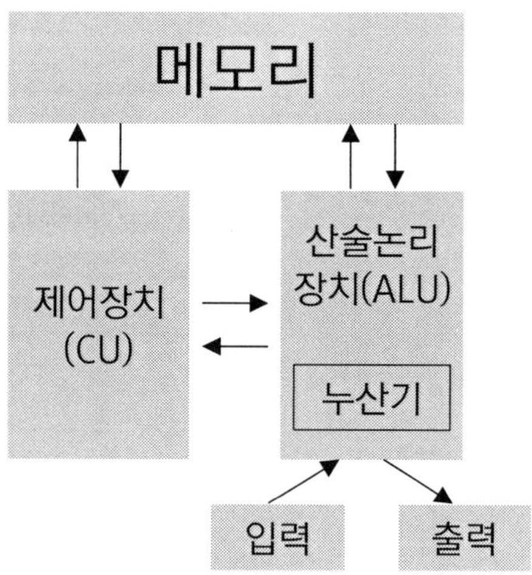

<마이크로컴퓨터 구성요소>

메모리 및 입출력 장치는 CPU와 주소, 데이터, 및 제어 버스들로 서로 연결된다.

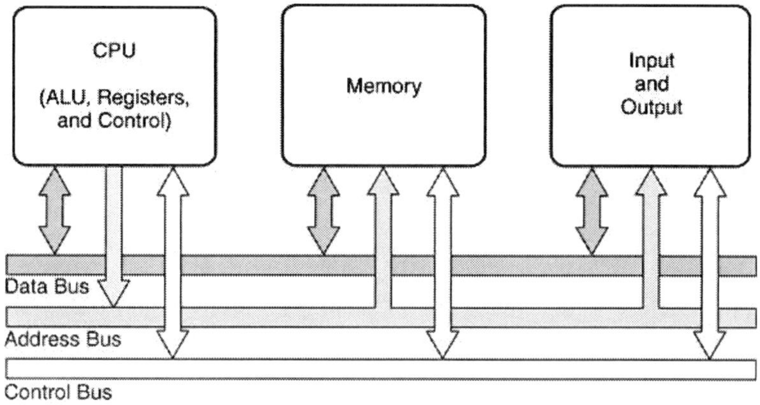

<마이크로컴퓨터 버스>

마이크로컨트롤러는 과거에는 명령어와 데이터를 한 메모리에[저장해놓은 Von Neumann 구조로 설계했으나 요즘에는 명령어 메모리와 데이터 메모리를 분리한 Harvard 구조로 설계되고 있다.

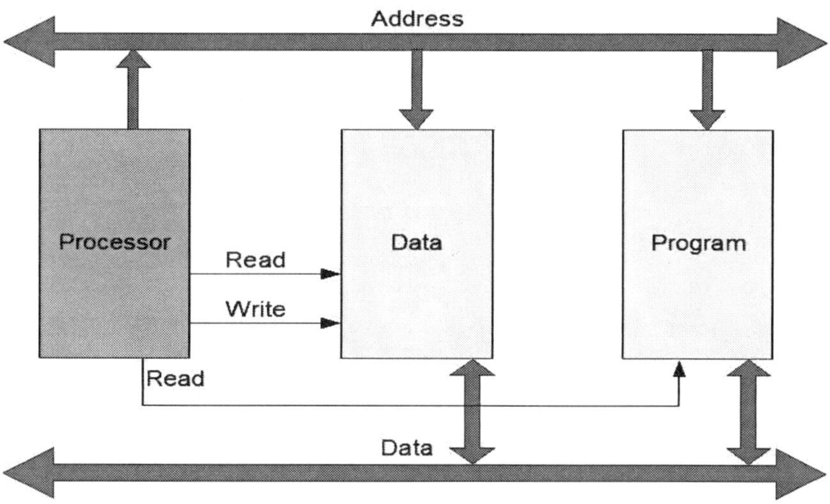

<Harvard 구조>

명령어에 따라서 CISC (complex instruction set computer)와 RISC (reduced instruction set computer)로 나누어진다. CISC 구조는 명령어를 상황에 따라 추가하면서 명령어가 복잡하고 길이가 서로 다르며 다양한 주소지정방식 (addressing mode)이 존재한다. 메모리간의 연산을 허용하여 실행속도가 느리다. 이에 반하여 RISC 구조는 명령어가 단순하며 동일한 길이로 이루어져 있고 주로 고속의 레지스터 상에서만 연산이 이루어지도록 하므로 파이프라인 운영이 쉽기 때문에 처리 속도가 고속이다.

<RISC와 CISC 비교>

parameter	RISC	CISC
instruction types	simple	complex
# of instructions	reduced (30 ~ 40)	extended (100 ~ 200)
instruction format	fixed	variable
duration of an instruction	one cycle	more cycles (4 ~ 120)
instruction execution	in parallel (pipeline)	sequential
addressing modes	simple	complex
instruction accessing the memory	two: load & store	almost all from the set
register set	multiple	unique
complexity	in compiler	in CPU (in micro-program)

한 번에 여러 명령어를 동시에 실행하는 구조로 super scaler 구조와 VLIW (very long instruction word)로 나누어진다. super scalar는 CPU 내에 파이프라인을 여러 개 두어 명령어를 동시에 실행하는 기술이다. 보통 super scaler 프로세서는 동시에 처리 (투입/완료)가 가능한 명령어 개수에 따라 N-이슈, N-와이드 (wide), 또는 N-웨이 (way) super scaler라고 표현한다. 이상적으로는 N개의 명령어를 읽어 파이프라인에 넣을 수 있지만 (fetch), 실제로는 명령어 캐시의 제약, 명령어 사이의 의존성, 분기문 때문에 N개보다 작은 명령어만 넣을 수 있을 때가 일반적이다.

명령어 사이에 데이터 의존성, 자원 의존성, 프로시저 의존성이 존재하는 경우에는 동시실행에 재한이 있다.

VLIW는 여러 opcode 필드가 있는 긴 명령어 하나에 독립적인 연산 여러 개를 정의하고 이들을 한꺼번에 내보내는 명령어 구조이다.

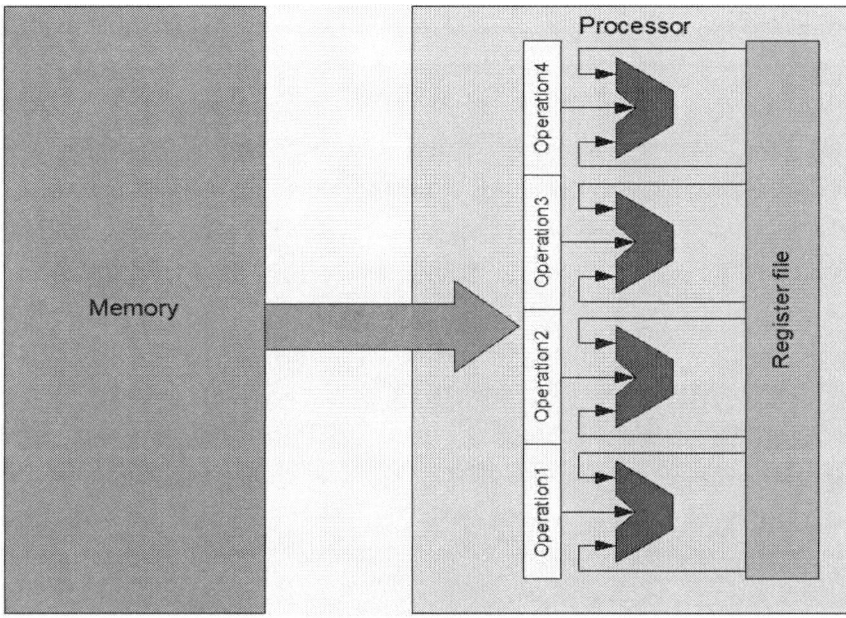

<VLIW 구조>

또한 데이터의 바이트들을 컴퓨터 메모리에 저장하는 순서에 따라 두가지로 나눈다. 유효자리가 낮은 바이트를 데이터의 시작 주소에서부터 먼저 채워나가는 little-endian 방식과 반대로 높은 유효자리 바이트부터 채워나가는 big-endian 방식이 있다.

Address →	00	01	10	11
Big Endian	12	34	56	78
Little Endian	78	56	34	12

<big-endian과 little-endian 방식>

위의 예에서 4바이트 장수의 값은 모두 0x12345678이다.

❖ cache 메모리

cache 메모리는 CPU 구조에 고속 메모리로 사용하도록 구성되었다. cache 메모리는 메인 메모리에서 가장 자주 사용되는 위치의 데이터를 갖고 있는 크기는 작지만 빠른 SRAM 메모리이다. 대부분의 메모리 접근은 특정한 위치의 근방에서 자주 일어나는 경향이 있거나 (spatial locality), 또한 최근에 사용한 데이터를 다시 사용하기 때문에 (temporal locality), 데이터를 크기는 작지만 속도가 빠른 cache 메모리에 복사해 두면 평균 메모리 접근 시간을 아낄 수 있다.

프로세서가 메인 메모리를 읽거나 쓰고자 할 때는, 먼저 그 주소에 해당하는 데이터가 cache 메모리에 존재하는지를 살핀다. 만약 그 주소의 데이터가 cache 메모리에 있으면 데이터를 cache 메모리에서 직접 읽고, 그렇지 않으면 메인 메모리에 직접 접근한다. 이때 대부분의 프로세서는 메인 메모리에 직접 접근해서 전송된 데이터를 cache 메모리에 복사해 넣음으로써 다음번에 같은 주소에 프로세서가 접근할 때 cache 메모리에서 직접 읽고 쓸 수 있도록 한다.

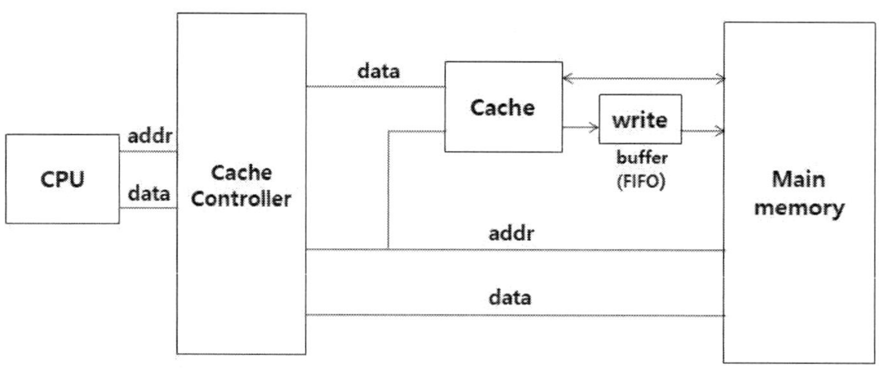

<cache memory>

direct-mapped cache (one-way set associative cache)

cache가 어떻게 체계화되는지의 방법을 충분히 이해하기 위해 두 가지 용어는 정의가 필요하다. 이 용어는 cache page와 cache line이다. cache page부터 정의해보면, main memory는 cache page로 불리는 같은 크기의 조각으로 나누어진다. page의 크기는 cache의 크기와 cache가 체계화되는 방법에 의존된다. cache page는 cache line으로 불리는 더 작은 조각으로 나누어진다. cache line의 크기는 processor와 cache 설계에 의해 결정된다.

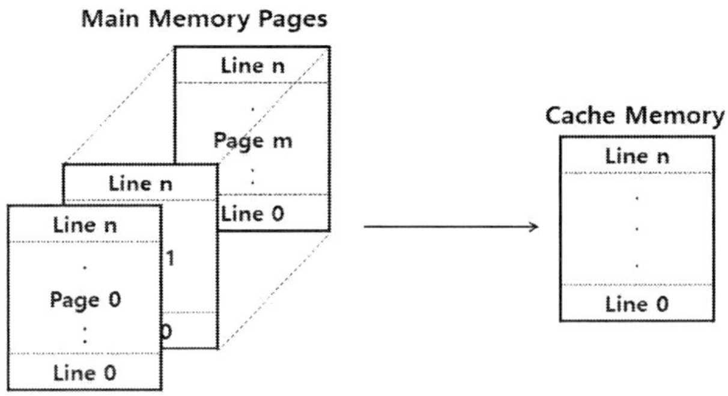

<direct-mapped cache>

direct-mapped cache는 1-way set associative cache로 불린다. 이 구조에서 main memory는 같은 크기의 라인을 가진 페이지들로 나누어진다. 각 page에 들어있는 line 수는 cache에 들어있는 line 수와 같다. direct-mapped cache는 cache의 한 line에 memory의 특정한 line만이 저장할 수 있다. 예를 들어 memory의 어느 page의 line 0은 cache memory의 line 0에 저장되어야 한다. 그러므로 만약 page 0의 line 0은 cache 내부에 저장되고, page 1의 line 0가 새로 요청되면 page 0의 line 0은 page 1의 line 0으로 새로 교체될 것이다. 이 구조는 대응하는 cache line과 memory line이 직접적으로 맵핑된다. 그래서 direct-mapped cache라고 한다.

direct-mapped cache 구조는 모든 cache 구조에서 가장 적은 복잡성을 갖는다. direct-mapped cache에서는 현재 요청된 주소는 단지 하나의 cache 주소와 비교를 하면 된다. 이러한 복잡성이 적은 구현으로 다른 cache 구조보다 훨씬 저렴하다. 단점은 direct-mapped cache는 아주 낮은 수준의 성능으로 유연성이 적고, 특히 cache page 사이를 점핑할 때 두드러지게 나빠진다.

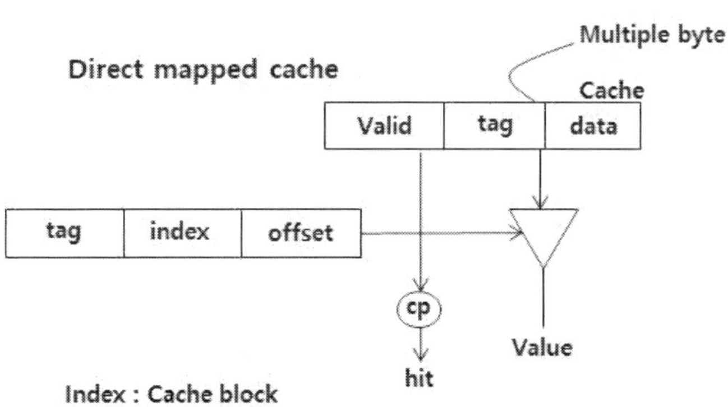

<direct-mapped cache 주소 비교기>

set associative cache

set associative cache 구조는 cache way로 불리는 같은 section (2 또는 4 sections)으로 cache SRAM을 나누어서 동작한다. 각 cache way의 cache page에 있는 line 수는 모두 같고 메인 메모리의 나누어져 있는 page 내의 line 수와도 같다. 각 cache way는 작은 direct-mapped cache로 볼 수 있다. 다음은 2-way set associative cache 구조의 다이어그램을 보여준다. 이 구조에서 memory의 두 line은 언제라도 저장되어질 수 있다. direct-mapped cache에서는 한 line만 언제라도 저장될 수 있었다.

이 구조는 비교기의 수가 cache way의 수와 같다. 2-way set associative cache는 단지 두 개의 비교기를 요구한다. 일반적으로 n-way set associative cache는 n개의 비교기를 요구한다.

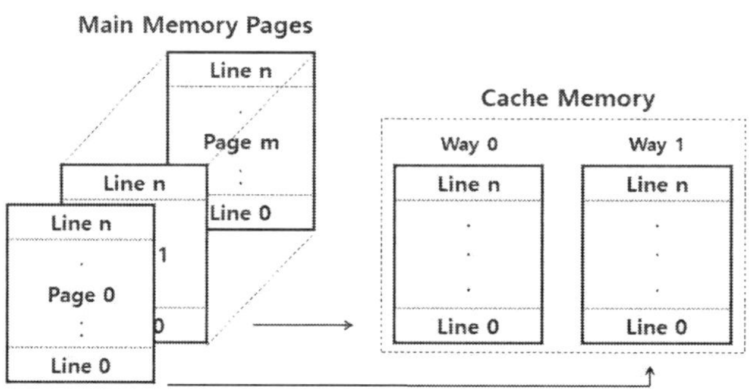

<set associative cache>

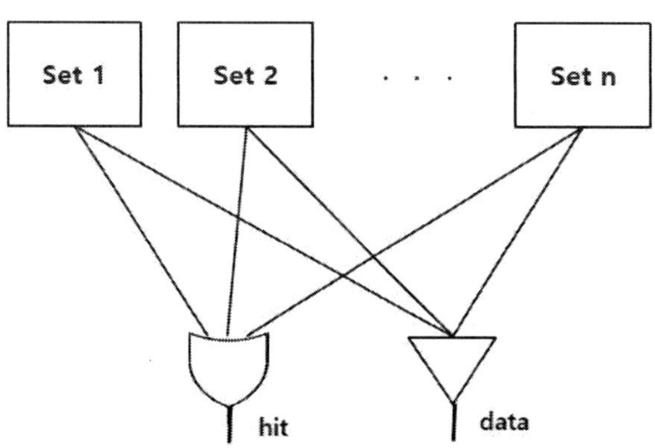

<n-way set associative cache 주소 비교기>

❖ 가상 메모리 (virtual memory)

물리적 메모리 (physical memory)에 대한 읽고 쓰는 속도를 빠르게 하기 위하여 cache를 사용하듯이 몇 십 ms의 속도밖에 안되는 이차 저장장치 (secondary storage)에 대하여 대용량 메모리인 DRAM을 cache 역할을 하도록 하여 물리적 메모리보다도 더 큰 프로그램이나 여러 프로그램을 동시에 더욱 빠르게 실행할 수 있도록 하는 것이 가상 메모리 (virtual memory) 개념이다.

보통 큰 프로그램을 실행할 때 서로 독립적으로 실행되는 태스크 (task) 또는 프로세스 (process)로 쪼개어서 제한적인 메인 메모리에 실어서 실행을 시킨다. 프로세스들 간에 어떤 프로세스가 다른 프로세스의 메모리를 침범 못하도록 하는 메모리 보호 (protection) 기능도 구현된다. 이러한 기능을 구현해주는 장치가 MMU (memory management unit)이다. MMU는 다음과 같은 처리를 한다.

- 응용 프로세스의 프로그래밍을 단순하게 해준다.
- 프로그램의 주소를 물리적 메모리 주소로 변환한다.
- 프로그램을 어떠한 물리적 메모리 주소에 재배치할 수 있도록 도와준다.

마이크로컨트롤러가 물리적 메모리 보다 훨씬 큰 논리 (logical) 또는 가상 주소를 MMU에 보내면 MMU는 물리적 주소로 변환한다.

보통 프로그램은 실행될 때 코드 영역, 데이터 영역 및 스택 영역으로 나누어지는데 이것을 세그먼트 (segment)라 부른다. 코드 영역은 코드 세그먼트, 데이터 영역은 데이터 세그먼트, 그리고 스택 영역은 스택 세그먼트라 한다. 이들 세그먼트는 독립적으로 각기 서로 다른 물리적 주소에 실려 실행된다. 각 세그먼트마다 세그먼트 디스크립터를 만들어 메모리의 어떤 위치에서 시작하여 표로 저장해둔다 (segment descriptor table). MMU는 접근해야할 가상 주소 중의 세그먼트 선택 (segment selector)부와 offset부를 분리하여 세크먼트 디스크립터 표의 시작 주소에서 세그먼트 선택부를 인덱스로 사용하여 해당 세그먼트 디스크립터를 읽는다. 여기에는 각 세그먼트가 물리적 메모리에 들어갈 시작

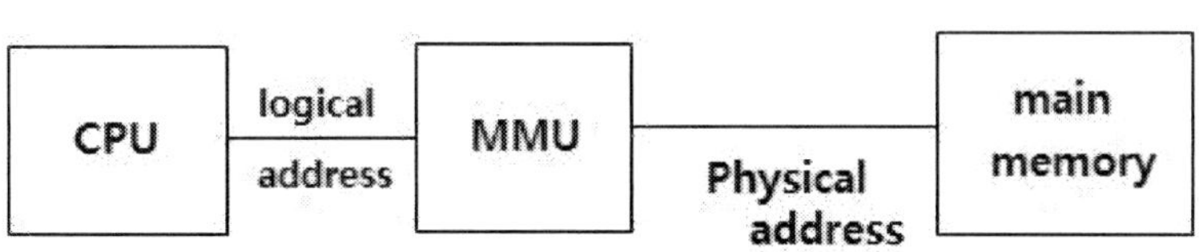

<MMU>

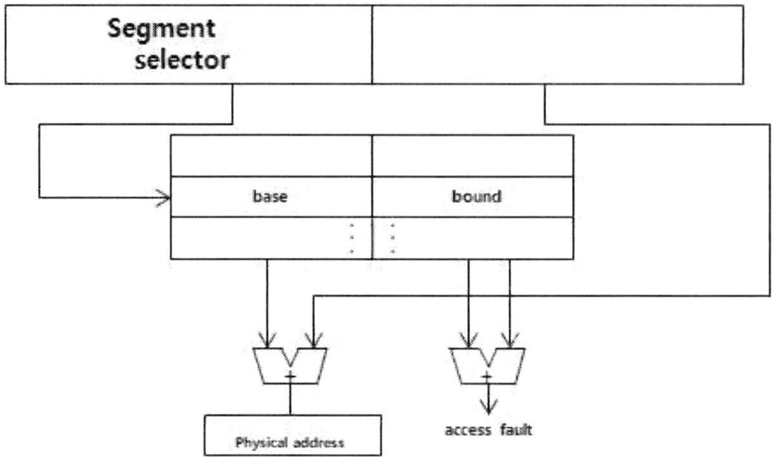

<세그먼트에 기반한 주소 생성>

주소 (base), 경계 (bound) 정보 등이 들어 있다. 시작 주소에 offset부를 더하여 물리적 주소로 변환한다.

메모리 관리의 효율을 기하기 위하여 물리적 메모리와 프로그램을 정해진 크기의 페이지로 나누어서 관리한다. 이것을 페이징 (paging) 기법이라고 한다. 세그먼트는 페이지와 달리 길이가 정해져 있지 않고 한 세그먼트 내에 여러 페이지가 존재할 수 있다. 앞에서 설명한 cache 메모리의 라인에 해당하는 것이 프레임 (frame) 이다. 실행 중인 프로세스의 프레임 (페이지)이 메인 메모리에 실려 있는지 없는지 기록하는 cache 메모리 역할을 하는 것이 페이지 테이블이다. 페이지 테이블은 해당 프레임의 매핑 정보뿐만 아니라 read, write, sharing 같은 허가 (permission) 정보를 같이 저장하고 있다. 접근하려는 가상 메모리 주소가 만약 페이지 테이블에 존재하지 않으면 cache의 경우 cache miss처럼 page fault exception을 발생시켜 exception 처리 루틴이 이차 (secondary) 저장장치에서 해당 페이지를 불러와 DMA 장치를 통해 물리적인 주 메모리에 실고 페이지 테이블에 기록을 한다. 만약 이차 메모리로부터 실을 페이지가 메모리에 없으면 FIFO (first in, first out)나 LRU (least recently used) 알고리듬 등을 적용해 효용 가치가 가장 적은 프레임을 제거한 뒤 이차 메모리로부터 가져온 페이지를 주 메모리에 실는다.

주소 번역의 속도를 기하기 위하여 최근에 사용된 페이지의 가상 페이지 주소를 물리적 페이지 주소로 맵핑하는 페이지 메모리의 버퍼 역할을 담당하는 TLB (translation lookaside buffer)을 둔다.

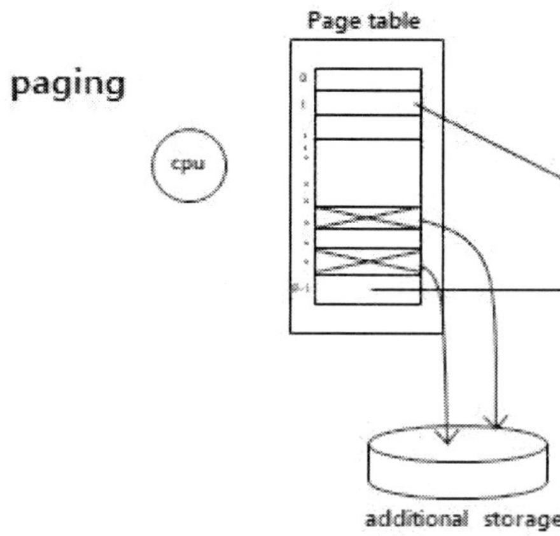

<paging>

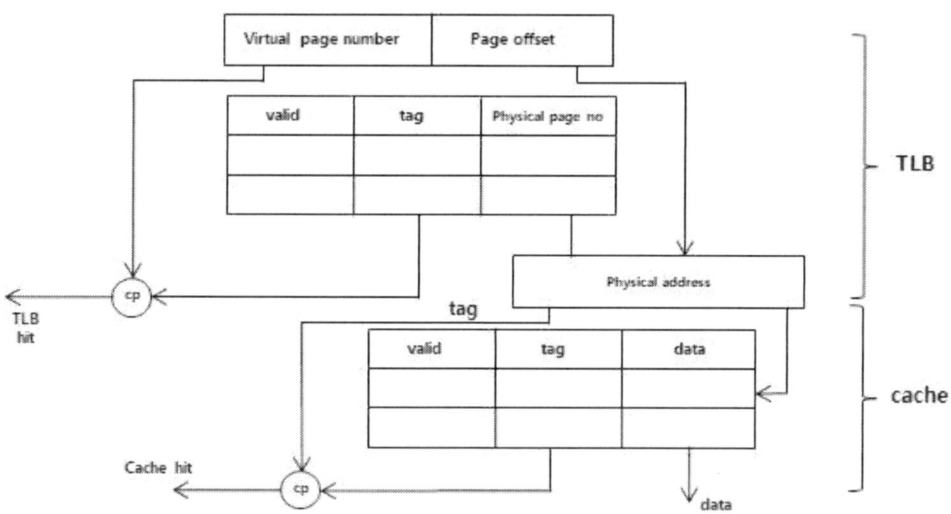

<TLB>

예로 들어 마이크로컨트롤러가 20비트의 가상 주소를 사용하고, 주 메모리의 크기는 64 KB라고 가정하고, 4 KB의 페이지로 나누어서 관리한다고 하자. 20비트의 가상 주소를 사용하므로 이차 메모리의 용량은 1 MB가 되고 각 페이지는 12비트가 소요되므로 이차 메모리는 256 (=2(20-12)) 페이지를 저장할 수 있고 주 메모리는 16 (=2(16-12)) 프레임 (페이지)을 저장할 수 있다. 그러면 페이지 테이블은 주 메모리 내의 256개의 프레

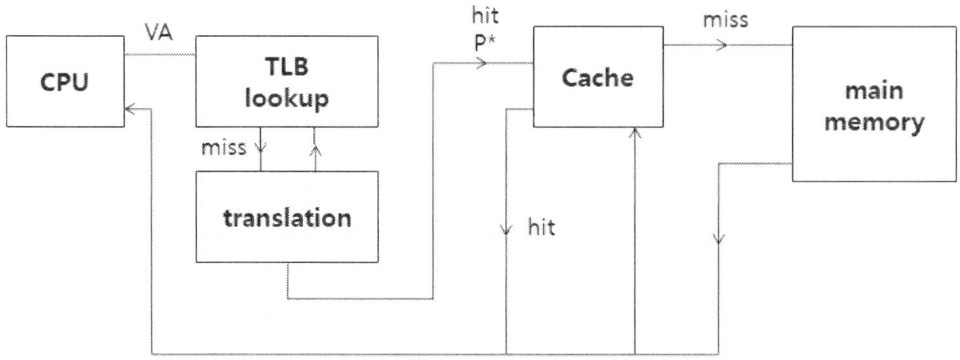

<페이지 테이블내의 TLB>

임들의 시작 주소들을 저장할 수 있어야 한다. MMU는 가상 주소내의 페이지 테이블 인덱스가 TLB에 있는지 살펴보고 있다면 바로 TLB로부터 주 메모리 내의 프레임에 맵핑된 시작주소를 얻어 여기에 페이지 offset을 조합하여 물리적 주소로 변환한다. 만약 페이지 테이블 내에 없으면 페이지 폴트 (page fault)가 발생하여 페이지 테이블로부터 주 메모리 내의 프레임에 맵핑된 시작주소를 얻어 여기에 페이지 offset을 조합하여 물리적 주소로 변환한다. 페이지 폴트가 생기면 빠른 속도의 TLB로의 접근이 한 번, 주 메모리 내의 페이지 테이블로 접근이 또 한 번, 그리고 명령어를 읽기 위해 다시 주 메모리로 접근 한 번 해서 총 세 번의 접근이 있게 된다. 그리고 폴트가 생긴 프레임의의 시작 주소를 TLB에 업데이트할 것이다. hit가 되었더라면 빠른 TLB로 접근 한번과 주 메모리로 접근 한 번으로 실행이 이루어 질 것이다. MMU의 도움으로 굉장히 느린 이차 메모리로의 접근이 없이 실행이 이루어 진 것이다.

page table index	page offset
19	11 … 0

mapped frame start address	page offset
15	11 … 0

<가상 주소와 물리적 주소>

연습 문제

1. 0x1234_5678을 little-endian과 big-endian 방식으로 메모리 번지 0x4000_0000부터 시작해서 바이트 단위로 저장해보아라.

2. 16 X 8의 메모리에 대해서 4 x 8의 two-way set-associative cache를 이용한다. 주소 0x0, 0x1, 0x2, 0x3, 0x7를 액세스했을 때 cache 내용을 표시해보아라.

3. 30비트의 가상 주소를 사용하고, 주 메모리의 크기는 1 MB라고 가정하고, 4 KB의 페이지로 나누어서 관리한다고 하자. 페이지 테이블 크기를 계산하라.

07

메모리

다음 사항을 공부한다.

- 비휘발성 메모리
    - MASK ROM
    - PROM
    - EPROM/EEPROM
    - flash 메모리
- 휘발성 메모리
    - SRAM (static RAM)
    - DRAM (dynamic RAM)

임베디드 반도체 메모리는 전원을 제거하면 저장된 내용들이 없어지는 휘발성 메모리(volatile memory)와 저장된 내용들이 없어지지 않고 유지되는 비휘발성 메모리(non-volatile) memory)로 분류된다. 휘발성 메모리는 무작위로 액세스할 수 있는 RAM (random-access memory)와 그렇지 않은 메모리로 나눌 수 있다.

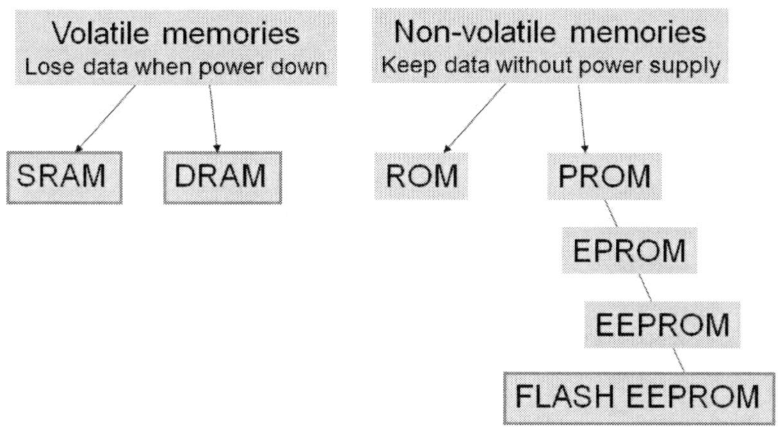

<반도체 메모리 분류>

❖ 비휘발성 메모리

외부 전원이 제거되더라도 저장된 정보를 간직하는 메모리를 비휘발성 메모리(non-volatile me meory: NVM)라고 한다. 비휘발성 메모리로는 반도체 생산단계에서 미리 데이터가 저장되어 생산되는 mask ROM (read-only memory), 한번만 구울 수 있는 PROM (programmable ROM), EPROM과 EEPROM은 10년간 기록된 내용을 유지해야하는 retention time을 만족해야 하고 백만 번 이내로 지우고 재기록 가능하도록 설계된다. EPROM (erasable PROM)은 지울 때 자외선을 쬐어 지울 수가 있다. 이에 반해서 고전압을 가해 전기적으로 지울 수 있는 EPROM을 달리 EEPROM (electrically erasable PROM)이라 한다.

Read-Write Memory		Non-Volatile Read-Write Memory	Read-Only Memory
Random Access	Non-Random Access	EPROM E^2PROM FLASH	Mask-Programmed Programmable (PROM)
SRAM DRAM	FIFO LIFO Shift Register CAM		

<반도체 메모리의 분류>

메모리 셀 (cell)은 1비트를 저장하는 기본 메모리 소자이다. 보통 이 셀들을 2차원 행렬 배열로 구성하여 대량의 메모리를 구성한다. $2^{(n+m)}$ 비트를 저장하는 메모리는 n+m 주소선이 필요하다. 이것을 2차원으로 배열하는 방법은 하위 n개 주소 선은 열 (column) 디코더에 보내어 BL (bit-line)을 디코딩하고, 상위 m 주소 선은 행 (row) 디코더로 보내 WL (word line)을 디코딩하게 한다. 두 디코더의 활성화된 신호의 교점에 있는 1비트 메모리 셀이 선택되게 하는 것이다. 이런 배열을 평행하게 M개를 배치하여 두 디코더의 출력을 그 배열들에 동시에 인가하면 동시에 M비트를 읽어 낼 수가 있다.

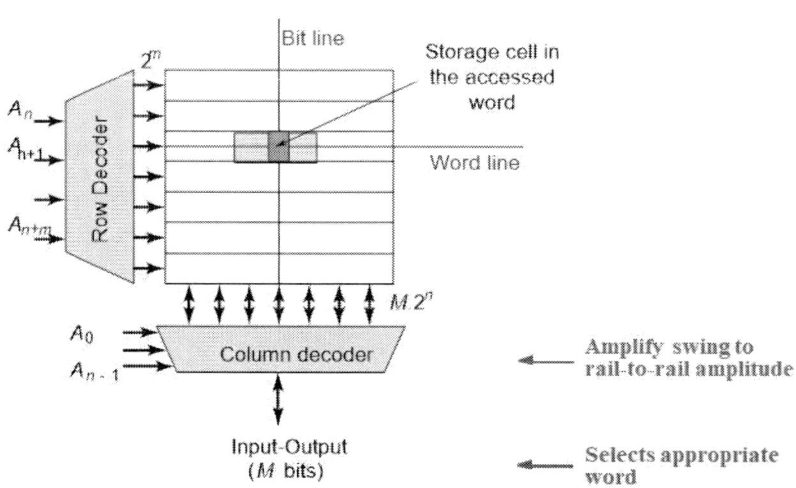

<배열 메모리 구성>

MASK ROM

fab에서 생산 단계에서 mask로 제작되어 생산된 ROM이다. 제작비가 많이 들기 때문에 CG (character generator) ROM처럼 대량 생산용으로 적합하다.

다음은 8 x 4 ROM으로 "x" 표시는 교점이 MOS나 FGMOS (floating-gate MOS)로 연결되어 있다는 것을 의미한다. 그래서 입력 (A2, A1, A0) = 011에 대해서 출력은 (F3, F2, F1, F0) = 0011 이다.

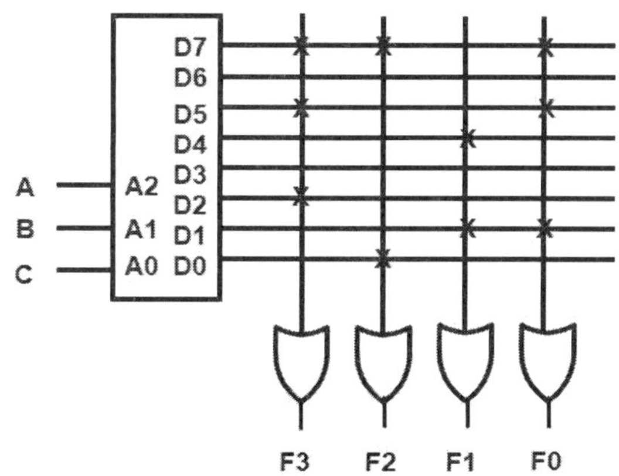

<Mask ROM>

PROM

mask ROM이 현장에서 프로그램 불가능한 단점을 극복하기 위해서 한번만 프로그램을 허용한 ROM이 PROM이다.

EPROM/EEPROM

지우고 쓸 수 있는 ROM의 기본 셀은 floating-gate MOS (FGMOS)를 사용한다. Fowler-Nordheim tunnelling (FN tunnelling), channel hot electron injection (CHE), 자외선의 조사 (irradiation)에 의해서 floating-gate에 전자를 주입하거나 제거한다. MOS의 문턱 전압 (threshold voltage) VT가 floating-gate내에 전자들의 주입 여부에 따라 달라진다. floating-gate내에 전자들이 주입되어 있을 때 VT가 높아진다.

<EPROM, EEPROM, flash 메모리 cell의 비교>

	EPROM	EEPROM	flash memory
transistor 수	1	2	1
cell program	CHE	tunnelling	CHE
cell erase	UV light	tunnelling	tunnelling

아래의 그림은 EPROM에서 사용되는 FAMOS (floating-gate avalanche injection MOS) 구조이다. 프로그래밍 할 때는 해당 셀의 게이트와 드레인에 avalanche 현상이 생길 정도로 높은 전압을 가하여 floating gate에 전자를 가두면 프로그래밍된 상태 즉 논리 1상태라고 한다. 이에 반하여 floating gate에 전자가 없는 상태를 지워진 상태 즉 논리 0라고 한다. 전자가 그러면 VT가 높아지게 된다. 지울 때는 자외선을 쬐어서 모든 셀들이 동시에 지워지도록 한다. 즉 갇힌 전자들에게 빛을 쬐어서 에너지를 얻게 하여 floating gate로부터 빠져나오게 한다.

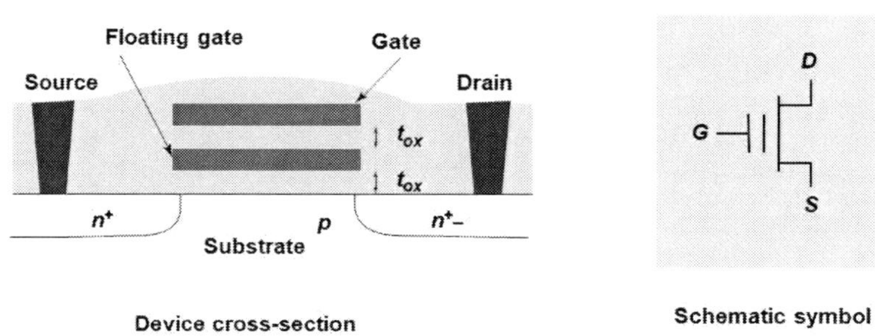

<floating-gate MOS>

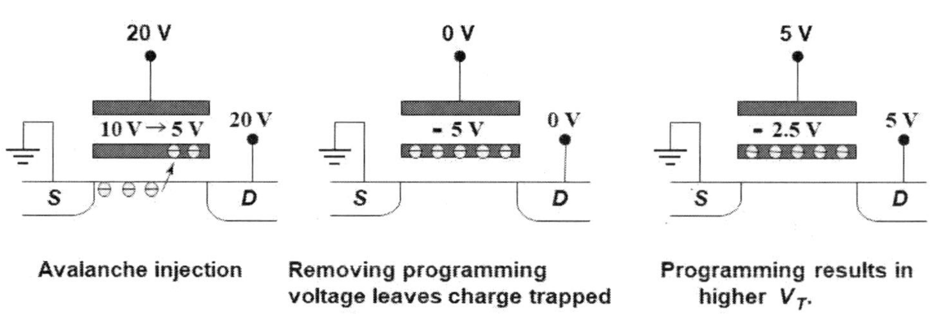

<FAMOS의 programming>

EEPROM의 cell은 다음과 같이 1개의 WL (word line) MOS와 1개의 FGMOS로 이루어져 있고 EPROM과 flash 메모리는 WL MOS가 없는 구조라고 생각하면 되겠다. FLOTOX (floating-gate oxide tunnelling MOS) 구조를 사용한다. 드레인 쪽에 oxide 두께를 작게 하여 FN tunnelling 현상이 쉽게 발생하도록 하였다. 그림에서 보다시피 게이트와 드레인 간의 전압에 대한 전류 특성이 가역적이다. 그래서 게이트와 드레인 간의 전압 제어에 의해서 프로그래밍과 지우기를 해당 비트에 대해서 선택적으로 할 수가 있다.

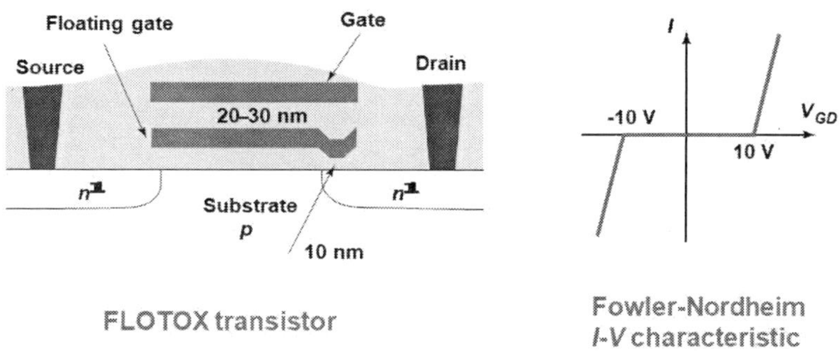

<FLOTOX MOS>

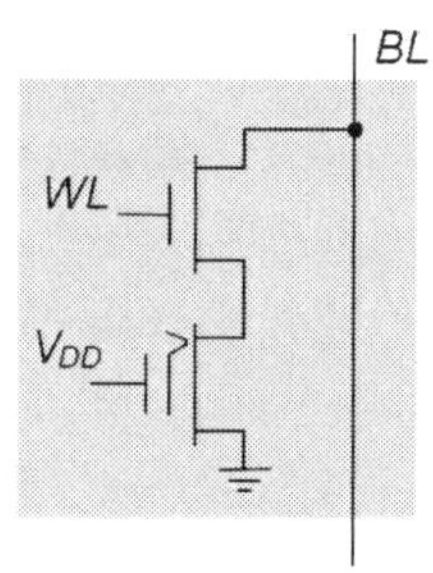

<EEPROM cell>

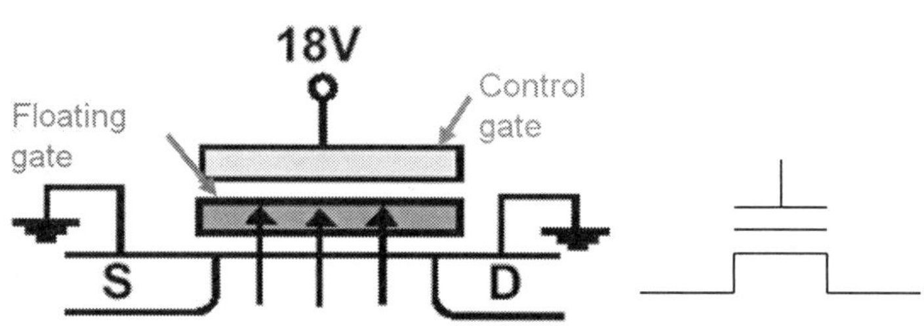

<floating-gate MOS>

셀에 저장된 비트를 읽어내려면 control gate에 VREAD 전압을 가하고 드레인 전류 IREAD를 측정하여 읽어낸다. 만약 드레인 전류 IREAD가 0에 가까우면 논리 0이 저장되어 있는 것이고 큰 전류가 흐르면 논리 1이 저장되어 있는 것이다.

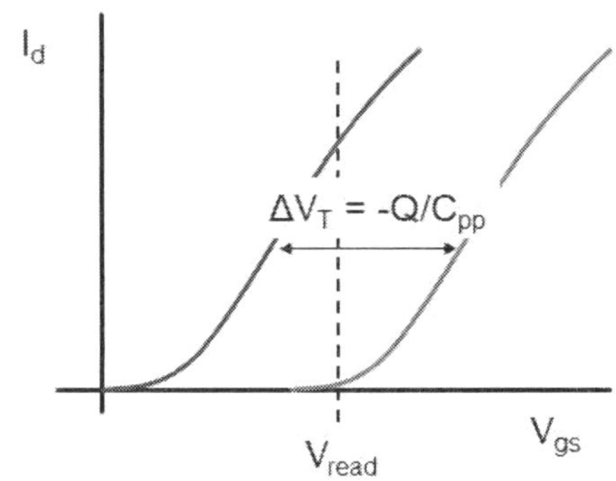

"1" → $I_{read} >> 0$
"0" → $I_{read} = 0$

<cell 내의 비트 읽기>

다음은 EPROM의 타이밍도 이다. AMBA (advanced microcontroller bus architecture) 버스 상에서 wait 상태를 추가해서 읽는 타이밍도이다.

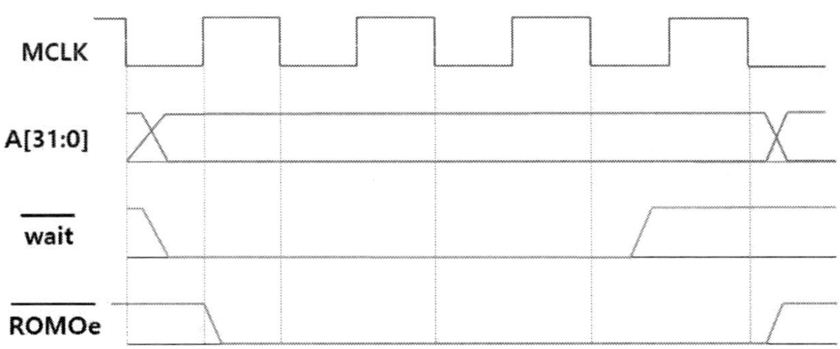

<ROM 타이밍>

flash 메모리

요즘 많이 사용되고 있는 flash 메모리는 EEPROM의 일종이다. 과거 EPROM과 EEPROM의 장점을 모두 취한 구조라고 생각하면 된다. EEPROM과 flash 메모리의 차이점은 다음과 같다. EEPROM은 on-board상태에서 사용자가 내용을 바이트 단위로 읽고 쓸 수 있으므로 사실상 SRAM처럼 사용 할 수 있는 비휘발성 메모리이다. 그러나 이것의 읽는 동작은 다소 느릴지라도 SRAM과 유사하므로 별 문제가 없는데 비하여, 쓰는 동작을 수행하는 경우에는 한 바이트를 쓸 때마다 수 ms 이상의 시간지연이 필요하므로 SRAM과 동일하게 사용할 수는 없다. 따라서 EEPROM은 실시간으로 사용되는 변수를 저장하는 메모리나 스택 메모리로는 사용될 수 없으며, 한번 내용을 저장하면 비교적 오랫동안 이를 기억하고 있으면서 주로 이를 읽어 사용하기만 하거나 전원을 꺼도 지워져서는 안 되는 중요한 데이터를 백업하여 두어야하는 설정 값 저장용 메모리로 적합하다. 이 메모리 소자는 28Cxxx의 형태로 이름을 짓는 경우가 많다.

flash 메모리는 on-board 상태에서 사용자가 내용을 바이트 단위로 자유로이 읽을 수는 있지만, 쓰기는 페이지 또는 섹터라고 불리는 블록 단위로만 수행 할 수 있는 변형된 EEPROM이다. 블록의 크기는 메모리 소자나 제조사에 따라 다르지만 대체로 64 바이트, 128 바이트, 256 바이트 등에서 부터 128 KB까지도 사용한다. 이렇게 flash 메모리는 EEPROM과 매우 유사하지만 바이트 단위로 쓰는 것이 불가능하므로 페이지 단위로 쓰는 기능만 가지는 EEPROM이라고 생각하면 되며, 따라서 역시 SRAM처럼 실시간용 데이터 메모리로 사용하는 것은 불가능하다. 그러나 flash 메모리는 EEPROM보다 메모리 셀 구조가 간단하여 훨씬 대용량의 메모리 소자를 만드는데 적합하며, 한 개의 블록 전체를 쓰는데 수 ms 정도가 걸리므로 대용량 데이터를 쓸 때는 EEPROM보다 훨씬 빠르다는 장점을 가진다.

다음은 flash EEPROM의 구조이다. 프로그램은 CHE로 하고 지우기는 FN tunnelling을 이용하여 칩 (chip) 단위나 페이지 단위로 하여 블록으로 지운다.

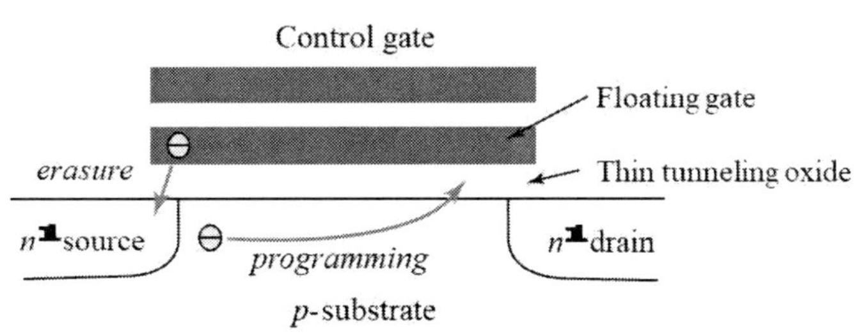

<flash 메모리 구조>

그런데, flash 메모리는 내부 구조에 따라서 NOR형 flash와 NAND형 flash (NAND-type flash) 메모리로 나눌 수 있다.

<NOR 및 NAND 셀 비교>

	NOR	NAND
장점	10배 더 좋은 endurance	더 작은 cell 크기
read speed	fast read (~100ns)	slow read (~1μs)
write speed	slow write (~10μs)	faster write (~1μs)
write/program cycles	10,000~100,000	1,000~10,000
application	code memory	data memory

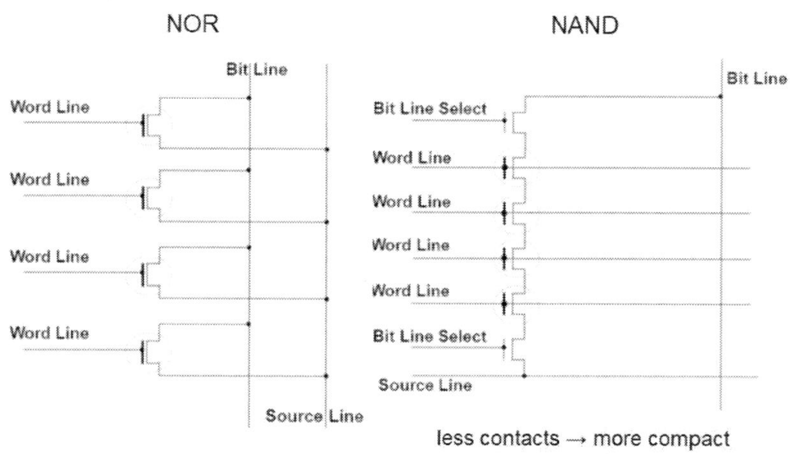

<NOR 및 NAND flash EEPROM>

NOR형 flash (NOR-type flash)는 다른 메모리 소자와 같이 외부 구조가 주소 버스, 데이터 버스, 그리고 몇 가지의 제어신호 및 전원으로 구성되어 있어서 프로그램 저장용으로 널리 사용된다. NOR형 flash 메모리는 대부분 29Cxxx 형태의 이름을 가지고 있다. 그러나 NAND형 flash 메모리는 주소 버스와 데이터 버스가 따로 있는 것이 아니고 8개 (또는 16개)의 데이터 신호와 몇 개의 제어신호 및 전원 핀을 가지고 있다. 8개의 데이터 신호 선은 주소 및 제어 명령을 쓰거나 데이터 값을 읽고 쓰는 용도로 사용된다. 이렇게 하면 메모리를 읽고 쓰는 동작은 좀 번거로워지지만 메모리 용량이 증가하더라도 핀 수가 늘어나지 않으므로 하드웨어 규격을 통일할 수 있어서 flash 메모리를 마치 하드 디스크처럼 사용하는 것이 가능하다. 특히, 요즈음에는 휴대용 기기를

염두에 두고 1.8 V나 3.3 V의 저전압에서 동작하는 수십 MB에서 수백 GB짜리 대용량의 NAND형 flash 메모리가 많이 개발되어 휴대용 통신기기, 디지털 카메라, MP3 Player, 이동형 USB 메모리 등과 같은 용도에 널리 사용되고 있다.[1)]

<EEPROM과 NOR flash 비교>

	EEPROM	NOR flash
erase time	5ms	seconds
endurance (# of writes)	1 millions	10,000
change of contents	a single byte	a page of memory

❖ 휘발성 메모리

외부 전원이 제거되면 저장된 정보를 잃어버리는 메모리를 휘발성 메모리 (volatile memory)라고 한다.

SRAM (static RAM)

주기적으로 내용을 갱신해 주어야 하는 DRAM과는 달리 기억 장치에 전원이 공급되는 한 그 내용이 계속 보존된다. SRAM은 임의 접근 기억 장치 (random access memory)이므로 데이터의 쓰고 읽기가 이루어지는 주소와 관계없이 입출력에 걸리는 시간이 일정하다.

읽고 쓰는 속도가 DRAM (dynamic RAM)보다 빠르므로 cache 메모리, 마이크로컨트롤러의 레지스터, 버퍼, FIFO 등으로 사용 된다, 그렇지만 SRAM 셀의 구조가 DRAM 셀 구조보다 복잡하므로 메인 메모리로는 사용되지 않는다. 메인 메모리로는 DRAM이 사용된다.

SRAM 셀은 다음 그림과 같이 6개의 트랜지스터로 구성된다. 한 개의 인버터를 구현하는데 2개의 트랜지스터가 필요하기 때문이다. 두 개의 인버터를 back-to-back으로 연결하여 한 비트를 저장하는 래치 (latch)를 구성하고, row select를 논리 1를 가하면 저장된 내용을 bit이나 이것의 반전된 값을 내보내는 $\overline{bit}$을 통하여 읽어 낼 (read out) 수도 있고, bit에 저장하고 싶은 값을 인가하여 쓸 (write in) 수도 있다.

1) http://rootfriend.tistory.com/entry/EEPROM과-Flash-Memory-비교 [A Kind of Magic]

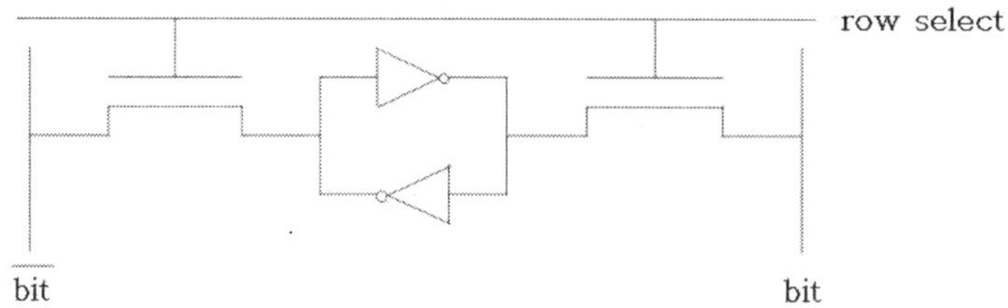

<SRAM cell>

DRAM (dynamic RAM)

DRAM은 임의 접근 기억 장치 (random access memory)의 한 종류로 정보를 구성하는 개개의 비트를 각기 분리된 콘덴서 (capacitor)에 저장하는 기억 장치이다. 각각의 축전기가 담고 있는 전자의 수에 따라 비트 1과 0을 나타내지만 결국 축전기가 전자를 누전하므로 기억된 정보를 잃게 된다. 이를 방지하기 위해 기억 장치의 내용을 일정 시간마다 재생시켜야 되는 것을 일컬어 '동적 (dynamic)'이란 명칭이 주어졌다. 정보를 유지하려면 지속적인 전기 공급이 필요하기 때문에 DRAM은 휘발성 기억 장치 (volatile memory)에 속한다.

DRAM cell은 다음 그림과 같이 한 개의 트랜지스터와 한 개의 콘덴서로 구성되어 있다. 구조가 간단하므로 SRAM에 비해서 더 큰 용량의 메모리를 구성할 수 있다. sense amplifier는 저장된 전하를 증폭시켜 출력시킨다.

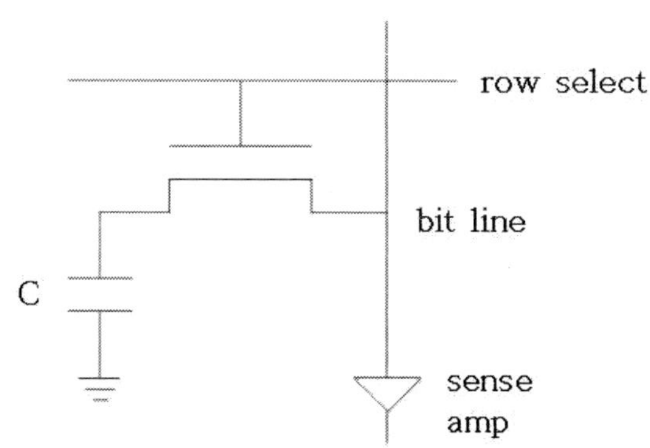

<DRAM cell>

다음은 DRAM 메모리의 타이밍도 이다. AMBA 버스 상에서 같은 행 (row)에 있는 여러 열 (column)을 동시에 읽는 타이밍도이다.

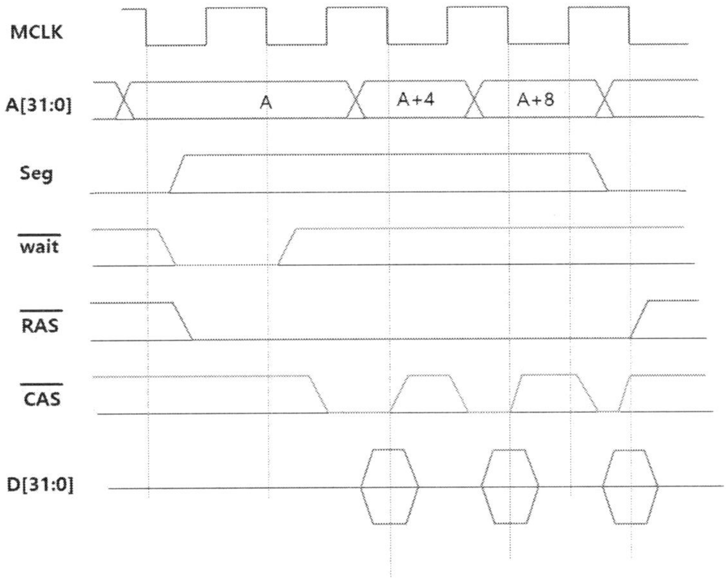

연습 문제

1. 비휘발성 메모리의 종류를 드고 비교하라.

2, SRAM 셀의 그림을 그려보아라.

3. DRAM 셀의 그림을 그려보아라.

4. NOR type flash 메모리와 NAND type flash 메모리의 차이점은 무엇인가?

08

입출력(input & output) 처리 방법

다음 사항을 공부한다.

I/O 폴링
인터럽트
DMA (direct memory access)

❖ I/O polling

I/O polling에서는 마이크로컨트롤러가 입출력 장치들을 각각 데이터 처리 준비가 되었는지 확인하고 준비가 된 장치들과 데이터 처리를 한다. 이렇게 할 때 많은 입출력 장치가 있을 때 마이크로컨트롤러는 입출력 장치들의 데이터 처리 여부를 결정하는데 CPU 처리 능력을 다 써버리는 문제가 있다. 그래서 간단한 임베디드 시스템인 경우 사용된다.

❖ 인터럽트 (interrupt) 처리

인터럽트 처리에서는 마이크로컨트롤러가 입출력 장치들을 매번 데이터 처리 준비가 되었는지 확인하는 대신 입출력 장치가 처리할 데이터가 있을 때 입출력 장치가 마이크로컨트롤러에게 인터럽트 선을 이용해 알려주면 마이크로컨트롤러는 그 때 마이크로컨트롤러가 하던 일을 멈추고 요구한 입출력 장치와 데이터 처리를 완료한 뒤 마이크로컨트롤러 원래 하던 일을 재개한다. 많은 인터럽트 종류가 있을 때는 버스 중재기 (arbiter) 처럼 어느 인터럽트를 우선적으로 처리할지를 결정하는 인터럽트 중재기가 필요하다.

❖ DMA (direct memory access) 처리

인터럽트 방법도 데이터 처리할 때 각 데이터마다 마이크로컨트롤러 명령어를 실행하며 데이터를 주고받는다. 그래서 데이터를 주고받고 이 데이터를 옮기는 명령어들을 실행하므로 명령어 fetch, decode, 및 execute 시간들이 소요되어 대량의 데이터를 처리하는데 한계가 있다. 그래서 마이크로컨트롤러에 coprocessor격인 DMA (direct memory access)를 이용하여 대량의 데이터를 처리한다. 마이크로컨트롤러와 DMA간에 서로 버스를 누가 사용할지를 조율할 핸드쉐이킹 신호인 버스 요구 신호 (bus request)와 버스 허가 신호 (bus grant)가 있다. DMA가 대량의 데이터를 옮길 경우 마이크로컨트롤러에게 버스 요구 선을 통해 버스 사용을 요구하면 마이크로컨트롤러는 하던 일을 잠깐 중단하고 DMA에게 버스 허가 선을 통해 버스를 사용해도 됨을 통보해준다.

이 예에서는 메모리의 100번지부터 시작하여 32바이트의 ASCII 문자를 입출력 번지 4를 가진 RS232C 제어기를 통해 터미널에 출력하는 그림을 보여준다. DMA는 대량의 데이터를 전송하는데 특화된 장치로 내부에 데이터를 가져올 source address, 데이터를 옮겨

갈 destination address, 데이터를 옮길 개수를 저장할 byte counter, 및 데이터 전송 방향을 저장할 레지스터들이 있어 데이터를 옮기기 전에 설정해주면 대량의 데이터를 옮기고 버스 요구 선을 해제하고 버스 사용권을 마이크로컨트롤러에게 되돌려준다. 그러면 마이크로컨트롤러는 원래 하던 일을 재개하게 된다.

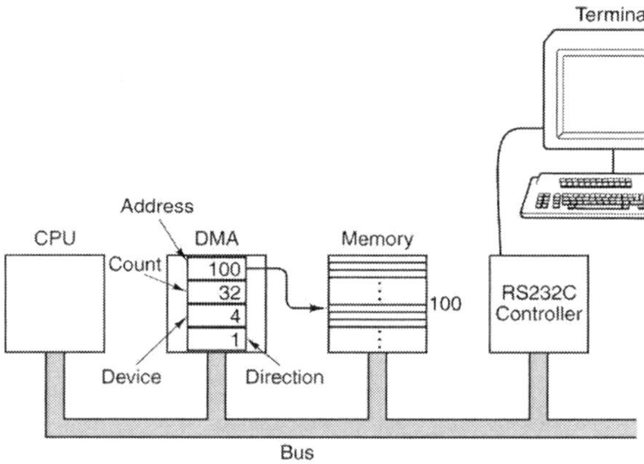

<DMA 연결>

연습 문제

1. 입출력 처리 방법의 종류를 열거하라.

09

Intel 8051

이 장에서는 다음 사항을 공부한다.

8051의 특징
8051 ISA 모델
인터럽트 처리 과정
8051 타이머/카운터
8051 명령어
8051 프로그래밍의 예

❖ 8051의 특징

인텔 8051은 1980년 발표된 8비트 마이크로컨트롤러이다. 8051계열이 발전하면서 부가 하드웨어는 다양한 방식으로 변경 및 추가를 통해 여러 모델의 칩을 여러 제조사에서 제공한다. 경우에 따라 ADC (analog-to-digital converter), SPI (serial peripheral interface) 등의 하드웨어 모듈 등이 존재하는 8051 계열 칩도 존재한다. 이와 더불어 메모리도 EPROM (erasable programmable read-only memory) 대신 flash 방식으로, 그리고 EEPROM (electrically erasable Programmable ROM)도 추가하는 경우도 있다.

1980년에서 1990년 초까지 모뎀이나 타자기, 게임기 등에 광범위하게 이용되었으며 지금도 Atmel, Infineon Technologies, Maxim Integrated Products, NXP, Winbond, ST Microelectronics, Silicon Laboratories, Texas Instruments, Cypress Semiconductor에서 다기능의 호환제품을 생산하고 있다.

인텔의 오리지널 8051은 NMOS (n-channel MOS) 공정으로 제작되었으나 후에 CMOS 공정으로 바꾸어 저전력의 배터리 전원 기기에 적용시킬 수 있었다. CMOS공정의 제품은 "C"를 붙여 80C51과 같이 표기한다.

다음과 같은 특징을 가진다.

- 4KB의 내부 ROM
- 128B의 내부 RAM
- 네 개의 8비트 GPIO (P0~P3)
- 두 개의 16비트 타이머/카운터
- 한 개의 직렬 인터페이스
- 15개의 인터럽트 원

기계 사이클은 명령어 사이클 (fetch 및 해독)과 실행 (실행과 결과 저장) 사이클이 있다. 즉 두 단계 파이프라인 구조로 실행되므로 한 기계 사이클에서 실행이 된다.

❖ 8051 ISA 모델

8051 칩의 pin diagram을 보인다.

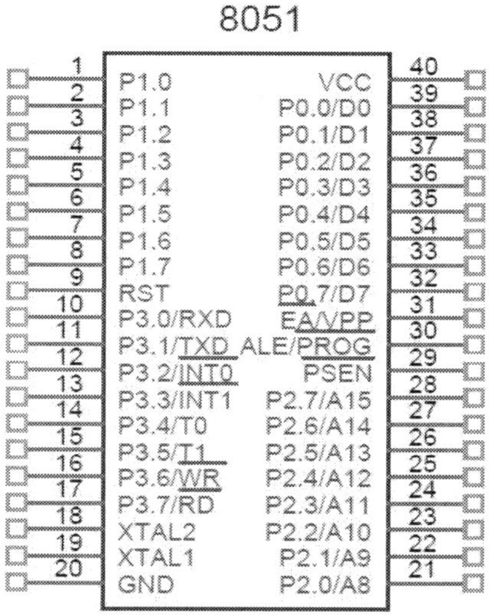

<8051 pin diagram>

내부 블록도와 8051에 대한 프로그램하기 위한 ISA (instruction set architecture) 구조를 다음에 보였다.

프로그램 메모리는 4KB을 가지고 있고 128 바이트의 RAM이 있는데 32 바이트의 네 개의 레지스터 뱅크 (0x00 ~ 0x1f), 16바이트의 비트단위로 조작할 수 있는 (bit addressable) 레지스터 (0x20 ~ 0x2f), 및 scratch pad 메모리 (0x30 ~ 0x7f)로 구성되어 있다.

범용 레지스터로 ACC와 B가 있다. 특수 용도 레지스터로 PC, SP, R0, R1, 및 DPTR이 있다.

PSW (processor status word)는 연산결과와 프로세서 상태를 나타내는 레지스터이다. IP (interrupt priority)는 인터럽트 우선순위를 부여하는 레지스터이고, IE (interrupt enable)는 각각의 인터럽트를 활성화시키는 레지스터이다. TCON (timer control)은 타이머를 제어하는 레지스터이고 TMOD (timer mode)는 타이머 모드를 설정하는 레지스터이다.

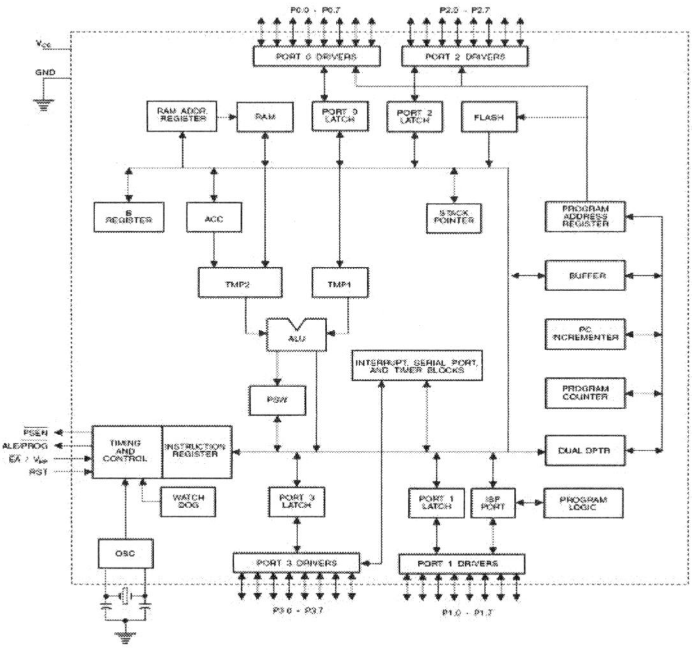

<내부 블록도>

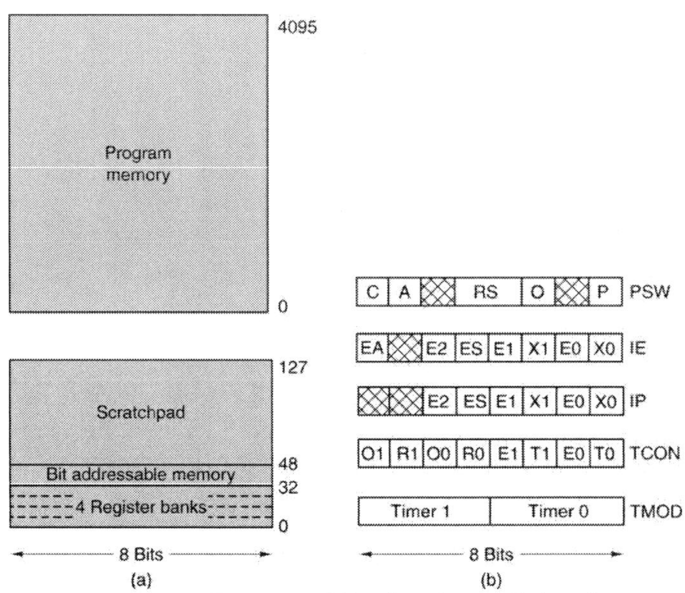

<8051 ISA 구조: (a) 내부 메모리 (b) 레지스터>

❖ 인터럽트 처리 과정

인터럽트는 우선순위 벡터 인터럽트로 처리된다. 인터럽트 유형은 6가지가 있는데 작은 벡터 번호일수록 우선순위가 높다. 앞에서 언급했듯이 IP 레지스터로 디폴트 순서를 변경할 수 있다. 인터럽트를 사용하기 위해서는 상태레지스터 IE 내의 글로벌 인터럽트 EA 비트 (IE.7)가 활성화되어져야 한다. 각 인터럽트는 제각기 활성화나 비활성화가 되어야한다. 해당 인터럽트가 발생하면 지정된 반지로 분기한다. 분기한 번지로 가면 인터럽트 처리 루틴을 모두 저장할 공간이 없기 때문에 실제 루틴이 들어있는 번지로 분기하는 ljmp (long jump) 명령이 보통 들어 있다.

<인터럽트 종류 및 벡터 표>

벡터 번호	인터럽트 이름	인터럽트 분기 주소
	reset	0x0000
0	external h/w (INT0)	0x0003
1	timer 0 (TF0)	0x000B
2	external h/w (INT1)	0x0013
3	timer 1 (TF1)	0x001B
4	serial communication (RI/TI)	0x0023

❖ 8051 타이머/카운터

8051에는 두 개의 타이머/카운터가 있다. 타이머는 이벤트나 프로세스의 순서를 제어하는데 사용되는 블록이다. 이벤트를 세기, 이벤트 간의 시간 계산, 및 직렬 통신의 보우(Baud) 레이트를 발생하는 목적을 가지고 있다. 타이머로 동작할 때는 클록 주파수의 12 분주된 것을 입력받아 동작한다. 카운터로 동작할 시 카운터 0은 외부 핀 T0, 카운터 1은 외부 핀 T1 으로 부터 신호를 받아 동작한다. 타이머는 13비트, 16비트, 8비트 자동 재로드 (auto reload), 분리 (split) 등 4가지 모드가 있다.

타이머/카운터 레지스터 0은 TH0와 TL0가 사용되고 타이머/카운터 레지스터 1은 TH1와 TL1이 사용된다. 이들 레지스터에 오버플로우가 생기면 TCON 레지스터의 해당 TF 비트가 우선순위 1이 된다.

TMOD 레지스터와 TCON 레지스터를 보였다. 3가지 모드가 있다.

모드 0

- 32분주 프리스케일러가 있는 8비트 타이머/카운터 모드이다.
- TLx의 하위 5비트를 32분주용으로 사용한다.
- THx을 8분주 카운터로 사용한다. 여기서 x은 0이거나 1이다.
- 주기적인 인터럽트를 사용할 경우 인터럽트 처리 루틴에서 리턴하기 전에 시정수를 카운터 레지스터에 써넣어야한다.

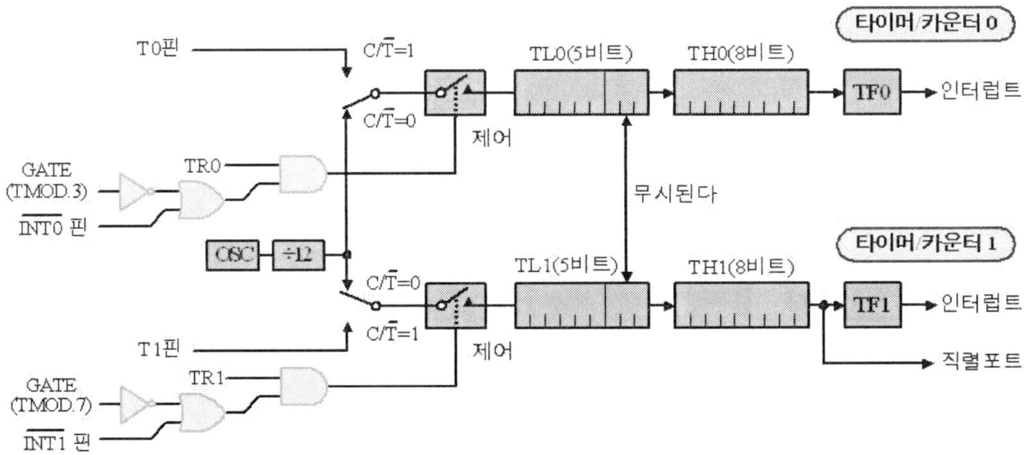

<타이머/카운터 모드 0>

모드 1

- 16비트 타이머/카운트 모드
- 주기적인 인터럽트를 사용할 경우 인터럽트 처리 루틴에서 리턴하기 전에 시정수를 카운터 레지스터에 써넣어야한다.

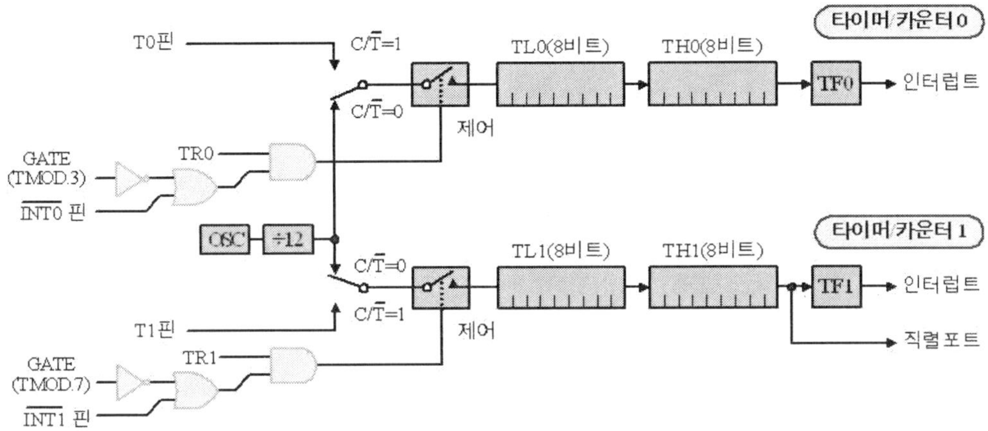

<타이머/카운터 모드 1>

모드 2

- 자동 재로드 (reload) 기능이 있는 8비트 타이머/카운터 모드이다.

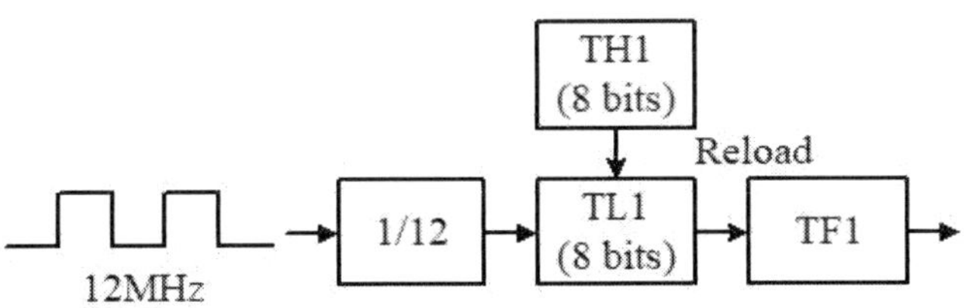

<타이머/카운터 모드 2>

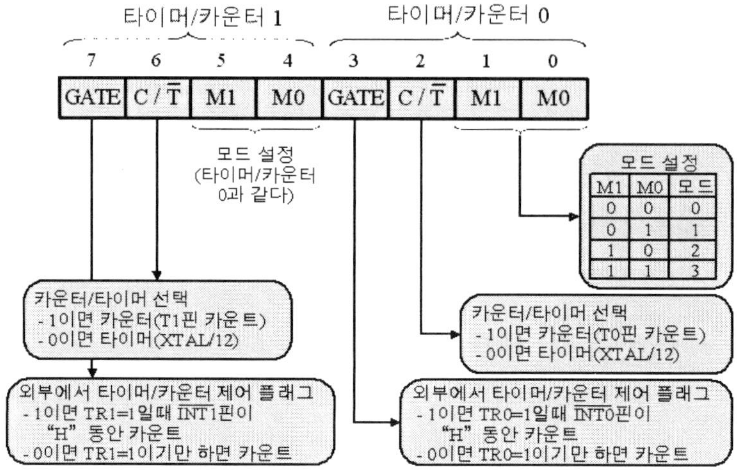

<TMOD 레지스터>

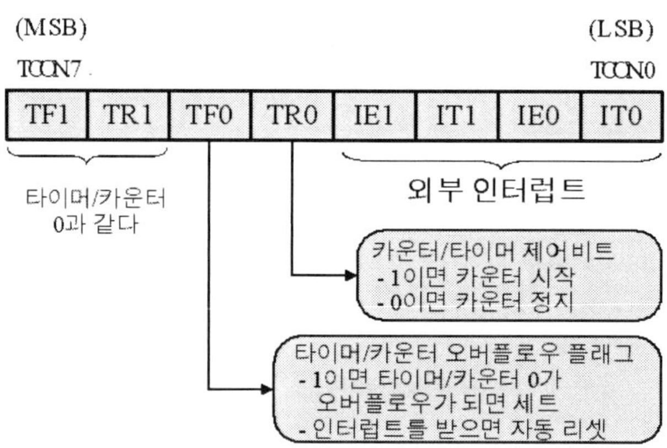

<TCON 레지스터>

❖ 8051 명령어

8051명령어는 다음과 같이 분류된다.

- 데이터 전송
- 산술
- 논리
- 분기
- 비트 지향

데이터 전송 명령어

```
MOV  @Ri, #K8        ; (Ri) = K8 i = {0, 1}
MOV  @Ri, A          ; (Ri) = A
MOV  @Ri, D8         ; (Ri) = (D8) D8 is a direct memory address
MOV  A, #K8          ; A = K8
MOV  A, @Ri          ; A = (Ri)
MOV  A, Rj           ; A = Rj j = {0, 1, ..., 7}
MOV  A, D8           ; A = (D8)
MOV  C, B8           ; C = (B8) B8 is a bit addressable memory address
MOV  DPTR, #K16      ; DPTR = K16
MOV  Rj, #K8         ; Rj = K8 j = {0, 1, ..., 7}
MOV  Rj, A           ; Rj = A j = {0, 1, ..., 7}
MOV  Rj, D8          ; Rj = (D8) j = {0, 1, ..., 7}
MOV  B8, C           ; C = (B8)
MOV  D8, #K8         ; (D8) = K8
MOV  D8, @Ri         ; (D8) = (Ri)
MOV  D8, Ri          ; (D8) = Ri
MOV  D8, Rj          ; (D8) = Rj
MOV  D8, A           ; (D8) = A
MOV  D8d, D8s        ; (D8d) = (D8s) D8d is a destination D8
                     ; D8s is a source D8
MOVCA, @A+DPTR       ; A = (A + DPTR)
MOVCA, @A+PC         ; A = (A + PC)
```

```
MOVXA, @Ri        ; A = (Rj)
MOVXA, @DPTR      ; A = (DPTR)
MOVX@Ri, A        ; (Ri) = A
MOVX@DPTR, A      ; (DPTR) = A
PUSH D8           ; push
POP  D8           ; pop
XCH  A, Rj        ; A <-> Ri
XCH  A, D8        ; A <-> (D8)
XCH  A, @Ri       ; A <-> (Ri)
XCHD A, @Ri       ; lower nibble of A <-> lower nibble of (Ri)
```

산술 명령어

```
ADD  A, Rj        ; A = A + Rj
ADD  A, D8        ; A = A + (D8)
ADD  A, @Ri       ; A = A + (Ri)
ADD  A, #K8       ; A = A + K8
ADDC A, Rj        ; A = A + Rj + C
ADDC A, D8        ; A = A + (D8) + C
ADDC A, @Ri       ; A = A + (Ri) + C
ADDC A, #K8       ; A = A + K8 + C
SUBB A, Rj        ; A = A - Rj - C
SUBB A, D8        ; A = A - (D8) - C
SUBB A, @Ri       ; A = A - (Ri) - C
SUBB A, #K8       ; A = A - K8 - C
INC  A            ; A = A + 1
INC  Rj           ; Rj = Rj + 1
INC  D8           ; (D*) = (D8) + 1
INC  @Ri          ; (Ri) = (Ri) + 1
DEC  A            ; A = A - 1
DEC  Rj           ; Rj = Rj - 1
DEC  D8           ; (D*) = (D8) - 1
DEC  @Ri          ; (Ri) = (Ri) - 1
```

```
MUL  AB        ; B:A = A * B 부호 없는 수의 곱 B는 상위, A는 하위 바이트
DIV  AB        ; A:B = A/B  부호 없는 수의 나눗셈 A는 몫, B는 나머지
DA   A         ; decimal adjustment
```

논리 명령어

```
ANL  A, Rj     ; A = A AND Rj
ANL  A, D8     ; A = A AND (D8)
ANL  A, @Ri    ; A = A AND (Ri)
ANL  A, #K8    ; A = A AND K8
ANL  D8, A     ; (D8) = (D8) AND A
ANL  D8, #K8   ; (D8) = (D8) AND K8
ORL  A, Rj     ; A = A OR Rj
ORL  A, D8     ; A = A OR (D8)
ORL  A, @Ri    ; A = A OR (Ri)
ORL  A, #K8    ; A = A OR K8
ORL  D8, A     ; (D8) = (D8) OR A
ORL  D8, #K8   ; (D8) = (D8) OR K8
XRL  A, Rj     ; A = A XOR Rj
XRL  A, D8     ; A = A XOR (D8)
XRL  A, @Ri    ; A = A XOR (Ri)
XRL  A, #K8    ; A = A XOR K8
XRL  D8, A     ; (D8) = (D8) XOR A
XRL  D8, #K8   ; (D8) = (D8) XOR K8
CLR  A         ; A = 0
CPL  A         ; 1's complement of A
RL   A         ; Rotate left
RLC  A         ; rotate left through crry
RR   A         ; rotate right
RRC  A         ; rotate right through carry
SWAP A         ; swap between the upper nibble and the lower
```

분기 명령어

```
ACALL K11          ; absolute call K11 is a 11-bit address
LCALL K16          ; long call
RET                ; return from a subroutine
RETI               ; return from an interrupt
AJMP  K11          ; absolute jump
LJMP  K16          ; long jump
SJMP  K8           ; relative jump
JMP   @A+DPTR      ; jump to the address of DPTR + A
JZ    K8           ; jump if Z = 1
JNZ   K8           ; jump if Z = 0
JC    K8           ; jump if C = 1
JNC   K8           ; jump if C = 0
JB    B8, K8       ; jump if the bit addressed by B8 is set
JNB   B8, K8       ; jump if the bit addressed by B8 is not set
JBC   B8, K8       ; jump if the bit addressed by B8 is set
                   ; and clear the bit if set
CJNE  A, D8, K8    ; compare between A and (D8) and jump if not equal
CJNE  A, #K8, K8   ; compare between A and K8 and jump if not equal
CJNE  Rj, #K8, K8  ; compare between Rj and K8 and jump if not equal
CJNE  @Ri, #K8, K8 ; compare between (Ri) and K8 and jump if not equal
DJNZ  Rj, K8       ; decrement Rj and jump if not zero
DJNZ  D8, K8       ; decrement the content addressed by D8
                   ; and jump if not zero
NOP                ; no operation
```

비트 지향 명령어

```
CLR   C            ; C = 0
CLR   B8           ; (B8) = 0
SETB  C            ; C = 1
SETB  B8           ; (B8) = 1
CPL   C            ; complement C
```

```
CPL  B8        ; complement (B8)
ANL  C, B8     ; C AND the bit addressed by B8
               ; and move the result into C
ANL  C, /B8    ; C AND the complement of the bit addressed by B8
               ; and move the result into C
ORL  C, B8     ; C OR the complement of the bit addressed by B8
               ; and move the result into C
ORL  C, /B8    ; C OR the complement of the bit addressed by B8
               ; and move the result into C
MOV  C, B8     ; move the bit addressed by B8 into C
MOV  C, /B8    ; move the complement of the bit addressed by B8 into C
```

❖ 8051 프로그램의 예

```
; assembly programming 예
; reset vector
        org     0000h
        ljmp    main            ; reset 처리 루틴
; INT1 interrupt vector
        org     0013h
        setb    p1.3            ; port1의 비트 3를 세트
        mov     r3, #255
back:   djnz    R3, back        ; delay
        clr     p1.3            ; port1의 비트 3를 리세트
        reti
; start of main program
        org     0030h
main:   mov     ie, #10000100B  ; enable global interrupt
                                ; and INT1 interrupt
here:   sjmp    here            ; endless loop waiting for an interrupt
        end
```

10

Atmel AVR

이 장에서는 다음 사항을 공부한다.

AVR ISA 모델
AVR 구조
인터럽트 처리 과정
AVR 명령어
AVR 프로그래밍의 예

AVR은 1996년에 Atmel사에 의해서 개발된 수정된 Harvard 구조를 갖는 RISC 마이크로컨트롤러이다. AVR은 advanced virtual RISC 약자라고 하는데 Atmel사에서는 그렇게 약어가 무엇인지에 큰 의미를 부여하지 않는다. 프로그램 메모리와 데이터 메모리가 물리적으로 분리된 별도의 메모리로 존재하지만 lpm 같은 특별한 명령어로 프로그램 메모리로부터 데이터를 읽을 수 있다.

❖ AVR ISA 모델

8비트 AVR 칩은 다음과 같이 크게 분류된다.

<8비트 AVR의 분류>

분류	용도
AVR classic	C언어로 프로그래밍 할 수 없고 어셈블리 언어로 프로그래밍 해야 한다. 요즘 잘 사용되지 않는다.
megaAVR	8비트 AVR의 주력이다. 싼 가격, 적절한 성능, 적절한 안정성을 가진다. Arduino 보드에서 사용된다.
TinyAVR	매우 적은 핀 수를 가진 제품군이다. 단순 제어 시스템에 탑재된다. JTAG (joint test action group) 지원이 안되고 ISP (in-circuit programmer)로 프로그래밍 해야 한다.
Xmega	8비트 AVR의 가장 성능이 뛰어난 제품군이다.

AVR의 Tiny series에 ATmega8, ATmega16, ATmega32, 및 ATmega328이 있다.
다음은 ATmega32의 pin diagram을 보인다.

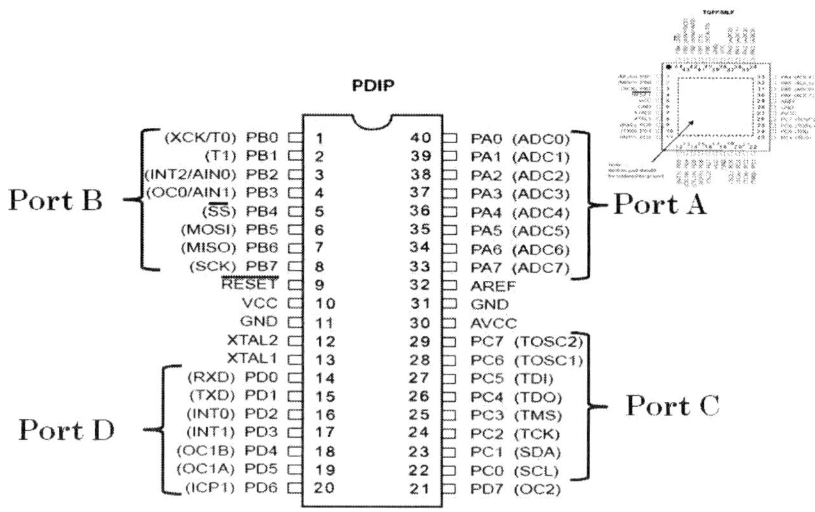

<ATmega32 pin diagram>

여기서 AVCC와 AREF는 ADC를 위한 핀이다. XTAL1과 XTAL2는 외부의 수정 발진자나 RC 발진자 연결을 위한 핀이다. RESET 핀에 우선순위 '0'가 가해자면 프로그램이 reset vector (0x0000)이나 만약 boot reset fuse가 프로그램 되었다면 boot flash 시작주소 (0x3800, 0x3c00, 0x3e00, 및 0x3f00)에서 시작된다.

<AVR내의 포트들>

포트	버스	선택 가능한 내부 풀업저항	대체 기능
PORTA	8비트 양방향 버스	없음	ADC analog 입력
PORTB	8비트 양방향 버스 (리셋시 삼상태)	있음	가능
PORTC	8비트 양방향 버스 (리셋시 삼상태)	있음	가능
PORTD	8비트 양방향 버스 (리셋시 삼상태)	있음	가능

데이터 메모리는 256바이트 크기의 bank로 나누어져있는데 최대 4KB 까지 사용 가능하다. bank select register는 사용할 bank를 선택하는 레지스터이다. bank 0의 절반과 bank 15의 절반은 어떤 bank가 선택되더라도 사용가능한 가상 (virtual) bank를 형성한다.

입출력 장치는 PORT A ~ PORT E까지 다섯 개가 있다.

지원 디바이스로는 세 개의 timer, MSSP (master synchronous serial bus),

USART, ADC, PSP (parallel serial port), 두 개의 CCP (capture, compare, and PWM)이 있다.

AVR 구조

ATmega16/32 구조의 주요 특징을 살펴보면 다음과 같다.

- 32개의 범용 레지스터를 가진 RISC 구조로 만들어져 있다.
- fetch, execute로 구성된 두 단계 파이프라인 구조로 되어있다.
- 내부 및 외부 클록원들을 선택할 수 있다. 최대 16MHz 클록을 사용.
- 2.7 V ~ 6 V사이의 넓은 동작 전압 범위를 갖고 있다.
- 21개의 내부 및 외부 인터럽트를 지원한다.
- 벡터 우선순위 인터럽트를 지원한다.

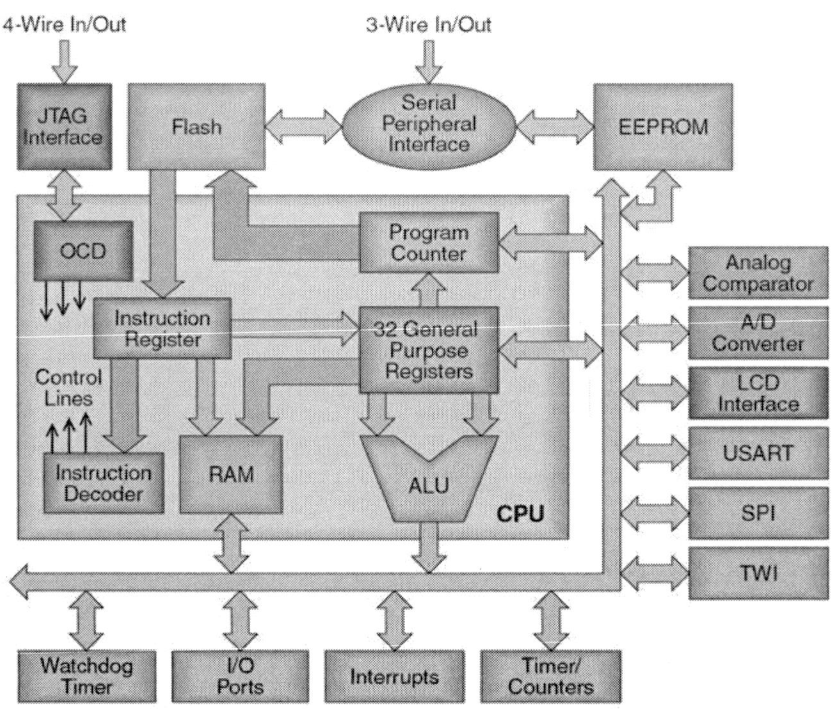

<내부 블록도>

상태 레지스터 SREG는 다음과 같다.

SREG : Status Register

R/W_00	R/W_00	R/W_00	R/W_00	R/W_00	R/W_00	R/W_00	R/W_00
I	T	H	S	V	N	Z	C
Bit7							Bit0

bit7: **I : Global Interrupt Enable** : The **Global Interrupt Enable** bit must be set for the interrupts to be enabled. The individual interrupt enable control is then performed in separate control registers. If the **Global Interrupt Enable** register is cleared, none of the interrupts are enabled independently of the individual interrupt enable settings. The **I_bit** (bit 7) is cleared by hardware after an interrupt has occurred, and is set by the **RETI** instruction to enable subsequent interrupts. The **I_bit** can also be set and cleared by the application with the **SEI** and **CLI** instructions, as described in the instruction set reference.

bit6: **T : Copy Storage** : The **Bit Copy instructions BLD** (Bit LoaD) and **BST** (Bit Store) use the T_bit as source or destination for the operated bit. A bit from a register in the register file can be copied into **T** by the **BST** instruction, and a bit in **T** can be copied into a bit in a register in the register file by the **BLD** instruction.

bit5: **H : Half Carry Flag** : The **Half Carry Flag, H** indicates a half carry in some arithmetic operations. The **Half Carry Flag** is useful in BCD arithmetic.

bit4: **S : Sign Flag, S = N xor V** : The **S_bit** is always an exclusive or between the **Negative Flag** and the **Two's Complement Overflow Flag**.

bit3: **V : Two's Compliment Overflow Flag** : The **Two's Compliment Overflow Flag, V** supports two's complement arithmetic.

bit2: **N : Negative Flag** : The **Negative Flag, N** indicates a negative result an arithmetic or logic operation.

bit1: **Z : Zero Flag** : The **Zero Flag, Z** indicates a zero result in an arithmetic or logic operation.

bit0: **C : Carry Flag** : **The Carry Flag, C** indicates a carry in an arithmetic or logic operation.

<상태레지스터>

타이머/카운터

3개의 타이머/카운터가 있다. 타이머/카운터0은 8비트 타이머/카운터이다. 나머지 2개는 16비트이다. 임베디드 시스템을 개발할 때 입출력 포트들 중에서 타이밍을 관장하는 타이머/계수기를 잘 프로그래밍 하는 것이 중요하다. 다음 그림은 타이머/카운터0의 동작원리를 보여주는 블록도이다. 마이크로컨트롤러 클록이나 외부 이벤트를 카운팅하여 TCNTx가 타이머/카운터x의 값을 저장한다. OCRx는 x번째 output compare register라는 의미이며 TCNTx 값과 OCRx 값을 비교하여 일치하면 비교 플래그 OCFx를 세트한다. 만약 최대값 0xff 도달한 뒤 다시 0x00으로 되돌아 올 때 overflow 플래그 TOVx을 세트한다.

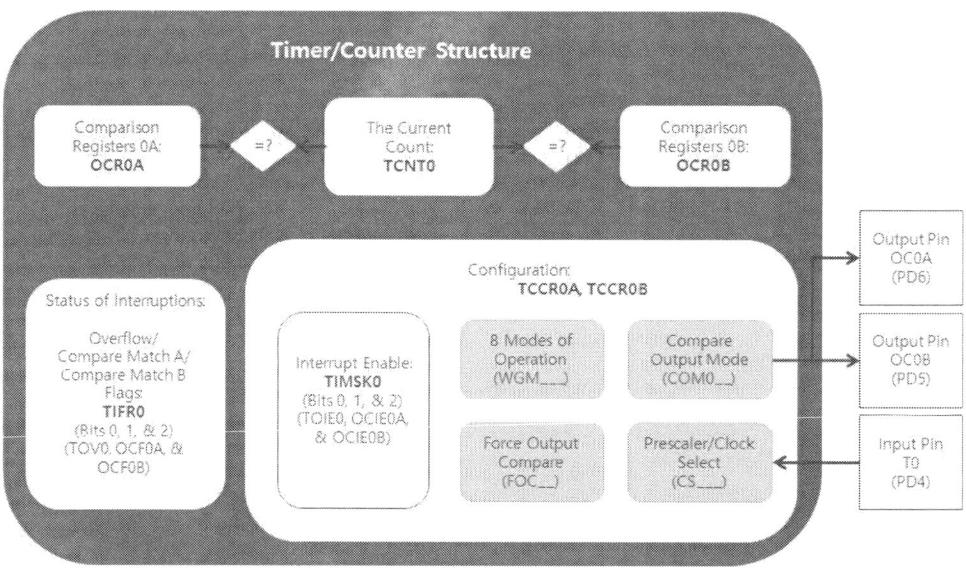

<타이머/계수기0 구조>

다음은 타이머/카운터의 제어 레지스터 TCCR0B와 TCCR1B를 나타낸다. 이중에서 TCCR0B의 하위 3비트가 클록의 분주비 및 클록 소스를 결정한다.

<TCCR0B의 하위 3비트>

CS2	CS1	CS0	분주비
0	0	0	클록 소스가 없다. 즉 타이머/카운터 동작 안함
0	0	1	분주 없음
0	1	0	8분주
0	1	1	64분주
1	0	0	256분주
1	0	1	1,024분주
1	1	0	외부 클록 소스 T0핀의 하강 에지
1	1	1	외부 클록 소스 T0핀의 상승 에지

TCCR0B-Timer/Counter0 Control Register B

Bit	7	6	5	4	3	2	1	0	
0x24 (0x44)	FOC0A	FOC0B	-	-	WGM02	CS02	CS01	CS00	TCCR0B
Read/Write	W	W	R	R	R/W	R/W	R/W	R/W	
Initial Value	0	0	0	0	0	0	0	0	

- Bits 7:6 – FOC0A:B: Force Output Compare A and B

These FOC bits are only active when the Waveform Generation Mode (WGM) is set to a non-PWM setting. However, when operating in PWM mode this bit must be set to zero when TCCR0B / TCCR2B is written to ensure compatibility with future devices. When the FOC bit is set to one, an immediate Compare Match is forced on the Waveform Generation unit. The FOC output is changed according to the settings of the Output Compare Match bits. The FOC bit is implemented as a strobe. Therefore the value present in the Output Compare Match bits determines the effect of the forced compare. A FOC strobe will not generate any interrupt, nor will it clear the timer in Clear Timer on Compare (CTC) mode using Output Compare Register as TOP. The FOC bit is always read as zero

- Bits 3:0 – Clock Source Selection

<TCCR0B 레지스터>

TCCR1B-Timer/Counter1 Control Register B

Bit	7	6	5	4	3	2	1	0	
	ICNC1	ICES1	-	WGM13	WOM12	CS12	CS11	CS10	TCCR1B
Read/Write	R/W	R/W	R	R/W	R/W	R/W	R/W	R/W	
Initial Value	0	0	0	0	0	0	0	0	

- Bit 7 – ICNC1: Input Capture Noise Canceler
Setting this bit (to one) activates the Input Capture Noise Canceller. When the noise canceller is activated, the input from the Input Capture pin (ICP1) is filtered. The filter function requires four successive equal valued samples of the ICP1 pin for changing its output. The Input Capture is therefore delayed by four oscillator cycles when the noise canceller is enabled.

- Bit 6 – ICES1: Input Capture Edge Select
This bit selects which edge on the Input Capture pin (ICP1) that is used to trigger a capture event. When the ICES1 bit is written to zero, a falling (negative) edge is used as trigger, and when the ICES1 bit is written to one, a rising (positive) edge will trigger the capture.

When a capture is triggered according to the ICES1 setting, the counter value is copied into the Input Capture Register (ICR1). The event will also set the Input Capture Flag (ICF1), and this can be used to cause an Input Capture Interrupt, if this interrupt is enabled.

When the ICR1 is used as TOP value (see description of the WGM13:0 bits located in the TCCR1A and the TCCR1B Register), the ICP1 is disconnected and consequently the Input Capture function is disabled.

<TCCR1B 레지스터>

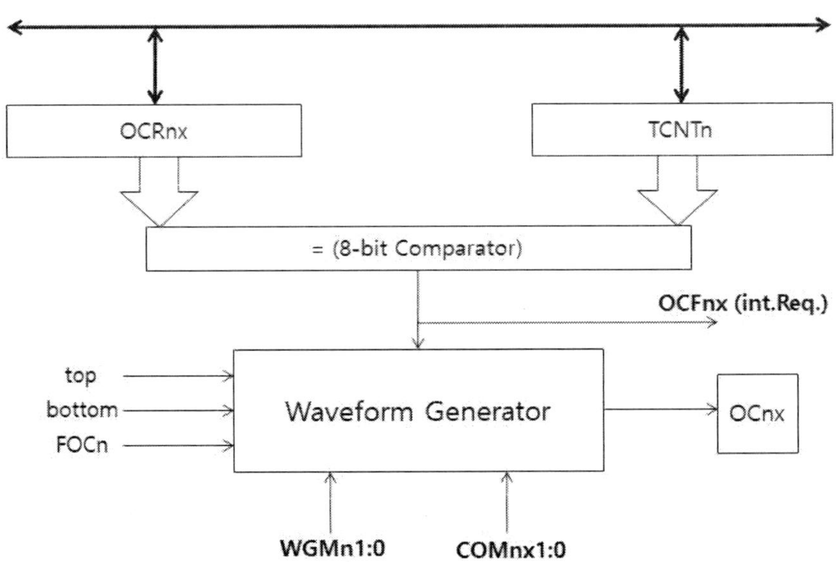

<파형 발생 장치>

❖ 인터럽트 처리 과정

인터럽트는 우선순위 벡터 인터럽트로 처리된다. 인터럽트 유형은 13가지가 있는데 작은 벡터 번호일수록 우선순위가 높다.

외부 인터럽트는 구성 (configuration)에 의해서 레벨이 낮을 때 트리거 되게 하는 조건 기반과 다음 조건들에서 트리거 되게 하는 이벤트 기반이 있다.

- 레벨이 토글 (toggle) 되었다.
- 하강 모서리 (falling edge)
- 상승 모서리 (rising edge)

<벡터 인터럽트 표>

벡터 번호	인터럽트 명	설명
1	reset	reset interrupt
2	int0	external interrupt
3	int1	external interrupt
4	pint0	pin change interrupt
5	pint1	pin change interrupt
6	pint2	pin change interrupt
7	wdt	watchdog timer interrupt
8	timer2 compA	timer2 A register 비교 인터럽트
9	timer2 compB	timer2 B register 비교 인터럽트
10	timer2 OVF	timer2 overflow interrupt
11	timer2 capt	timer2 capture event interrupt
12	timer1 compA	timer1 A register 비교 인터럽트
13	timer1 compB	timer1 B register 비교 인터럽트

인터럽트를 사용하기 위해서는 상태 레지스터 SREG내의 글로벌 인터럽트 플래그가 활성화되어져야 한다. 각 인터럽트는 제각기 활성화나 비활성화가 되어야한다. 리셋 인터럽트만 비활성화될 수 없다. 인터럽트 처리 루틴이 스택을 이용하기 때문에 스택이 초기화되어 있어야 한다.

위 조건을 만족할 때 해당 인터럽트가 발생하면 다음 처리가 이루어진다.

- 실행중인 명령을 완료한다
- PC 내용 (복귀 주소)을 스택에 저장한다.
- 글로벌 인터럽트 플래그를 비활성화 시킨다.
- 프로그램 메모리내의 해당 인터럽트 벡터 주소가 PC에 로드된다.
- 인터럽트 처리루틴의 마지막에서 RETI 명령이 실행된다.
- RETI 명령이 스택에서 복귀 주소를 PC에 넣고 글로벌 인터럽트 플래그를 활성화 한다.

타이머/카운터 인터럽트 처리 과정

타이머/카운트0 (8비트)의 인터럽트를 overflow로 사용한다고 할 때 TIMSK (timer/counter interrupt mask) 레지스터 내의 TOIE0 (timer0 overflow interrupt enable bit) 비트 (두 번째 비트)를 우선순위 1로 만들어 overflow 인터럽트 허용해야 한다. 당연히 이 overflow interrupt enable 비트와 별도로 모든 인터럽트에서 마찬가지로 상태 레지스터 SREG의 global interrupt enable 비트도 세트되어있어야 한다. TCCR0A은 타이머/카운트0의 동작방식에 대한 모든 것을 제어하는 레지스터이다. overflow 사용 시에는 이 레지스터에 0x00 넣으면 된다.

TCCR0B는 타이머/카운터0을 설정할 때 가장 중요한 레지스터라고 할 수 있다. 여기서 프리스케일러를 설정한다. 이것은 PIC 마이크로컨트롤러와 달리 시스템 클록 (입력 클록 주파수의 4분주된 것)을 입력받는 것이 아니고 입력 클록을 입력받아 분주비로 나누어서 느린 클록으로 만들어서 8비트 타이머/카운터에 인가되면 0xff에서 0x00으로 가는 순간인 overflow가 발생할 때 overflow 인터럽트가 발생된다. FOC 비트는 PWM (pulse width modulation) 모드가 아닐 시에만 사용이 가능하다. overflow 모드나 CTC 모드일 때, 이 비트가 우선순위 1으로 설정하면 TCNT0와 OCR0x가 비교 일치되었다는 즉각적인 신호를 파형발생 장치한테 강제한다. FOC 출력은 출력 비교 일치 비트들의 설정에 따라 바뀐다.

TCCR0A와 TCCR0B로부터 공통의 신호를 이용하여 파형 발생 모드를 결정한다.

<파형 발생 모드>

Waveform Generation Mode Bit Description

Mode	WGM13	WGM12 (CTC1)	WGM11 (PWM11)	WGM10 (PWM10)	Timer/Counter Mode of Operation	TOP	Update of OCR1x at	TOV1 Flag Set on
0	0	0	0	0	Normal	0xFFFF	Immediate	MAX
1	0	0	0	1	PWM, Phase Correct, 8-bit	0x00FF	TOP	BOTTOM
2	0	0	1	0	PWM, Phase Correct, 9-bit	0x01FF	TOP	BOTTOM
3	0	0	1	1	PWM, Phase Correct, 10-bit	0x03FF	TOP	BOTTOM
4	0	1	0	0	CTC	OCR1A	Immediate	MAX
5	0	1	0	1	Fast PWM, 8-bit	0x00FF	BOTTOM	TOP
6	0	1	1	0	Fast PWM, 9-bit	0x01FF	BOTTOM	TOP
7	0	1	1	1	Fast PWM, 10-bit	0x03FF	BOTTOM	TOP
8	1	0	0	0	PWM, Phase and Frequency Correct	ICR1	BOTTOM	BOTTOM
9	1	0	0	1	PWM, Phase and Frequency Correct	OCR1A	BOTTOM	BOTTOM
10	1	0	1	0	PWM, Phase Correct	ICR1	TOP	BOTTOM
11	1	0	1	1	PWM, Phase Correct	OCR1A	TOP	BOTTOM
12	1	1	0	0	CTC	ICR1	Immediate	MAX
13	1	1	0	1	Reserved	-	-	-
14	1	1	1	0	Fast PWM	ICR1	BOTTOM	TOP
15	1	1	1	1	Fast PWM	OCR1A	BOTTOM	TOP

Note: 1. The CTC1 and PWM11:0 bit definition names are obsolete. Use the WGM12:0 definitions. However, the functionality and location of these bits are compatible with previous versions of the timer.

❖ AVR 명령어

AVR 명령어는 다음과 같이 분류된다.

- 산술과 논리
- 데이터 전송
- 분기
- 프로그램 제어
- 비트 연산과 비트 시험 연산
- 기타

산술과 논리

```
ADD Rd, Rr          ; Rd = Rd + Rr 0 <= d, r <= 31
SUB Rd, Rr          ; Rd = Rd - Rr
ADC Rd, Rr          ; Rd = Rd + Rr + C
SBC Rd, Rr          ; Rd = Rd + Rr - C
SUBI Rd, K8         ; Rd = Rd - K8
ADCI Rd, K8         ; Rd = Rd + K8 + C
SBCI Rd, K8         ; Rd = Rd - K8 - C
ADIW Rp:Rq, K8      ; (p, q)= {(25, 24), (27, 26), (29, 28), (31, 30)}
                    ; Rp:Rq = Rp:Rq +  K8
SBIW Rp:Rq, K8      ; Rp:Rq = Rp:Rq -  K8
MUL Rd, Rr          ; 부호없는 수들의 곱 R1:R0 = Rd * Rr
MULS Rd, Rr         ; 부호있는 수들의 곱 R1:R0 = Rd * Rr
MULSU Rd, Rr        ; 부호있는 수와 부호없는 수와의 곱  R1:R0 = Rd * Rr
FMUL Rd, Rr         ; 부호없는 분수 (fractional number)들의 곱
                    ; R1:R0 = Rd * Rr
FMULS Rd, Rr        ; 부호있는 분수들의 곱 R1:R0 = Rd * Rr
FMULSU Rd, Rr       ; 부호있는 분수와 부호없는 분수와의 곱  R1:R0 = Rd * Rr
AND Rd, Rr          ; logical AND
ANDI Rd, K8         ; logical AND with an immediate data K8
OR Rd, Rr           ; logical OR
ORI Rd, K8          ; logical OR with an immediate data K8
EOR Rd, Rr          ; logical exclusive OR
INC Rd              ; Rd = Rd + 1
DEC Rd              ; Rd = Rd - 1
COM Rd              ; 1's complement
SBR Rd, K8          ; set bits 즉 Rd = Rd OR K8
CBR Rd, K8          ; clear bits 즉 Rd = Rd AND (0xff - K8)
NEG Rd              ; 2's complement
SER Rd              ; set register 즉 Rd = 0xff
CLR Rd              ; clear register 즉 Rd = Rd EOR Rd
TST Rd              ; test for zero or minus
```

전송 명령어

범용 레지스터

```
MOV Rd, Rr; copy register
```

데이터 메모리

```
LD Rd, XYZ      ; XYZ = {X, Y, Z} X=R27:R26 Y=R29:R28 Z=R31:R30
LD Rd, XYZ+     ; increment XYZ after loading
LD Rd, XYZ-     ; decrement XYZ after loading
LD Rd, +XYZ     ; increment XYZ before loading
LD Rd, -XYZ     ; decrement XYZ before loading
LDD Rd, YZ+d    ; YZ = {Y, Z} load indirect with displacement 0<= d <= 63
ST XYZ, Rr      ; store the content of Rr into a data memory location
                ; pointed by a register pair
ST XYZ+, Rr     ; increment XYZ after storing
ST XYZ-, Rr     ; decrement XYZ after storing
ST +XYZ, Rr     ; increment XYZ before storing
ST -XYZ, Rr     ; decrement XYZ before storing
STD YZ+d        ; store indirect with displacement
```

I/O port

```
IN Rd, P        ; input from an input port 0 <= P <= 63
OUT P, Rr       ; output to an output port
```

프로그램 메모리

```
LPM             ; load program memory 즉 Rd = (Z)
```

스택

```
PUSH Rr         ; push register on stack
POP Rd          ; pop register from stack
```

즉치 (immediate value)

```
LDI Rd, K8          ; load an immediate data K8 into a register Rd
                    ; 0 <= K8 <= 255
```

16비트 명령어

```
LDS Rd, K           ; load one byte from SRAM 0 <= K <= 65535
                    ; Rd = (K)
STS K, Rr           ; store to SRAM 즉 (K) = Rr
```

분기 명령어

```
BRBS b, label       ; 상태레지스터 해당 비트 세트 상태이면 분기
BRBC b, label       ; 상태레지스터 해당 비트 리세트 상태이면 분기
BREQ label          ; Z 플래그가 세트 상태이면 분기
BRNE label          ; Z 플래그가 리세트 상태이면 분기
BRSH label          ; branch if same or higher
BRLO label          ; branch if lower
BRPL label          ; branch if plus
BRMI label          ; branch if minus
BRGE label          ; branch if greater or equal, 부호를 가진 수 비교
BRLT label          ; branch if less than, 부호를 가진 수 비교
BRCS, BRHS, BRTS, BRVS  ; 해당 플래그가 세트 상태이면 분기
BRCC, BRHC, BRTC, BRVC  ; 해당 플래그가 리세트 상태이면 분기
BRIE label          ; branch if interrupt enabled
BRID label          ; branch if interrupt disabled
SBRS Rr, b          ; skip if bit in register set
SBRC Rr, b          ; skip if bit in register cleared
SBIS P, b           ; skip if bit in port set
SBIC P, b           ; skip if bit in port cleared
JUMP label          ; absolute jump PC = label
CALL label          ; absolute call
```

```
RJMP label          ; relative jump PC = PC + label
RCALL label         ; relative call
IJMP label          ; indirect jump PC = Z
ICALL label         ; indirect call
RET                 ; PC = STACK
RETI                ; return from interrupt
CP Rd, Rr           ; compare
CPSE Rd, Rr         ; compare and skip if equal
CPC Rd, Rr          ; compare with C
CPI Rd, K8          ; compare with immediate
```

비트 연산과 비트 시험 연산

```
LSL Rd              ; logical shift left through C
LSR Rd              ; logical shift right through C
ASL Rd              ; arithmetic shift left through C
ROL Rd              ; rotate left through C
ROR Rd              ; rotate right through C
SWAP Rd             ; swap nibbles
BSET b              ; 상태 레지스터 해당 비트 세트
BCLR b              ; 상태 레지스터 해당 비트 리세트
SBI P, b            ; set bit in I/O register
CBI P, b            ; reset bit in I/O register
BST Rd, b           ; bit store to T
BLD Rd, b           ; bit load from T
SEC, SEN, SEZ, SES, SEV, SET, SEH     ; 해당 플래그 비트 세트
CLC, CLN, CLZ, CLS, CLV, CLT, CLH     ; 해당 플래그 비트 리세트
```

기타 명령어

```
NOP                 ; no operation
BREAK               ; 디버깅 때 사용. 중지 상태로 만들어 디버깅 가능하도록 한다
SLEEP               ; sleep
WDR                 ; reset watchdog timer
```

❖ AVR 프로그래밍의 예

```
; assembly programming 예
; data memory 영역
.section .data
n1:     ,byte   10
n2:     .byte   20
n3:     .byte   30
n4:     ,byte   40
result: .space  1, 0            ; 1 byte 영역 확보하고 0으로 초기화한다
; program memory 영역
.section ,text
        ,global main            ; global address
main:   push    r17
        push    r24
; addition by direct access
        lds     r24, n1         ; r24 = (n1)
        lds     r17, n2         ; r17 = (n2)
        add     r24, r17        ; r24 = r24 + r17
; addition by indirect access with x = r27:r26
        ldi     r26, lo8(n3)    ; n3의 하위 바이트
        ldi     r27, hi8(n3)    ; n3의 상위 바이트
        ld      r17, x+         ; r17 = (n3), x++
        add     r24, r17
        ld      r17, x+         ; r17 = (n4), x++
        add     r24, r17        ; r24 = (n1) + (n2) + (n3) + (n4)
        st      x, r24          ; (result) = r24
        pop     r24
        pop     r17
        ret
```

연습 문제

1. AVR 인터럽트 처리 과정을 설명하라.

11

MicroChip PIC

이 장에서는 다음 사항을 공부한다.

- PIC의 장점
- AVR ISA 모델
- PIC의 특징
- AVR 구조
- 인터럽트 처리 과정
- PIC 타이머/카운터
- PIC 명령어
- PIC 프로그래밍의 예

❖ PIC의 장점

PIC (peripheral interface controller)는 1990년부터 출시되고 있는 Harvard 구조의 마이크로컨트롤러이다.

PIC 계열을 분류하면 데이터 버스 크기에 따라서 분류한다. 8비트, 16비트, 및 32비트가 있다. 여기서는 임베디드 시스템용 마이크로컨트롤러로 많이 사용되는 8비트 계열만 다룬다. 8비트 계열에서는 명령어 길이에 따라서 다시 분류한다. 명령어 길이가 8비트 길이를 가진 baseline, 12비트를 가진 midrange, 14비트를 가진 enhanced midrange, 16비트를 가진 high end가 있다. dsPIC은 신호처리에 특화된 PIC 마이크로컨트롤러이다.

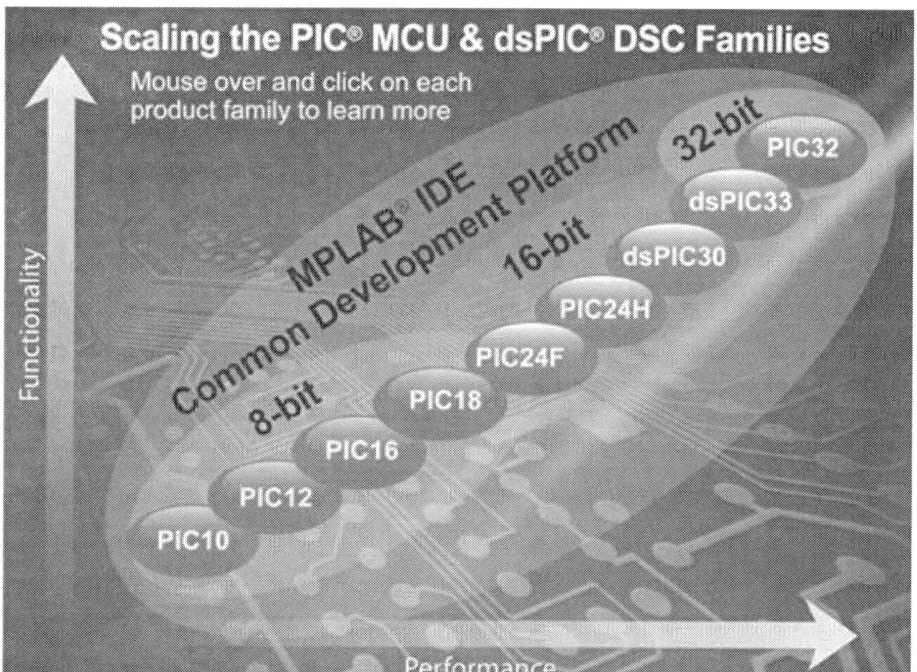

<PIC의 분류>

PIC 마이크로컨트롤러는 다음과 같은 장점을 가진다.

- 고속, 저 가격, 다양한 제품군이 존재한다.
- 다양한 주변장치를 가지고 있다.

- 무료 개발 IDE (integrated development environment)인 MPLAB을 제공한다.
- 널리 사용되고 있다.
- 문서화가 잘 되어 있다.
- 온라인 구매가 가능하다.
- 한번 학습하면 모든 PIC 마이크로컨트롤러를 사용 가능하다.

❖ AVR ISA 모델

다음은 PIC18F의 내부 블록도이다. 내부에 프로그램 메모리, 데이터 메모리, 입출력 포트들, 및 지원 장치들을 가지고 있다. PIC18F의 경우 프로그램 메모리 내의 명령어 길이는 16비트이고, 데이터 메모리내의 데이터 길이는 8비트이다. WREG는 연산 결과를 저장하는 working register이고 Status는 연산 결과에 대한 flag들을 저장하는 상태 레지스터이다. BSR (bank select register)는 데이터 메모리를 직접적으로 접근할 때 사용되는 4비트 레지스터이다. FSR (file select register)는 데이터 메모리를 간접적으로 접근할 때 포인터로 사용되는 16비트 레지스터이다. PC (program counter)는 실행될 명령어를 가리키는 21비트 레지스터이다. 그리고 INDF는 FSR에 의해서 접근된 메모리를 읽는데 사용된다. 명령어에 포함된 8비트나 11비트 주소부로 PC의 13비트로 변환하기 위해 PCLATH (pc latch high) 레지스터가 사용된다.

	pin #	clock rate	flash	RAM	EEPROM	I/O
PIC10F/12F	6, 8	4, 8 MHz	2 k	128	256	10-bit ADC
PIC 16F	18 ~ 64	32 MHz	28 k	1 k	256	10-bit ADC 2 x UART 2 X SPI & I2C CCP LCD drivers
PIC 18F	18 ~ 100		128 k	4 k	1 k	usb ethernet 10-bit & 12-bit ADCs 집적된 LCD drivers 주변 핀 선택

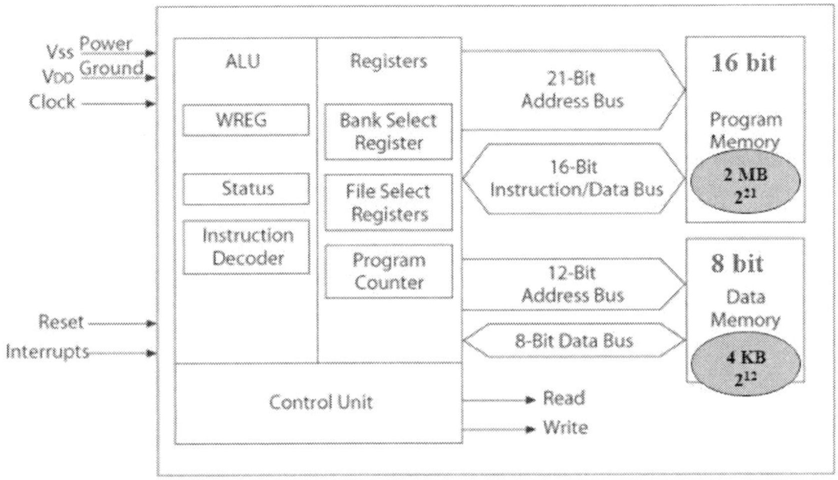

<PIC18F의 내부블록도>

마이크로컨트롤러 내에 여러 주변 장치들을 제어하거나 감시하는 SFR (special function register)들이 있는데 다음의 역할을 한다.

- 주변 장치의 제어
- 타이머
- 스택 포인터
- 스택 리미터
- program counter
- subroutine return address
- processor status
- condition codes

내부 RAM의 32~4096 번지는 8비트 폭을 갖는 데이터 메모리로 사용되고, 7~158번지는 8비트 폭을 갖는 SFR로 맵핑되어 있다.

PIC의 상태 레지스터 STATUS는 다음과 같다.

R/W_0	R/W_0	R/W_0	R_1	R_1	R/W_x	R/W_x	R/W_x
IRP	RP1	RP0	TO	PD	Z	DC	C
Bit7	Bit6	Bit5	Bit4	Bit3	Bit2	Bit1	Bit0

R=Readable bit
W=Writable bit
U=Unimplemented bit, read as '0'
-n=Value at **POR** reset

bit 7:
IRP : Register Bank Select bit (used for indirect addressing)
0 = Bank 0, 1 (00h - FFh) 1 = Bank 2, 3 (100h - 1FFh)
The IRP bit is not used by the PIC16F8X. IRP should be maintained clear.

bit 6-5:
RP1 : RP0 : Register Bank Select bits (used for direct addressing)
00 = Bank 0 (00h - 7Fh) 01 = Bank 1 (80h - FFh)
10 = Bank 2 (100h -17Fh) 11 = Bank 3 (180h – 1FFh)
Each bank is 128 bytes. Only bit RP0 is used by the PIC16F8X. RP1 should be maintained clear.

bit 4:
TO : Time-out bit
1 = After power-up, CLRWDT instruction, or SLEEP instruction
0 = A WDT time-out occurred

bit 3:
PD : Power-down bit
1 = After power-up or by the CLRWDT instruction
0 = By execution of the SLEEP instruction

bit 2:
Z : Zero bit
1 = The result of an arithmetic or logic operation is zero
0 = The result of an arithmetic or logic operation is not zero
bit (for ADDWF and ADDLW instructions) (For borrow the polarity is reversed)

bit 1:
DC : Digit carry/borrow
1 = A carry-out from the 4th low order bit of the result occurred
0 = No carry-out from the 4th low order bit of the result
bit (for ADDWF and ADDLW instructions)

bit 0:
C : Carry/borrow
1 = A carry-out from the most significant bit of the result occurred
0 = No carry-out from the most significant bit of the result occurred
Note : For borrow the second operated the polarity is reversed. A subtraction is executed by adding the two's complement of. For rotate (PRF, RLF) instructions, this bit is loaded with either the high or low order bit of the source register

<상태레지스터>

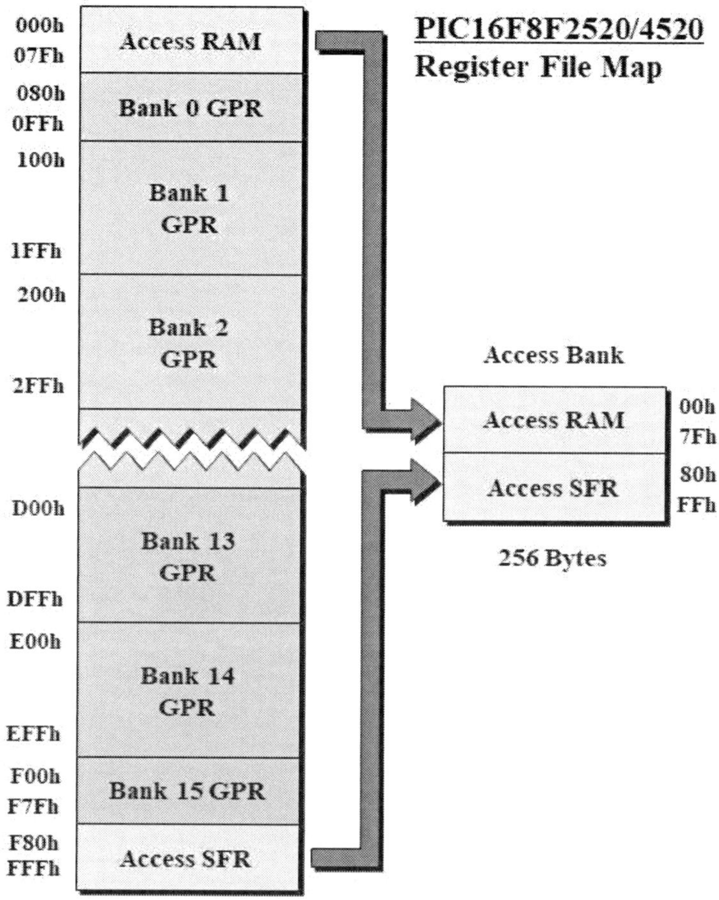

<데이터 메모리 구조>

❖ PIC의 특징

PIC 마이크로컨트롤러는 다음과 같은 특징을 가지고 있다.

- POR (power-on reset)
- BOR (brown-out reset)
- 단순한 명령어 세트

- 25 mA까지의 핀 구동능력
- 동기식 직렬 버스를 통한 프로그래밍
- WDT (watchdog timer)
- 병렬 슬레이브 포트 (parallel slave port)
- SPI = MSSP (master-slave serial port)
- USART (universal synchronous/asynchronous receiver and transmitter)
- 아날로그 입력

PIC 마이크로컨트롤러는 4개의 클록 사이클마다 한 개의 명령어가 수행된다. 아래 그림처럼 각 클록 마다 fetch, decode, execute, 및 store 단계로 수행됨을 알 수 있다.

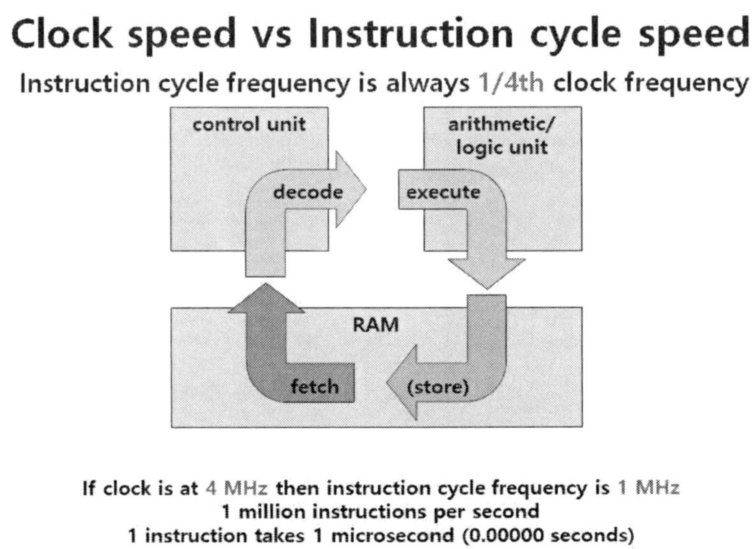

<명령 사이클>

명령어에 포함된 짧은 주소부로 PC의 13비트로 변환

명령어에 포함된 8비트나 11비트 주소부로 PC의 13비트로 변환하기 위해 PCLATH (pc latch high) 레지스터가 사용된다. 예로 들어 ADDWF PCL 명령어를 실행하면 PCL (program counter lower byte)에 8비트의 W 레지스터 내용이 들어간다. PC의 나머지 5비트는 PCLATH 레지스터의 0번째에서 4번째 비트까지 하여 5비트가 합쳐져 13비트 정보가 PC에 들어가게 된다. GOTO나 CALL 명령어의 경우 명령어에 포함된

11비트 정보에다 PCLATH의 세 번째와 네 번째 비트 정보가 더해져 13비트의 PC 정보가 완성된다.

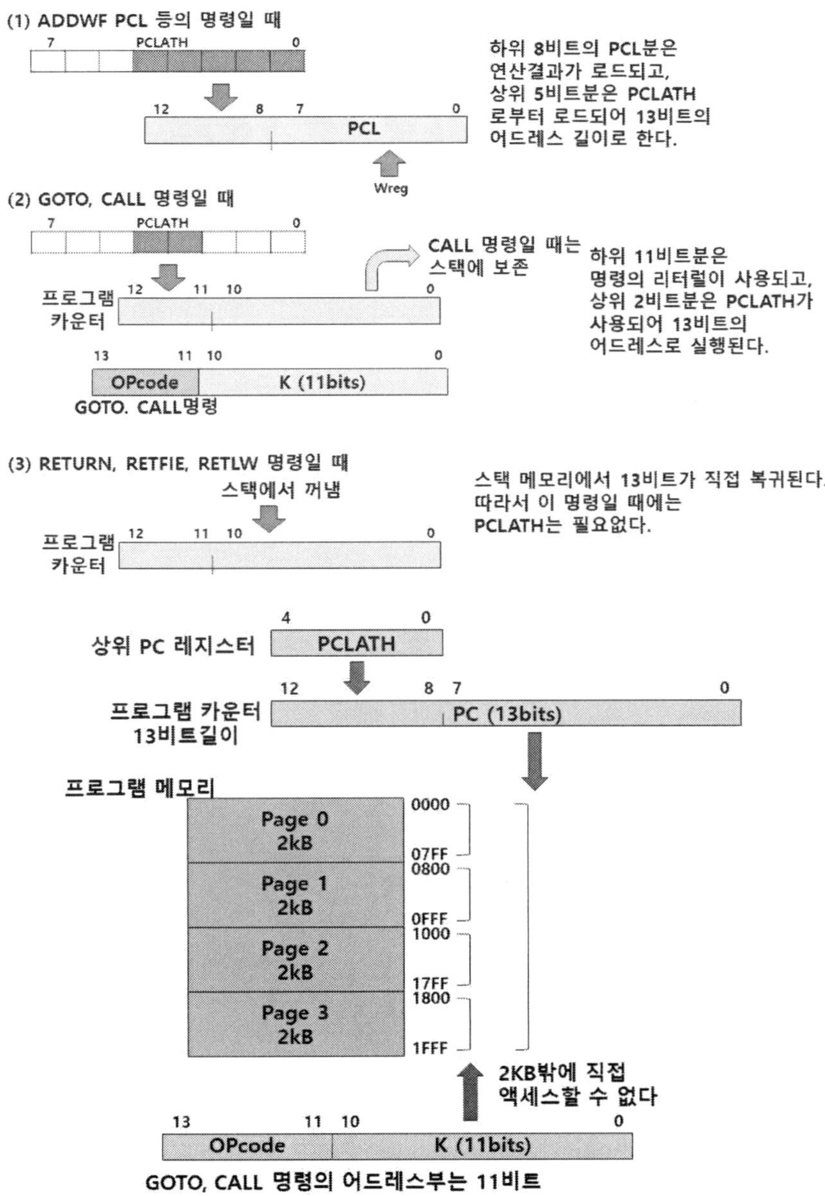

<명령어에 포함된 8비트와 11비트 주소부로 PC의 13비트로 변환하는 개념도>

<PIC 내의 포트들>

포트	버스	대체 기능
PORTA	6비트 양방향 버스	ADC analog 비교기 타이머 0 외부 입력
PORTB	8비트 양방향 버스	외부 인터럽트 프로그램 입력
PORTC	8비트 양방향 버스	직렬 통신 PWM 타이머 1 외부 입력
PORTD	8비트 양방향 버스	병렬 슬레이브 통신 (PSP)
PORTE	3비트 양방향 버스	3개의 아날로그 채널 PSP에 대한 제어 신호

❖ enhanced midrange

가장 널리 사용되는 전형적인 midrange PIC의 특징은 다음과 같다.

- 8 k의 명령어를 저장할 수 있고 14비트의 주소 버스를 가지고 있다.
- 446개까지의 데이터 메모리를 가지고 있다. 4개의 뱅크를 가진다.
- 20 MHz까지의 클록 주파수를 사용할 수 있다.
- 35개의 명령어를 가지고 있고 8단계의 스택을 가지고 있다.
- 한 개의 8비트 파일 선택 레지스터가 있다.

이러한 기존의 midrange PIC의 사용상의 불편을 해소시키고 개선시킨 것이 enhanced midrange이다. enhanced midrange의 특징은 다음과 같다.

- 32 k의 명령어를 저장할 수 있고 14비트의 주소 버스를 가지고 있다.
- 3 kB까지의 데이터 메모리를 가지고 있다. 32개의 뱅크를 가진다.
- 32 MHz까지의 클록 주파수를 사용할 수 있다.
- 49개의 명령어를 가지고 있고 16단계의 스택을 가지고 있다.
- 인터럽트 처리 시 context 저장이 자동적으로 이루어지도록 한다.
- 두 개의 16비트 파일 선택 레지스터가 있다.

데이터 메모리에서 모든 뱅크의 하위 12개 공통의 SFR과 상위 16개의 GPR은 어떤 뱅크를 사용하더라도 접근 가능하도록 하였다. 공통의 SFR로는 다음과 같다.

- INDF0 : indirect register 0
- INDF1 : indirect register 1 (new)
- PCL : program counter low
- STATUS : status register
- FSR0 LOW : file select register 0 low byte (new)
- FSR0 HIGH : file select register 0 high byte (new)
- FSR1 LOW : file select register 1 low byte (new)
- FSR1 HIGH : file select register 1 high byte (new)
- BSR : bank select register (new)
- WREG : working register (new)
- PCLATH : program counter latch high
- INTCON : interrupt control register

그래서 60%의 성능 개선이 되었다고 보고되었다.

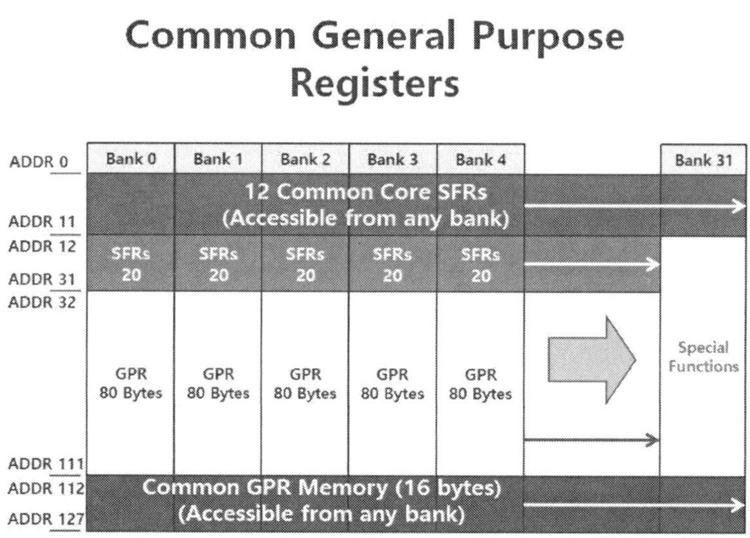

<enhanced midrange의 공통의 general purpose register>

❖ PIC 타이머/카운터

여기서 분주비 (prescaling ratio)를 설정한다. 이것은 시스템 클록 (입력 클록 주파수/4)을 분주비로 나누어서 느린 클록으로 만들어서 8비트 타이머/카운터에 인가되면 0xff에서 0x00으로 가는 순간인 overflow가 발생할 때 overflow 인터럽트가 발생된다.

❖ PIC 명령어

PIC 명령어는 다음과 같이 분류된다.

- 데이터 전송
- 산술논리
- 비트 지향
- 프로그램 제어
- 기타

데이터 전송 명령어

```
MOVLW K        ; move constant to W 즉 W = K
MOVWF F        ; move W to file register 즉 F = W
MOVF F,D       ; move F to W or F according to D
               ; W if D = 0 and F otherwise
CLRW           ; W - 0
CLRF F         ; F = 0
SWAPF F, D     ; swap nibbles and store the result according to D
```

산술논리 명령어

PIC에서는 뺄셈할 때 주의해야한다. 다른 마이크로컨트롤러와 달리 어떤 값에서 W을 뺀다.

```
ADDLW K          ; W = W + K
ADDWF F, D       ; add W and F, and then store the result according to D
SUBLW K          ; W = K - W
SUBWF F, D       ; F - W and then store the result according to D
ANDLW K          ; W = W AND K
ANDWF F, D       ; W AND F and then store the result according to D
IORLW K          ; W = W OR K
IORWF F, D       ; W OR F and then store the result according to D
XORLW K          ; W = W XOR K
XORWF F, D       ; W XOR F and then store the result according to D
INCF F, D        ; increment F and then store the result according to D
DECF F, D        ; decrement F and then store the result according to D
RLF F, D         ; rotate F left through C and then store the result
                 ; according to D
RRF F, D         ; rotate F right through C and then store the result
                 ; according to D
COMF F, D        ; complement F and then store the result according to D
```

비트 지향 명령어

```
BSF F, b         ; set bit b in F
BCF F, b         ; clear bit b in F
```

프로그램 제어 명령

```
BTFSS F, b       ; test bit b of F and skip the following instruction if set
BTFSC F, b       ; test bit b of F and skip the following instruction
                 ; if cleared
INCFSZ F, D      ; increment F and skip the following instruction if Z = 1
DECFSZ F, D      ; decrement F and skip the following instruction if Z = 1
GOTO K           ; go to address
CALL K           ; call address
RETURN           ; return from subroutine
RETLW K          ; return with constant K
RETFIE           ; return from interrupt
```

기타 명령어

```
NOP               ; no operation
OPTION            ; W = OPTION
CLRWDT            ; restart watchdog timer
SLEEP             ; go into sleep mode
```

enhanced midrange PIC에서 추가된 명령어

```
ADDWFC F, D       ; W + F + C
SUBWFB F, D       ; F + COMP(W) + C
LSLF F, D         ; logical shift left
LSRF F, D         ; logical shift right
ASRF F, D         ; arithmetic shift right
MOVLP K           ; PCLATH = K
MOVLB K           ; BSR = K
BRA K             ; branch relative (signed)
BRW               ; branch PC + W (unsigned)
CALLW             ; call PCLATH:W
ADDFSR FSRn, K    ; FSRn = FSRn + K FSRn = {FSR1, FSR2}          ;
MOVIW K[FSRn]     ; move indirect to W
                  ; W = (FSRn + K)
MOVWI K[FSRn]     ; move W to indirect
                  ; (FSRn + K) = W
RESET             ; reset H/W and S/W
```

❖ PIC 프로그래밍 예

```
; mid-range PIC 계열 assembly programming 예
; direct addressing mode
        bsf     STATUS, RP0 ; select bank 1
        movlw   0xFF         ; w=0xFF
        movwf   TRISA        ; address of TRISA register is taken from
                             ; instruction movwf

; indirect addressing mode
        movlw   0x0c
        movwf FSR             ; starting address to be accessed = 0x0c
loop    clrf    INDF          ; the memory location pointed by FSR
                              ; will be cleared
        incf    FSR, 1        ; next location
        btfss   FSR,4         ; The bit 4 of FSR will be set if it is 0x10
        goto    loop
continue                      ; cleared locations = {0x0c, 0x0d, 0x0e, 0x0f}

; reading from EEPROM
        bcf     STATUS, RP0   ; select bank 0
        movlw   0x00          ; address of location being read
        movwf   EEADR
        bsf     STATUS, RP0   ; select bank 1
        bsf     EECON1, RD    ; reading from EEPROM
        bcf     STATUS, RP0   ; select bank 0
        movf    EEDATA,W
```

연습 문제

1. PIC 인터럽트 처리 과정을 설명하라.

2. PIC에서 간접 주소 지정 방식에 대해서 설명하라.

3. enhanced midrange PIC의 특징은 무엇인가?

12

ARM 코어

이 장에서는 다음 사항을 공부한다.

- ARM ISA 모델
- 예외 (exception) 처리
- 스택 (stack) 연산
- Cortex-M4
- Cortex M의 인터럽트 처리
- ARM 명령어
- ARM 프로그래밍의 예

ARM (Advanced RISC Machine)은 1983년에서 1985년 사이 영국 캠브리지에서 Acorn Computers사에서 개발되었다. CISC 구조가 메모리 속도보다도 느리고 명령어 당 서로 다른 사이클을 요구한다는 문제점이 있어서 Berkeley RISC I에 바탕으로 개발되었다. 저전력 코어로 세계적으로 가장 널리 사용되고 있다. 32-비트 어드레스 버스와 데이터 버스로 정착된 ARM 코어는 Cortex로 불리어 진다. 제품군으로 고성능용 Cortex-A, 실시간 임베디드 시스템용 cortex-R, 및 마이크로컨트롤러용 cortex-M 등 세 가지가 있다. 내부적로 cortex-M은 cortex-A와 cortex-R과 서로 차이가 있다.

<ARM Cortex 프로세서>

series	Applications
Cortex-A	Applications processors for full OS and 3rd party applications
Cortex-R	Embedded processors for real-time signal processing, control applications
Cortex-M	Micro-controller-oriented processors for MCU and SoC applications

❖ ARM ISA 모델

ARM 코어는 전형적인 RISC 구조로 되어 있으나 다음과 같이 개선되어 있다.

- 각 명령어는 ALU와 이산기 (shifter)를 제어한다.
- 자동 증가 및 자동 감소 주소지정방식을 지원한다
- 다중 load-store 명령어가 있다.
- 각 명령어는 조건 실행이 가능하다.

ARM 코어는 pipeline 구조로 동작된다. 요즘 출시되는 ARM 코어는 11단계까지 세분화되고 있는데 여기서는 3단계와 5단계만 보인다. 3단계는 fetch, decode, 및 execute로 구성되고, 5단계는 여기에다 레지스터 읽기와 레지스터의 쓰기 단계가 추가된다.

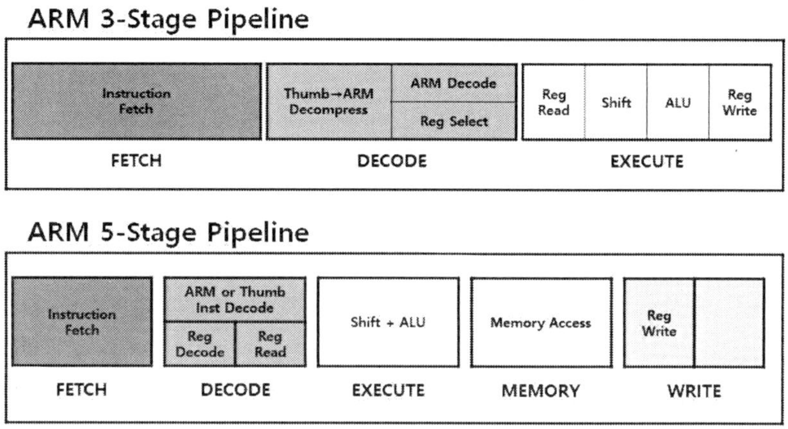

<ARM 코어의 pipeline>

3단계 파이프라인으로 실행되는 모습을 다음에 보였다. 그림에서 볼 수 있듯이 한 개의 사이클에 한 개의 명령이 실행되는 효과를 얻을 수 있다.

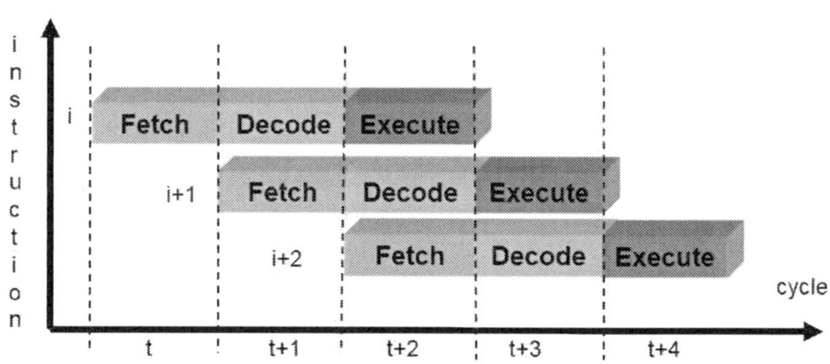

<3단계 파이프라인 실행>

다음은 ARM의 ISA (instruction set architecture)를 보여준다. 16개의 레지스터가 있는데 R0 ~ R12는 일반용으로 사용되고 나머지 3개는 특수 용도로 사용된다. R13은 SP (stack pointer)로 사용되고, R14는 LR (link register)로 사용되며, 그리고 R15는 PC (program counter)로 사용된다. LR은 서브루틴이나 예외처리 시 복귀 주소 (return address)를 저장하는데 사용되는 레지스터이다. CPSR (current processor status register)은 프로세서의 상 와 연산 결과의 조건 코드 (conditional code) 플래그를 나타내는 상태 레지스터이다.

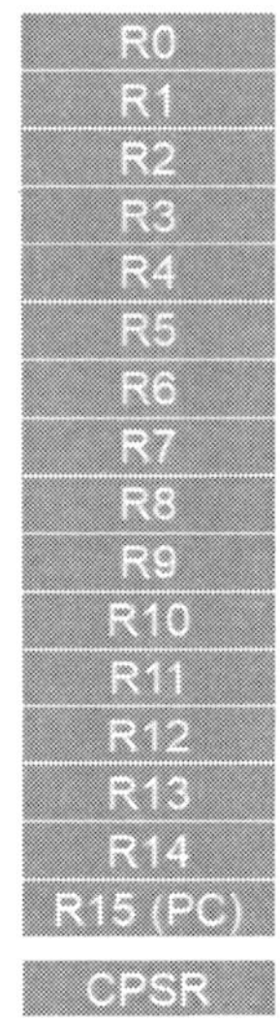

<ARM 코어 내의 레지스터>

Cortex-A나 Cortex-R과 같은 ARM 코어에는 다양한 예외처리 (exception processing)가 존재하는데 빠른 처리를 위하여 모드별로 레지스터를 뱅크시켜놨다. 이 의미는 모드별로 같은 이름을 가진 레지스터의 다른 세트를 만들어 두고 예외 처리 시 해당 레지스터들을 이곳에 대피시키고 예외 처리로 뛰어가 예외 처리의 속도를 빠르게 한다는 뜻이다. 예외 처리가 끝나면 대피된 값들을 다시 원래의 레지스터들에 복구한다.

상태 레지스터 CPSR (current processor status register)에도 모드별로 이것을 대피시키는 용도의 SPSR (saved processor status register)이 있다.

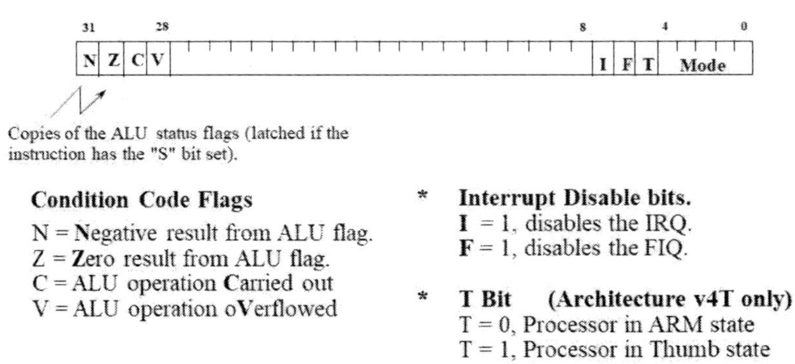

<상태 레지스터>

R0	R0	R0	R0	R0	R0
R1	R1	R1	R1	R1	R1
R2	R2	R2	R2	R2	R2
R3	R3	R3	R3	R3	R3
R4	R4	R4	R4	R4	R4
R5	R5	R5	R5	R5	R5
R6	R6	R6	R6	R6	R6
R7	R7_fiq	R7	R7	R7	R7
R8	R8_fiq	R8	R8	R8	R8
R9	R9_fiq	R9	R9	R9	R9
R10	R10_fiq	R10	R10	R10	R10
R11	R11_fiq	R11	R11	R11	R11
R12	R12_fiq	R12	R12	R12	R12
R13	R13_fiq	R13_svc	R13_abt	R13_irq	R13_und
R14	R14_fiq	R14_svc	R14_abt	R14_irq	R14_und
R15 (PC)	R15 (PC)	R15 (PC)	R15 (PC)	R15 (PC)	R15 (PC)
CPSR	CPSR	CPSR	CPSR	CPSR	CPSR
	SPSR_fiq	SPSR_svc	SPSR_abt	SPSR_irq	SPSR_und

<모드별로 뱅크된 레지스터>

❖ 예외 (exception) 처리

예외 (exception) 처리 모드에는 FIQ (fast interrupt), abort, supervisor, IRQ (interrupt), 및 undefined가 있다. 유저나 시스템 모드에서 실행되다 예외가 발생하면 PC를 그 예외애 뱅크된 LR에 대피한다. 그리고 상태 레지스터도 그 예외에 뱅크된 SPSR에 대피한다. FIQ 모드일 때는 뱅크된 R8~R14까지도 대피해준다. 나머지 모드에서는 뱅크된 R13과 R14만 자동적으로 해준다. 그래서 FIQ 모드가 가장 빠르다.

<예외 종류>

예외	모드	우선순위	벡터 주소
reset	supervisor	1	0x0000_0000
undefined instruction	undefined	6	0x0000_0004
software interrupt	supervisor	6	0x0000_0008
prefetch abort	abort	5	0x0000_000c
data abort	abort	2	0x0000_0010
interrupt	IRQ	4	0x0000_0018
fast interrupt	FIQ	3	0x0000_001c

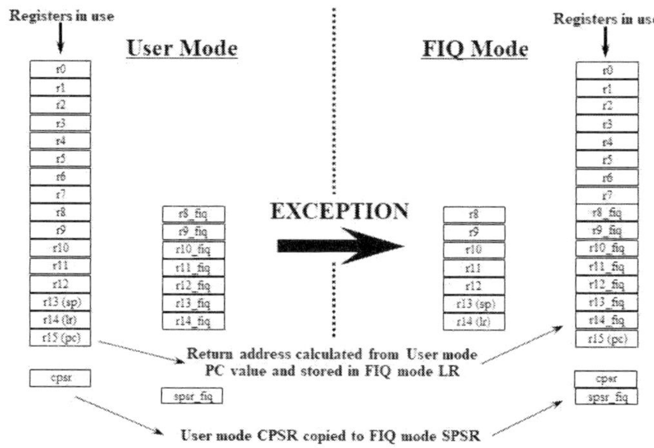

<FIQ 예외 처리>

❖ 스택 연산

보통 스택은 높은 번지에서 낮은 번지로 데이터를 저장해 가는데 ARM 코어에서는 양방향을 다 가능하다. 찬 (full) 스택과 빈 (empty) 스택으로 구분한다. 스택 포인터는 찬 스택인 경우 데이터를 스택에 넣기 (push) 전에 먼저 감소되고 (pre-decrement), 빈 스택인 경우 데이터를 스택에 넣은 후에 스택 포인트가 감소된다 (post-decrement). 다음과 같이 분류할 수 있다.

- STMFD/LDMFD: full descending stack
- STMFA/LDMFA: full ascending stack
- STMED/LDMED: empty descending stack
- STMEA/LDMEA: empty ascending stack

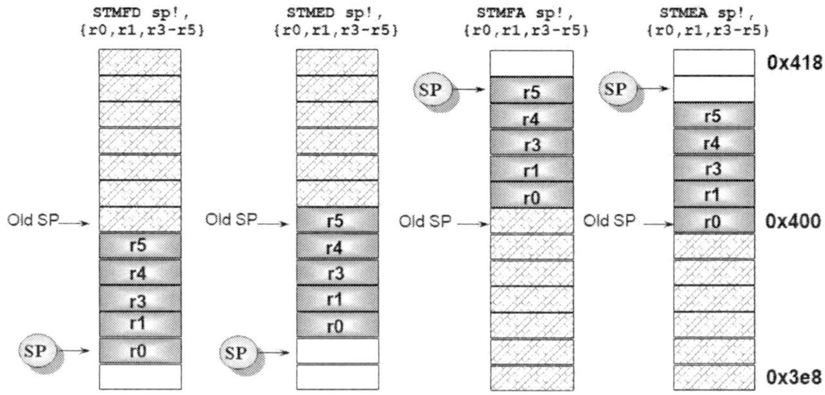

<스택 연산>

❖ Cortex-M

ISA 구조

다음은 임베디드 응용으로 많이 이용되는 ARM core의 한 예로 cortex-M 계열의 내부 구성도를 보인다. cortex-M은 Harvard 구조와 RISC 구조를 갖는다. 전통적인 ARM 코어와 달리 cortex-M은 16비트 고정 길이 thumb 명령어에 몇 가지의 32비트 고정 길이 명령어를 추가시킨 가변 길이의 thumb2 명령어로 실행된다. thumb에 비해 25% 성능 개선이 된다고 보고되고 있다. 3개의 파이프라인 구조를 가지고 있다.

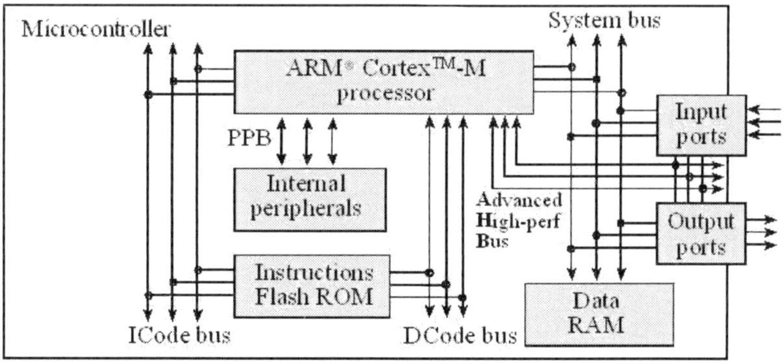

<cortex-M 내부 구성도>

다음은 cortex-M 내의 상태 레지스터이다. 상태 레지스터는 응용 프로그램 상태 (연산 결과의 플래그들)를 나타내는 부분 (APSR), 인터럽트 프로그램 상태를 나타내는 부분 (IPSR), 및 예외 프로그램 상태를 나타내는 부분 (EPSR)으로 구성되어 있다. 예외 처리 시 상태레지스터가 스택에 대피된다.

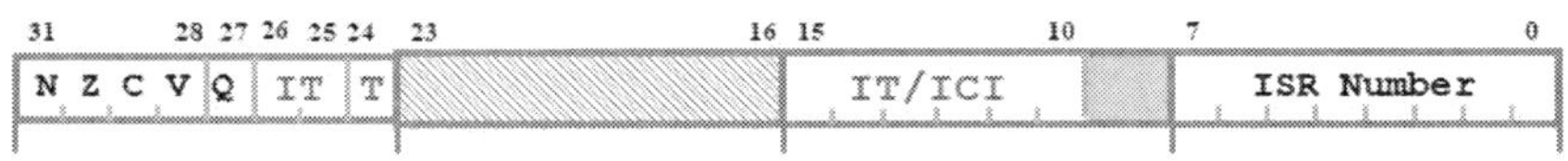

- One Status Register consisting of
  - APSR - Application Program Status Register – ALU flags
  - IPSR - Interrupt Program Status Register – Interrupt/Exception No.
  - EPSR - Execution Program Status Register
    - IT field – If/Then block information
    - ICI field – Interruptible-Continuable Instruction information
- xPSR
  - Composite of the 3 PSRs
  - Stored on the stack on exception entry

<상태 레지스터>

Cortex-M 계열의 ISA 구조는 다음과 같다.

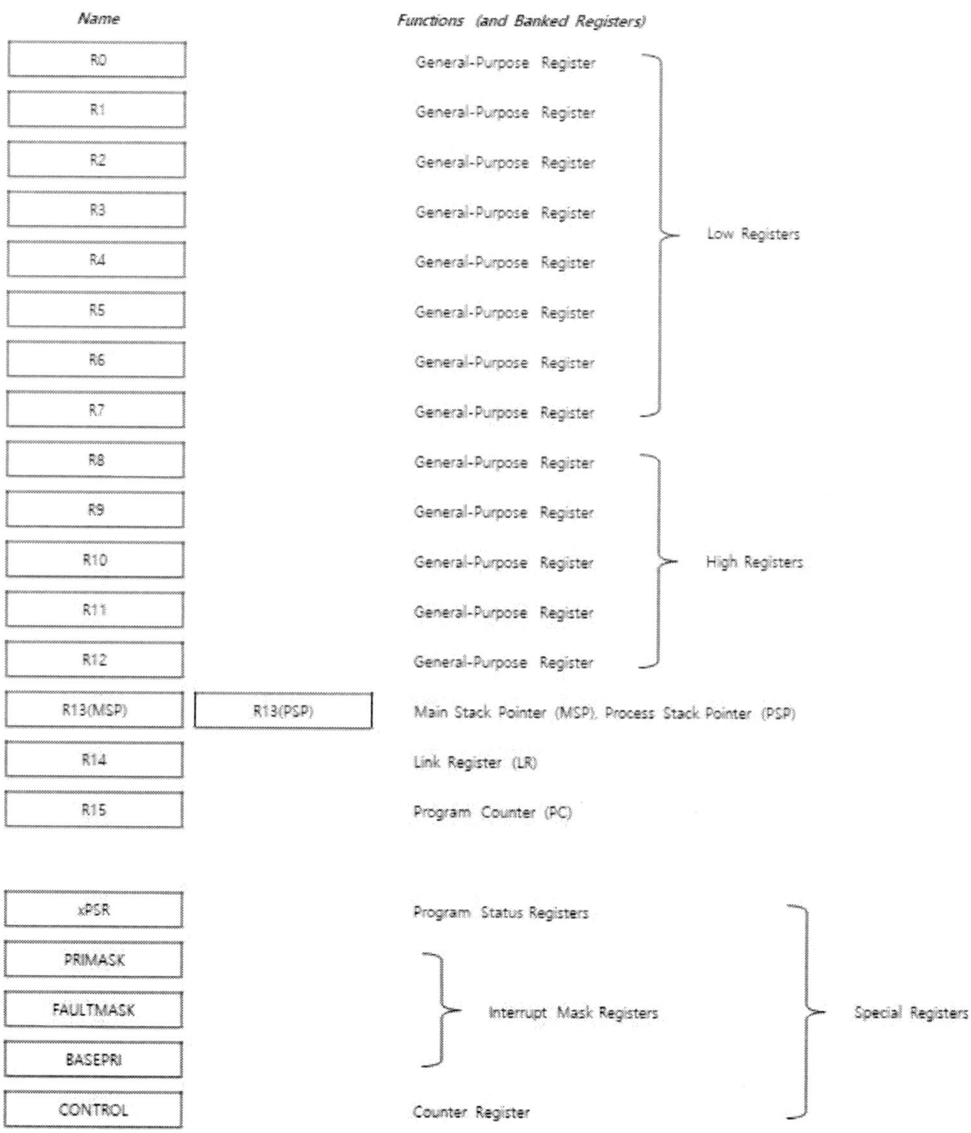

<Cortex-M 계열 ISA 구조>

Cortex-A나 Cortex-R 계열과 같이 R0~R15 레지스터가 있는데 SP (R13) 만이 PSP와 MSP로 뱅크되어 있다. 리셋 시에 MSP (R13)에 0x0000_0000번지의 내용이 실리고 LR (R14)에는 0xffff_ffff가 실린다. 그리고 PC (R15)에는 리셋 벡터 번지 0x0000_0004번지의 내용이 실린다. 이 외에 special 레지스터들이 있다. 이들로 상태 레지스터 xPSR 외에 예외 마스크 레지스터 (PRIMASK, FAULTMASK 와 BASEPRI) 및 CONTROL이 있다. 예외 마스크 레지스터는 해당 예외가 발생하지 못하도록 설정한다. Cortex-M 계열에서는 응용 프로그램이 돌아가는 유저 모드인 스레드 (thread) 모드와 OS가 돌아가는 supervisor 모드인 핸들러 (handler) 모드가 있다, 그리고 보안을 강화하기 위해서 응용 프로그램 코드에 대하여 두 가지 접근 권한 즉 특권 (privileged)과 비특권 (unprivileged)을 설정할 수 있다. CONTROL 레지스터는 사용되는 스택과 프로세서가 스레드 모드에 있을 때 소프트웨어 실행에 대한 특권 (privilege) 수준을 제어한다. Cortex-M 계열에서는 한 개의 NMI (non-maskable interrupt)와 1~240 번호의 우선순위 지정 가능한 인터럽트가 지원된다.

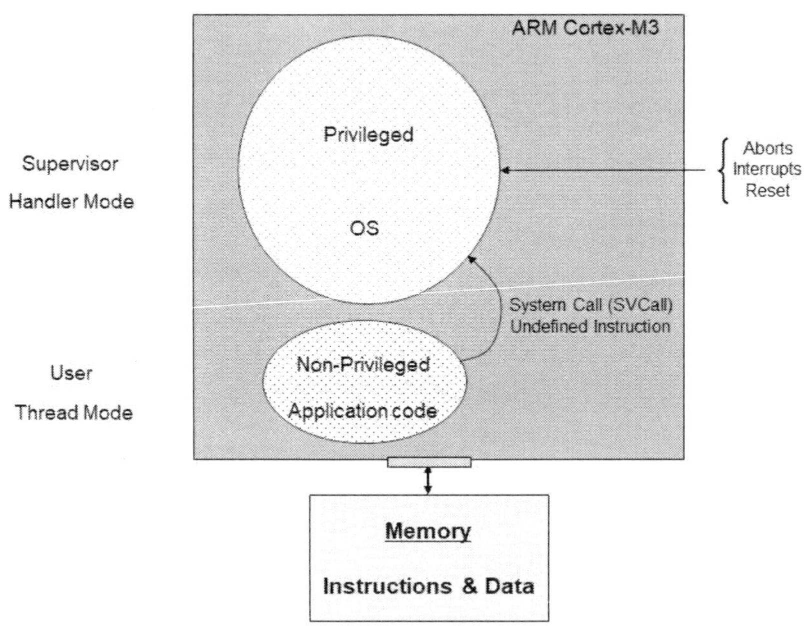

<Cortex-M 계열의 프로세서 모드>

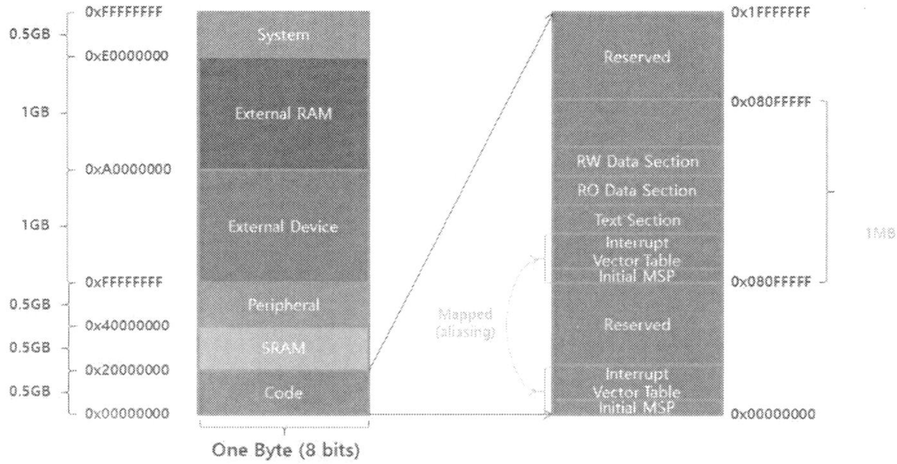

<Cortex-M 계열 instruction memory map>

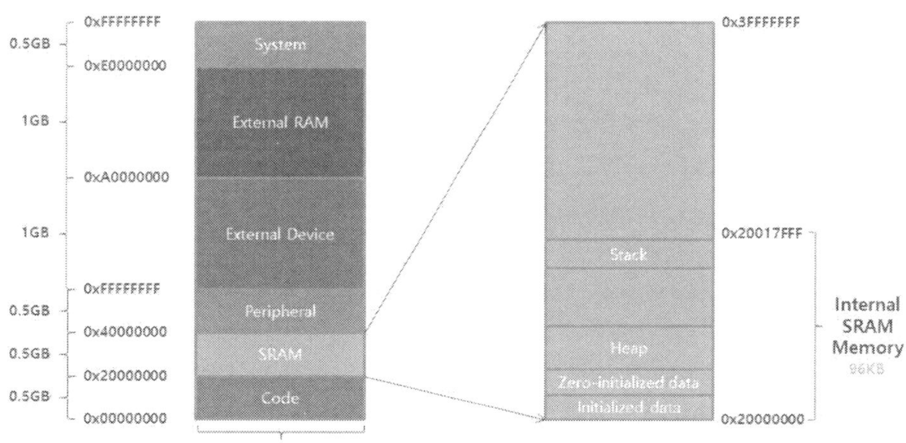

<Cortex-M 계열 data memory map>

일반적으로 cortex-M의 4GB의 memory map은 다음과 같이 구성되어 있다. 낮은 메모리 주소로부터 0.5GB 씩의 code (on-chip flash 영역), SRAM, peripheral (AHB, APB, 타이머, GPIO 관련 주변 장치 포트)와 1GB 씩의 외부 주변 장치와 외부 메모리 영

역이 있고 마지막 0.5GB에 PPB (private peripheral bus)와 vendor specific 영역이 있다. cortex-M의 동작에 필수적인 (mandatory) system control, system tick timer, NVIC (nested vector interrupt controller), processor debugging, fault 상태 및 제어에 관련된 부분이 0.1MB의 PPB에 맵핑되어 있다. vendor specific 영역에는 ARM chip 제조회사가 기호에 맞추어 사용하는 영역이다.

다음은 Cortex-M 계열의 memory map을 나타내었다

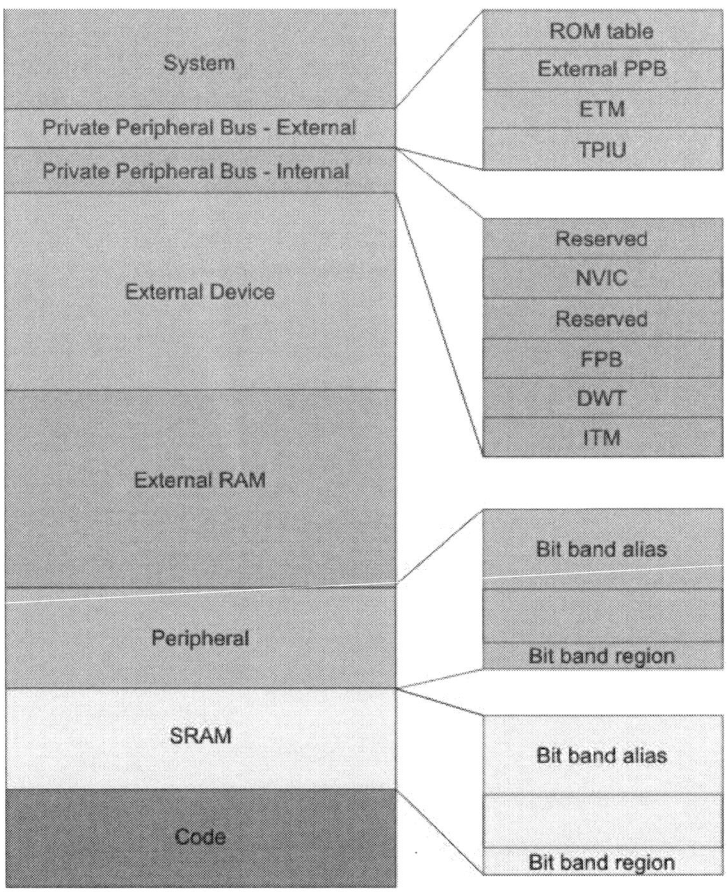

<cortex-M4 memory map>

system timer (SysTick)

Cortex-M 시리즈의 시스템 타이머 역할을 하는 블록이 SysTick이다. 내부 모양은 다음과 같다.

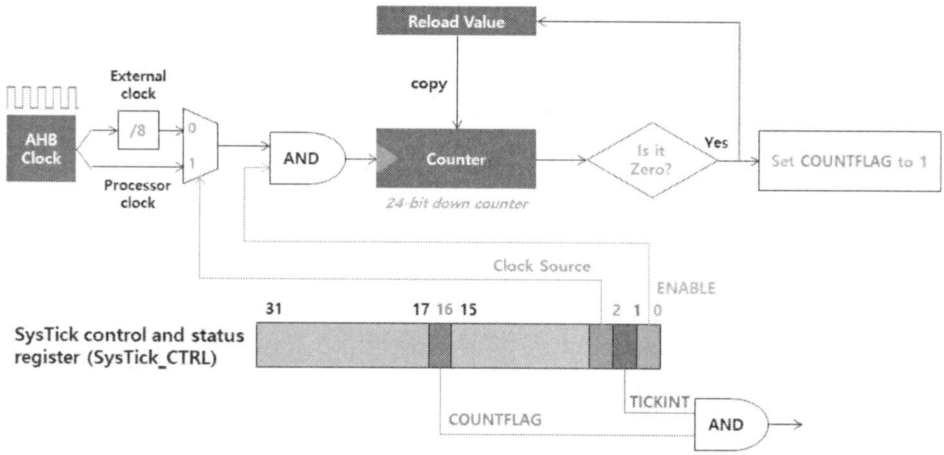

<SysTick 블록>

위 블록의 동작은 다음의 레지스터들에 의해서 제어된다.

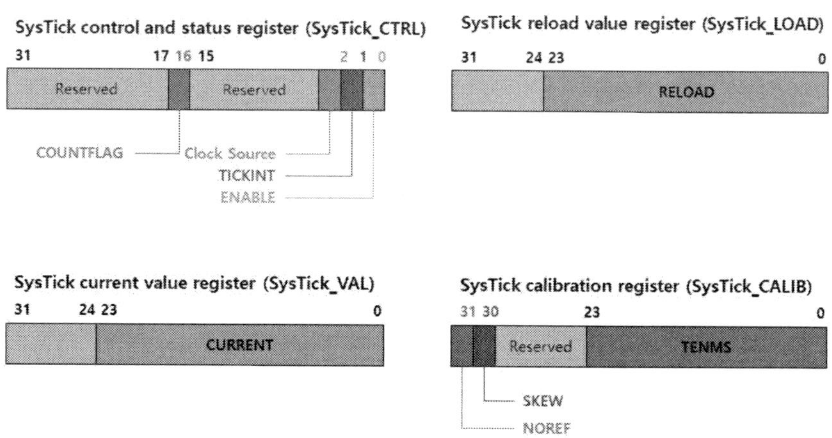

<SysTick 관련 제어 레지스터>

❖ Cortex M의 인터럽트 처리

인터럽트 번호가 9인 인터럽트 (EXTI3)를 가정한다. 이 인터럽트에 대해서 인터럽트 인에이블 레지스터의 해당 비트가 세트되어 있으므로 이 인터럽트 한 개만이 발생했을 때 pending 레지스터의 해당 비트가 세트된다. 실행 프로그램의 현재 실행되고 있는 명령이 완료되면 스택에 상태 레지스터, PC, LR, R12, R3, R2, R1, R0 순으로 자동적으로 대피시키고 pending 레지스터의 해당 비트를 리셋시키고 인터럽트 처리 루틴으로 뛰어간다. LR에는 복귀 주소가 저장된다.

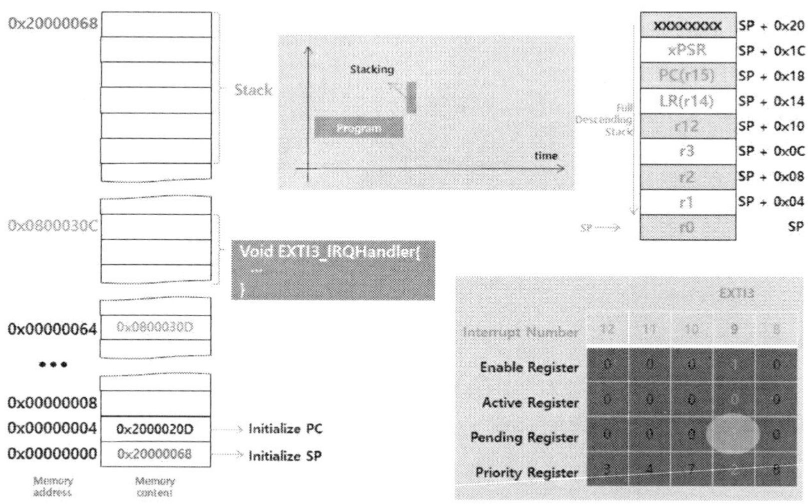

<EXTI3 인터럽트 발생 시의 프로세서 상태>

인터럽트 처리 루틴에서 실행 시 active 레지스터의 해당 비트가 세트되었다.

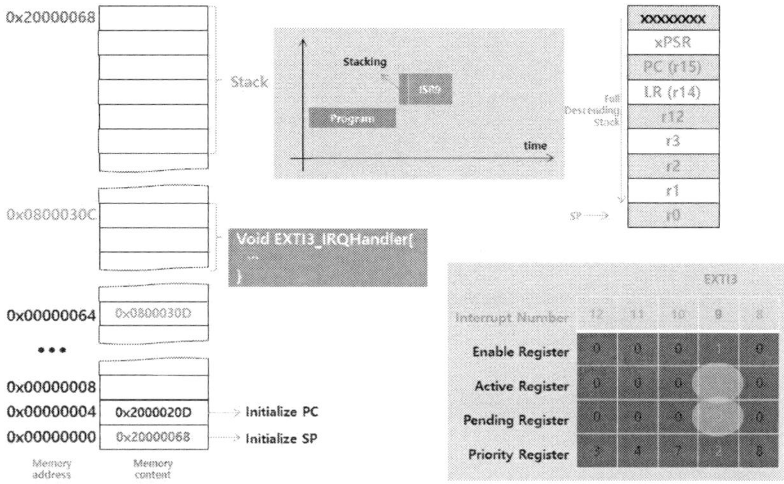

<EXTI3 인터럽트 처리시의 프로세서 상태>

인터럽트 처리 루틴의 마지막에 BX LR 명령이 실행된다. BX LR 명령어는 처리 중인 핸들러 모드에서 다시 스레드 모드로 변경하고 프로그램의 복귀 주소를 간직하고 있는 LR 번지로 뛰어간다. 이 때 active 레지스터의 해당 비트가 리셋되었다. 그리고 스택에 대피된 레지스터를 역순으로 복구한다.

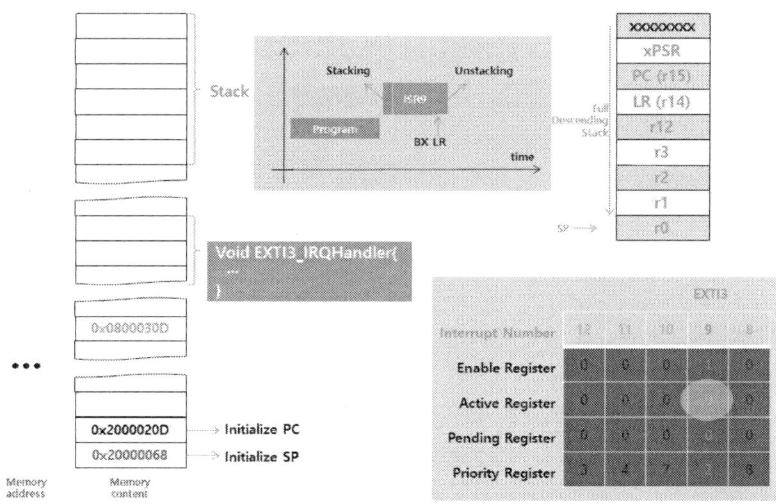

<EXTI3 인터럽트 처리의 마지막 명령어 BX LR 명령어 실행시의 프로세서 상태>

아래 그림에서 보듯이 인터럽트 처라 루틴이 끝나고 스택이 처음 상태로 되돌아가 있다. 프로그램에서 재개되고 있다.

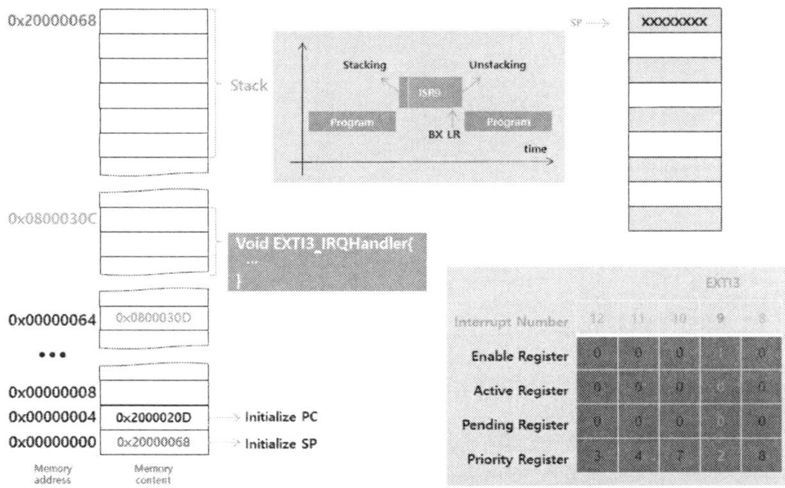

<EXTI3 인터럽트 처리가 종료 시의 프로세서 상태>

다음은 순위가 있는 중첩된 (nested) 인터럽트의 예를 설명한다. EXTI3기 걸리고 EXTI3 인터럽트 처리 루틴 실행 시에 EXTI3보다 순위가 더 높은 DMA1의 채널 2 인터럽트가 발생한 경우를 설명한다. 순위를 결정하는 방법은 각 인터럽트의 priority register내의 값에 의해서 결정된다. 값이 작을수록 순위가 높다.

먼저 인터럽트 번호가 9인 EXTI3 인터럽트가 걸려서 이 인터럽트 처리 루틴이 실행중인 상태에서 순위가 더 높은 인터럽트가 pending 되어 있음을 다음 그림에서 보였다.

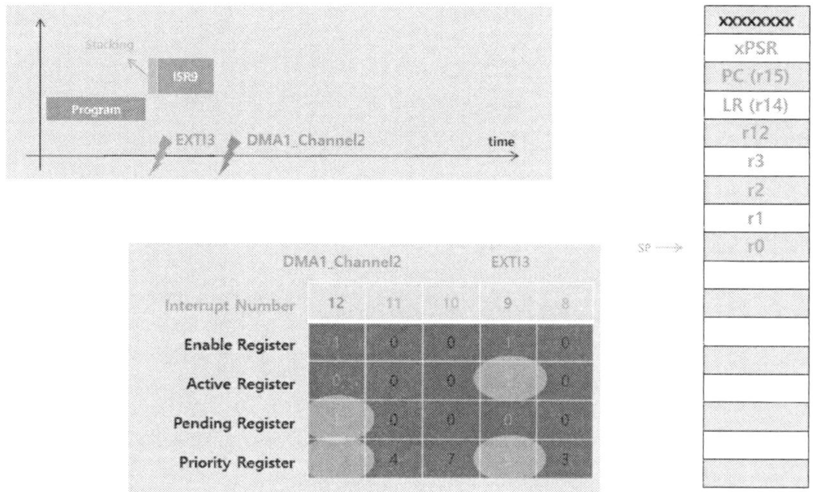

<먼저 EXTI3 인터럽트가 걸려서 이 인터럽트 처리 루틴이 실행중인 프로세서 상태>

EXTI3보다 순위가 높아 양보한 DMA1 채널2 인터럽트의 처리가 완료되면 EXTI3 인터럽트 처리 루틴이 재개되고 이것 또한 완료되면 프로그램으로 복귀한다.

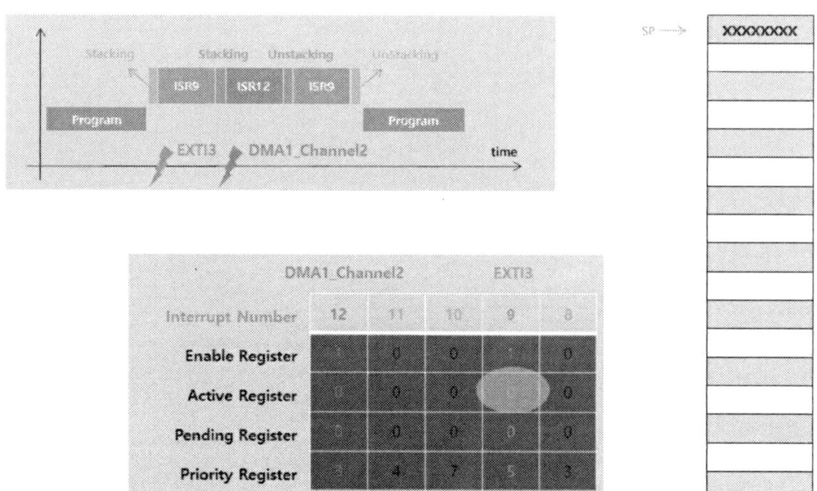

<두 인터럽트 처리가 종료 시의 프로세서 상태>

앞에서 설명한 순위가 서로 다른 인터럽트가 있을 때 높은 순위 인터럽트 처리 중에 이것보다 낮거나 같은 순위 인터럽트가 처리가 중첩될 때 context switching 시간을 줄이기 위해 cortex-M 계열에서는 tail-chaining 개념을 도입했다.

전통적인 ARM에서는 다음과 같이 실행될 것이다.

- 높은 순위 인터럽트 처리 루틴으로 뛰어가기 전에 상태 레지스터, 사용 레지스터 들을 스택에 대피한다 (push_high).
- 높은 순위 인터럽트 처리 루틴을 실행한다 (isr_high).
- 높은 순위 인터럽트 처리 루틴을 실행하기 전에 대피된 레지스터들을 복구한다 (pop_high).
- 처리 중에 발생한 낮은 순위 인터럽트 처리 루틴으로 뛰어가기 전에 상태 레지스터, 사용 레지스터 들을 스택에 대피한다 (push_low).
- 낮은 순위 인터럽트 처리 루틴을 실행한다 (isr_low).
- 낮은 순위 인터럽트 처리 루틴을 실행하기 전에 대피된 레지스터들을 복구한다 (pop_low).

사실상 위의 pop_high 처리 후에 유저 모드로 돌아왔다가 다시 push_low를 하고 예외 처리로 뛰어가는데 예외 처리가 계속된다면 위 두 처리가 사실상 필요가 없게 된다. 그래서 cortex-M 계열에서는 pop_high 처리 후에 스레드 모드로 돌아왔다가 다시 push_low를 하고 핸들러 모드로 뛰어가는데 다른 핸들러 처리가 계속된다면 위 두 처리를 생략하고 낮은 순위의 인터럽트 처리 루틴으로 뛰어 감으로써 처리 속도를 개선한 것이다.

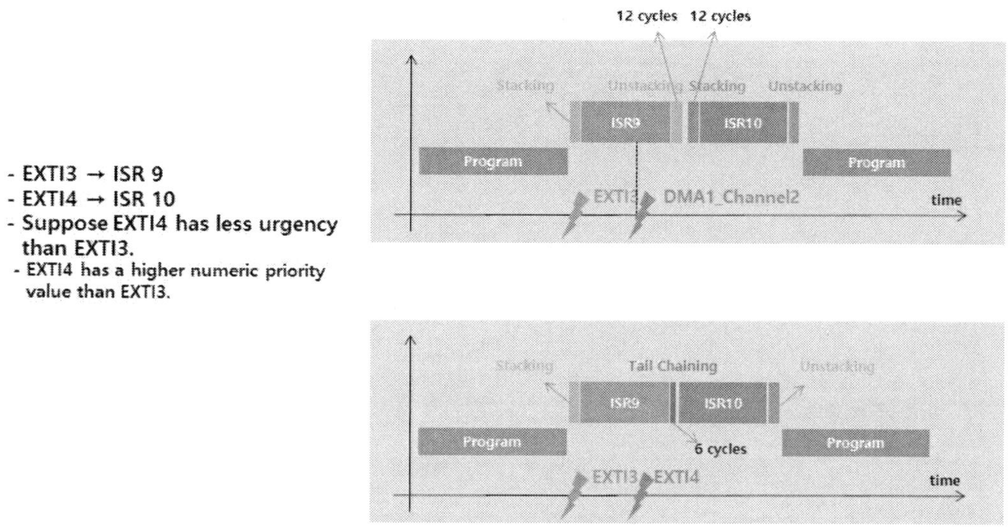

<tail-chaining>

다음은 Cortex M4의 입출력 포트를 보여준다. 여섯 개의 GPIO 포트, 네 개의 8비트 포트 (A, B, C, D), 한 개의 6비트 포트 (E), 그리고 한 개의 6비트 포트 (F)를 보여주고 있다.

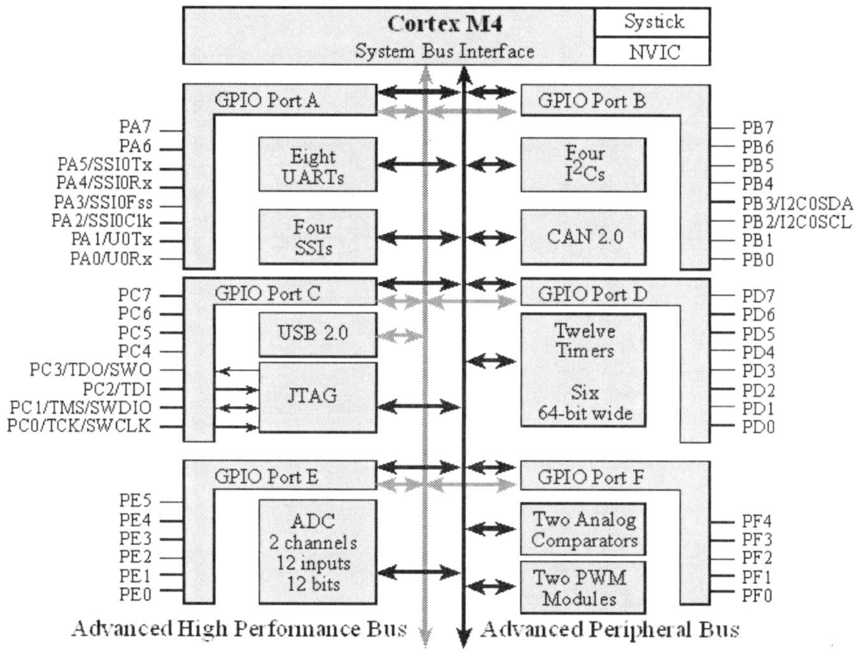

<Cortex M4의 입출력 포트>

다음은 어떻게 GPIO 포트들을 사용하는지를 보인다. 포트들의 입출력 방향은 GPIO_PORTF_DIR_R 내의 해당되는 비트에 저장된 우선순위 상태에 의해서 결정된다. 우선순위 '0'을 저장하면 입력, 우선순위 '1'을 저장하면 출력 방향이다.

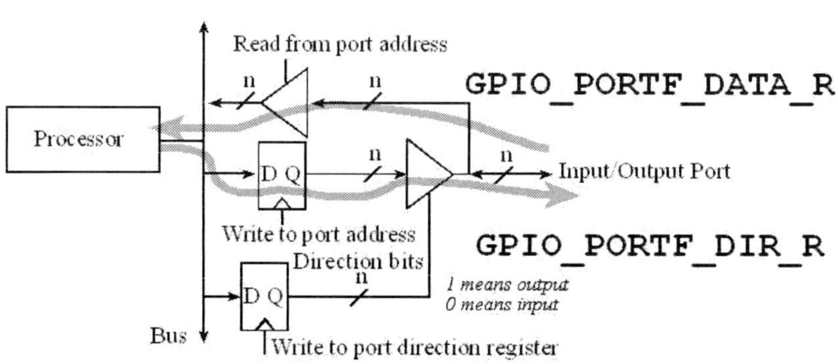

<GPIO 입출력 방향을 결정하는 제어 레지스터 GPIO_PORTF_DIR_R>

이러한 마이크로컨트롤러의 포트들을 사용하는 예를 든다. 포트 A의 첫 번째 비트에 SysTick 인터럽트 핸들러를 통하여 구형파를 발생하고 이와 별도의 메인 프로그램은 포트 B로 데이터를 읽어서 이 값을 12로 나누고 4를 더한 값을 만들어서 포트 D로 출력하는 프로그램을 작성한다고 하자.

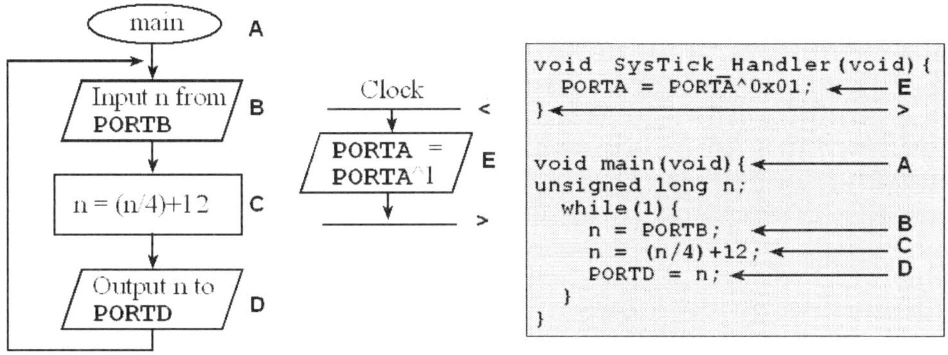

<포트를 이용하는 프로그램 예>

위 프로그램을 어셈블리 언어로도 작성할 수 있지만 거의 모든 임베디드 시스템용으로 나온 마이크로컨트롤러는 C언어를 지원한다. 대문자로 표시된 SysTick Handler, PORTA, PORTB, PORTD 등은 해더 파일에 모두 정의되어 있어서 #include 지시어로 해당 헤더를 포함시켜 사용하면 된다. 설정된 시간마다 SysTick 인터럽트가 걸리면 포트 A의 비트 0가 XOR (^)에 의해 반전된다. 메인 프로그램은 독립적으로 포트 B로부터 데이터를 읽어 가공해서 포트 D로 출력하고 있다.

❖ ARM 명령어

ARM 명령어는 다음과 같이 분류된다.

- 데이터 처리
- 한 개의 레지스터 데이터 전송

데이터 처리 명령어

```
ADD Rd, RK          ; Rd = Rd + RK RK = {Rs2, K8}
ADD Rd, Rs1, RK     ; Rd = Rs1 + RK
ADC Rd, RK          ; Rd = Rd + RK + C
ADC Rd, Rs1, RK     ; Rd = Rs1 + RK + C
SUB Rd, RK          ; Rd = Rd - RK
SUB Rd, Rs1, RK     ; Rd = Rs1 - RK
SBC Rd, RK          ; Rd = Rd - RK - C
SBC Rd, Rs1, RK     ; Rd = Rs1 - RK - C
RSC Rd, RK          ; reverse subtract with carry Rd = RK - RD - C
RSC Rd, Rs1, RK     ; Rd = RK - Rs1 - C
AND Rd, RK          ; Rd = Rd AND RK
AND Rs1, RK         ; Rd = Rs1 AND RK
ORR Rd, RK          ; Rd = Rd OR RK
ORR Rd, Rs1, RK     ; Rd = Rs1 OR RK
EOR Rd, RK          ; Rd = Rd EOR RK
EOR Rd, Rs1, RK     ; Rd = Rs1 EOR RK
BIC Rd, RK          ; bit clear Rd = Rd AND COMP(RK)
CMP Rd, RK          ; comparison based on Rd - RK
CMN Rd, RK          ; comparison based on Rd + RK
TST Rd, RK          ; test the result based on Rd AND RK
TEQ Rd, RK          ; test the result based on Rd EOR RK
MOV Rd, RK          ; Rd = RK
MVN Rd, RK          ; Rd = COMP(RK)
MOVW Rd, K16        ; Rd의 하위 16비트에 즉치 K16로 저장
MOVT Rd, K16        ; Rd의 상위 16비트에 즉치 K16로 저장
```

```
MUL Rd, Rs1, RK    ; Rd = Rs1 * RK
UDIV Rd, Rs1, RK   ; unsigned division Rd = Rs1 / RK
SDIV Rd, Rs1, RK   ; signed division Rd = Rs1 / RK
```

한 개의 레지스터 데이터 전송 명령어

```
LDR Rd, [Rs]       ; word load Rd = (Rs)
LDR Rd, [Rs, d]    ; Rd = (Rs + d) d is a pre-indexed value
LDR Rd, [Rs], d    ; Rd = (Rs) Rs = Rs + d d is a post-indexed value
STR Rs, [Rd]       ; word store (Rd) = Rs
STR Rd, [Rs, d]    ; (Rs + d) = Rs d is a pre-indexed value
STR Rd, [Rs], d    ; (Rs) = Rd Rs = Rs + d d is a post-indexed value
```

그 외 데이터 전송 크기를 수정한 이것들의 변형이 있다. LDRB와 STRB는 바이트 load/store이고 LDRH와 STRH는 하프워드 load/store이다. 그리고 LDRSB와 STRSB는 바이트로부터 부호를 연장하여 워드로 변환한 값의 load/store이고 마찬가지로 LDRSH와 STRSH는 하프워드로 부터 부호를 연장하여 워드로 변환한 값의 load/store이다.

❖ ARM 프로그래밍 예

```
; gets the input from the switches and store it into the register R0
; and then transfers it to the register R8
GET_SWITCH    proc
              push    {r0, r1, r3, r5, r6, r7, lr}
              ldr     r6, =GPIOB_IDR
              ldr     r7, =0
              ldr     r0, [r6]          ; get a bit from GPIO B port
              and     r0, #0x100        ; get its 9th bit only
              lsr     r0, #8            ; shift right the bit
                                        ; to the 1st bit position logically
              mov     r8, r0            ; store the bit into the register R8
              pop     {r0, r1, r3, r5, r6, r7, pc}
              align
              endp
```

연습 문제

1. 고전적인 ARM 코어와 Cortex-M과의 차이점은 무엇인가?

2. ARM 인터럽트 처리 과정을 설명하라.

3. STMED/LDMED: empty descending stack에 대해서 설명하라.

13

버스 (bus)

이 장에서는 다음 내용을 다룬다.

- 버스의 종류
- 중재기 (arbiter)
- 네트워크 연결 방식
- 패킷통신의 층 (layer) 구조
- LAN (local area network)

❖ 버스의 종류

버스 (bus)는 master 장치들과 slave 장치들을 연결하여 제어와 데이터 정보가 오가게 하는 연결 선들의 묶음이다. 다음은 프로세서를 I/O 버스를 통하여 주변 장치들을 연결한 것을 보여준다.

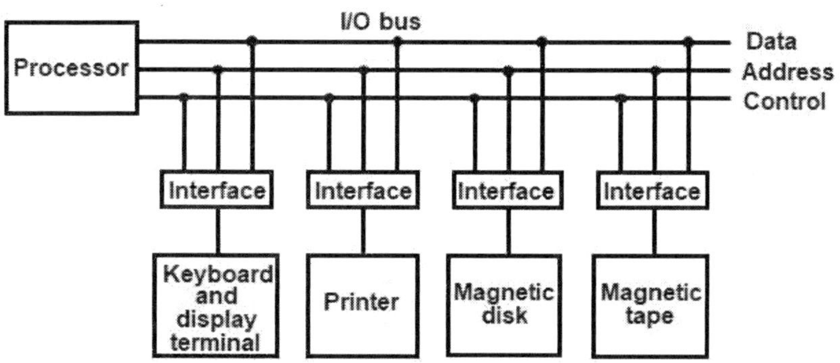

<I/O 버스>

초기의 컴퓨터 버스들은 병렬 전송을 이용하여 데이터를 한꺼번에 주고받았으나, 현재는 클록의 주파수가 올라감에 따라 직렬 전송을 이용하여 한 비트씩 전송하는 것을 더 선호한다.

버스에는 클록을 사용하여 클록에 동기를 맞추어 데이터를 전송하는 동기식 (synchronous) 전송과 클록을 사용하지 않고 신호들이 나타나는 순서에만 의존하여 데이터를 주고받는 비동기식 (asynchronous) 전송이 있다. 두 방식 모두 보통 오류 검출 기능을 갖고 있으며 오류 시 오류가 난 데이터를 재전송 한다. 그래도 비동기식 전송에서도 시스템에 따라 다르지만 한 비트, 한 바이트, 또는 한 프레임 당 한 번씩 동기를 맞추어야 한다. 이외에 최근에 개발되어 나오는 시스템에서는 동시식 (isochronous) 전송이 있다. 동시식 전송은 동기식 전송과 비동기식 전송을 결합한 것이라 볼 수 있다. 비동기식에는 데이터의 시작과 끝을 알리는 신호가 있는데 반하여 동시식은 시작만 알리는 신호가 있다. 그래서 동시식은 시작 신호 후에 대역폭을 확보해서 어떤 시간 제약 내에서 비동기식 방식과 동일하게 데이터를 전송한다. 여기서는 음성 및 영상 데이터 같은 실시간 전송이 이루어지는 것이 중요하므로 오류 검출해서 오류 여부를 상대방에게 알려줄 여유가 없으므로 오류 검출 기능이 없다.

그리고 데이터의 전송 방향에 따라 simplex, half duplex, 및 full duplex 방식이 있다. simplex 방식은 TV나 라디오 방송 같이 데이터가 한 방향으로 전송되는 것을 의미하고 duplex는 양방향으로 데이터를 전송되는 것을 의미한다. half duplex는 데이터를 주고받는 선이 하나밖에 없어 워키토키처럼 한 쪽이 데이터를 보낼 때는 상대방은 동시에 데이터를 보낼 수 없고 수신만 하여야한다. 보내는 쪽이 데이터 전송을 완료하면 상대방이 데이터를 보내는 방식이다. 그에 반해서 full duplex에서는 데이터를 주고받는 선이 분리되어 있어서 한 쪽이 데이터를 송신할 때 상대방도 데이터를 반대 방향으로 동시에 송신할 수 있다.

신호 흐름을 제어하는 프로토콜 중에 USART 통신에서 언급하겠지만 RTS/CTS (request to send/clear to send) 신호가 있다. USART 통신에서 RTS는 자신의 수신 버퍼 상태를 알려주는 신호이고 CTS는 상대의 수신 버퍼의 상태를 받는 신호이다.

RTS/CTS (request to send/clear to send)는 802.11 무선 네트워크 프로토콜에서도 선택적으로 사용할 수 있는 통신 메커니즘이다. RTS/CTS는 은닉 노드 문제 (hidden terminal problem)로 알려진 프레임 충돌을 막기 위해 사용된다. 본래 이 프로토콜은 노출 노드 문제 (exposed terminal problem) 역시 해결 하였으나 최근의 RTS/CTS는 ACKs을 포함하고 있고 노출 노드 문제 문제를 해결하지 못한다.

데이터 전송을 원하는 노드가 송신 요청 (request to send) 프레임을 보내는 것으로 프로세스가 시작된다. 송수신중인 다른 신호가 없어 전송이 가능한 무선 환경인 경우, 목적지 노드는 이 신호에 대해서 송신 확인 (clear to send) 프레임을 보내 응답하게 된다. RTS나 CTS 프레임을 받은 다른 모든 노드는 정해진 시간 동안 데이터 전송을 제한하게 된다 (은닉 노드 문제가 해결됨). 전송을 제한하게 되는 시간은 RTS와 CTS 프레임 안에 적혀있다. 이 프로토콜은 모든 노드가 같은 전송 범위를 갖는다는 것을 전제로 하고 있다.

RTS/CTS는 CSMA/CA (carrier sense multiple access/collision avoidance) 논리적 신호 탐지 (virtual carrier sensing)을 구현하기 위한 추가적이고 선택적인 방법이다. 기본적인 802.11은 물리적 신호 탐지 (physical carrier sensing)만을 사용하고 이는 은닉 노드 문제 (hidden terminal problem)을 발생시킨다.

RTS/CTS 메커니즘을 사용하는 경우 노드에 RTS/CTS 패킷 사이즈 한계값 (threshold)을 설정하게 된다. RTS/CTS 패킷 사이즈 한계값은 0-2347octets 사이의 값을 갖는다. 일반적으로 패킷 사이즈가 RTS/CTS 패킷 한계값을 넘지 않는 경우에는 RTS/CTS 프레임을 전송하지 않는다. 즉, 전송하려고 하는 패킷 사이즈가 한계값 보다 큰 경우에만 RTS/CTS 교환이 시작된다. 그 외의 경우에는 데이터 프레임이 즉시 전송된다. RTS/CTS 패킷에는 데이터 전송에 필요한 예상 시간이 적혀있고 이 시간 동안 전송에 관계되지 않은 노드는 전송을 하지않고 기다리게 된다.

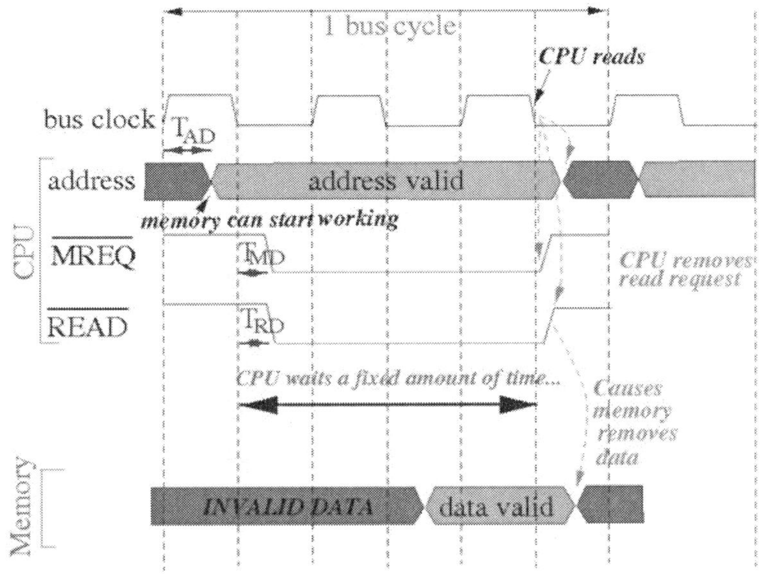

<동기식 버스>

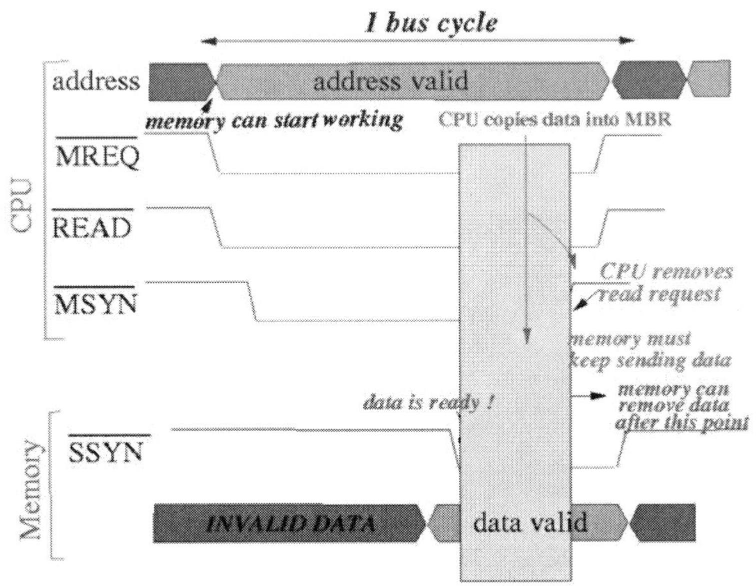

<비동기식 버스>

비동기식 전송하는 방법으로 다음과 같이 두 가지 방법이 있다.

- 스트로브 (strobe) 펄스를 사용하는 방법
- 핸드쉐이킹 (handshaking) 신호를 사용하는 방법

스트로브 (strobe) 펄스를 사용하는 방법은 송수신기 중에서 데이터를 보내야할 때 상대방에게 스트로브 펄스로 알려 주는 방법이다. 그에 반해서 핸드쉐이킹 신호를 사용하는 방법은 송수신기가 각 데이터 전송 시마다 상대방에게 데이터 보냈음을 알려주는 제어 신호를 보낸다.

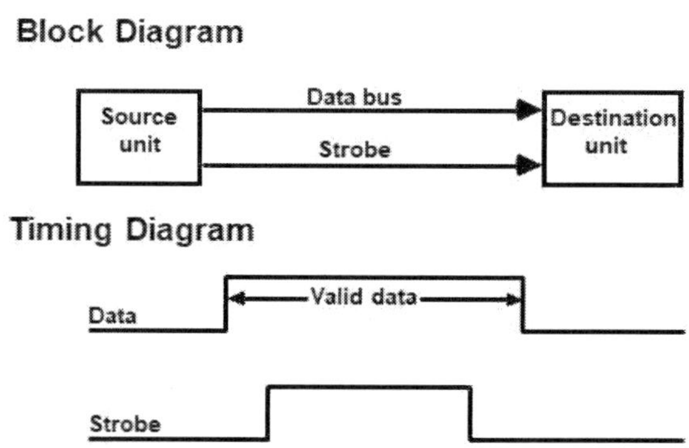

<송신기에 의해서 발생된 스트로브 펄스>

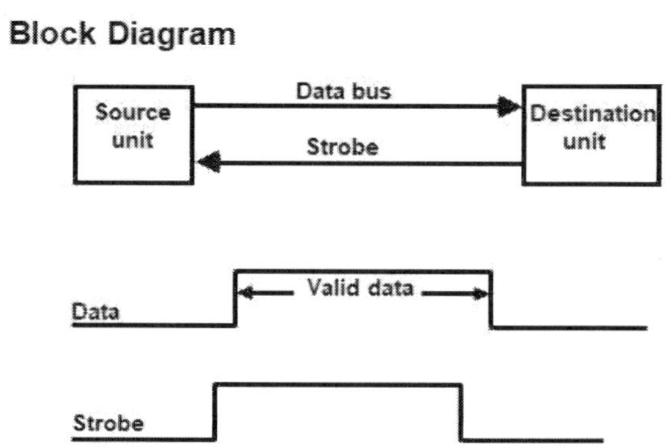

<수신기에 의해서 발생된 스트로브 펄스>

송신기가 데이터를 보낼 때 스트로브 펄스를 보냈을 때는 수신기가 데이터를 잘 받았는지 확인할 방법이 없고 수신기가 스트로브 펄스를 보냈을 때는 송신기가 데이터를 보냈는지 확인할 방법이 없다. 이 문제를 해결하기 위해서 핸드쉐이킹 (handshaking) 신호 방식을 사용한다. 전송을 시작한 송수신기에 다른 하나의 응답 신호를 제공하는 것이다.

송신기에 의해서 시작된 핸드쉐이킹 신호 방식에서는 송신기가 데이터를 데이터 버스에 실고 데이터의 존재를 Data valid 신호로 수신기에 알려준다. 수신기는 데이터를 수신하고 수신했음을 Data accepted 신호를 이용해 송신기에 알려준다. 그러면 송신기는 Data valid 신호를 디스에이블 시키고 데이터 버스상의 데이터를 무효화시킨다. 마지막으로 수신기는 Data accepted 신호를 디스에이블 시키고 다음 데이터를 받을 준비가 된 초기 상태로 보낸다. 송신기에 의해서 시작된 핸드쉐이킹 신호 방식에서는 전송 속도는 늦은 장치에 의해서 결정된다.

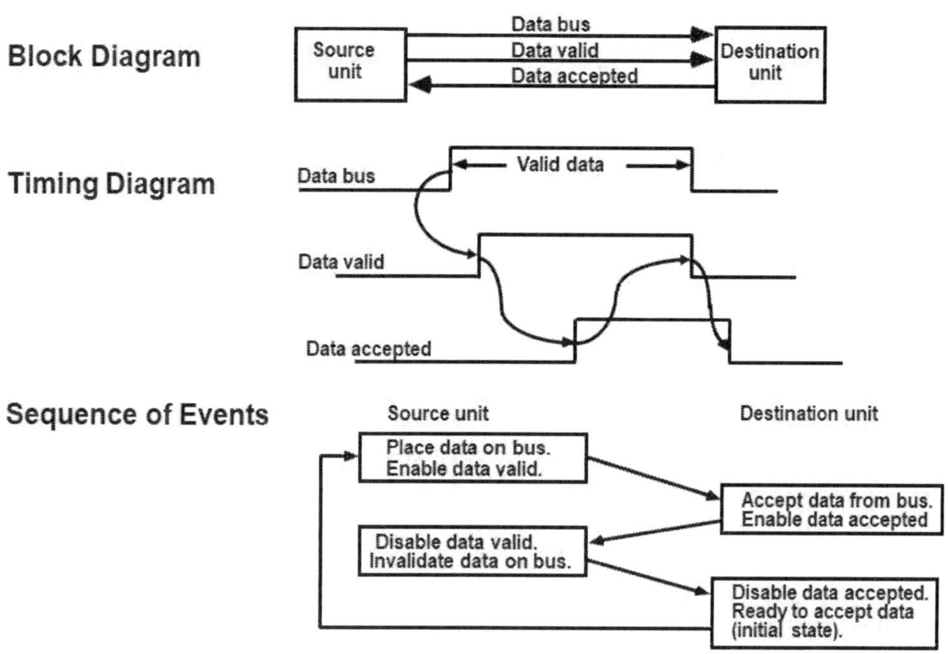

<송신기에 의해서 시작된 핸드쉐이킹 신호>

수신기에 의해서 시작된 핸드쉐이킹 방식에서는 수신기가 먼저 Ready for data 신호를 이용하여 데이터를 받을 준비가 되었음을 송신기에게 알린다. 송신기는 보낼 데이터를 데이터 버스에 싣고 Data valid 신호를 통해서 수신기에게 데이터 존재를 알린다. 수신기는 데이터를 받으며 데이터 받을 준비가 되지 않았다는 신호로 Ready for data 신호를 디스에이블 시킨다. 마지막으로 송신기는 Data valid 신호를 디스에이블 시키고 보낸 데이터를 무효화 시킨다. 수신기에 의해서 시작된 핸드쉐이킹 신호 방식에서는 타임아웃(timeout) 메카니즘을 이용하여 전송 오류를 검출할 수 있다.

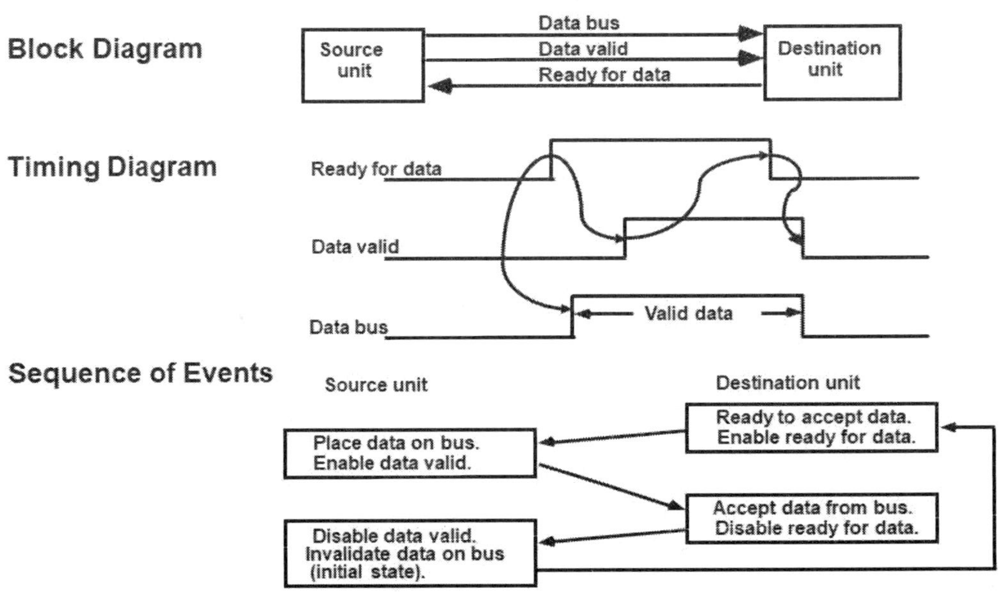

<수신기에 의해서 시작된 핸드쉐이킹 신호>

버스를 구성할 때 한 개의 버스에다 모든 장치를 연결하는 단일 버스와 빠른 장치와 느린 장치를 구분하여 각각 버스를 운영하는 다중 버스가 있다. 그러면 수신기는 데이터를 받았음을 응답하는 다른 제어 신호를 보낸다.

단일 버스의 경우 구성비용은 저렴하나 어떤 장치가 속도가 빠르더라도 버스 상에 같이 존재하는 상대적으로 느린 장치가 있으면 느린 장치의 속도에 따라 동작하는 문제점이 있다 (병목 현상).

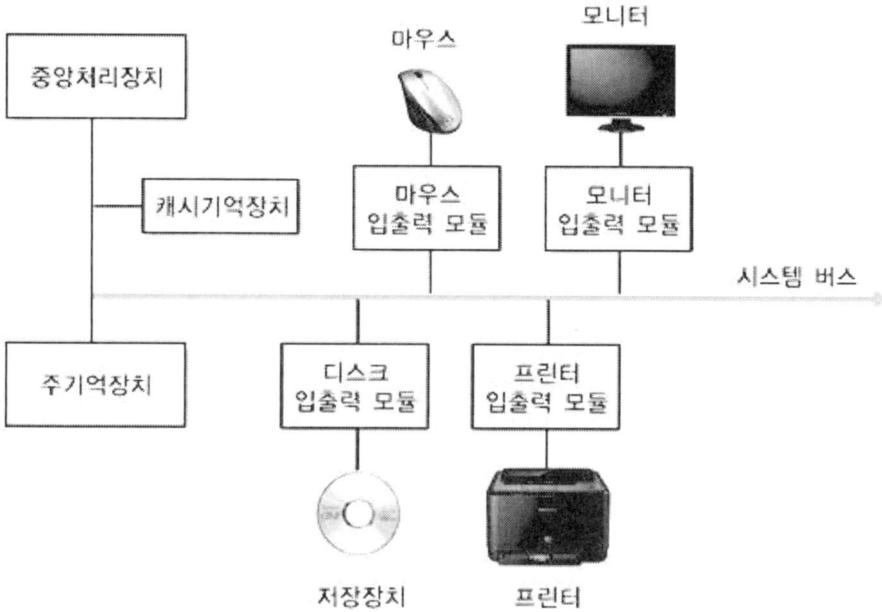

<단일버스>

그래서 위의 병목 현상 (bottleneck)을 해결하기 위해 다중 버스를 사용한다. IBM PC의 경우 삼층 (three-layer) 다중 버스를 사용한다.

CPU와 메모리 간에 메모리 버스라고 표시된 속도가 빠른 시스템 버스가 있고 여기에 브리지 (bridge)를 통해 상대적으로 속도가 빠른 장치들은 PCI (peripheral component interconnect) 버스에 연결하고 있다. 그리고 PCI 버스에 또 다른 브리지를 통해 속도가 느린 장치들은 IBM 확장 버스라고 알려져 있는 ISA (industry standard architecture) 버스에 연결되어 있다. 여기서 브리지는 속도가 다른 장치들 간에 버퍼 역할을 하는 것으로 연결된 자신의 버스에는 하나의 장치로서 역할을 하고 아래 층 버스에 연결된 장치들에게는 마스터의 역할을 병행한다.

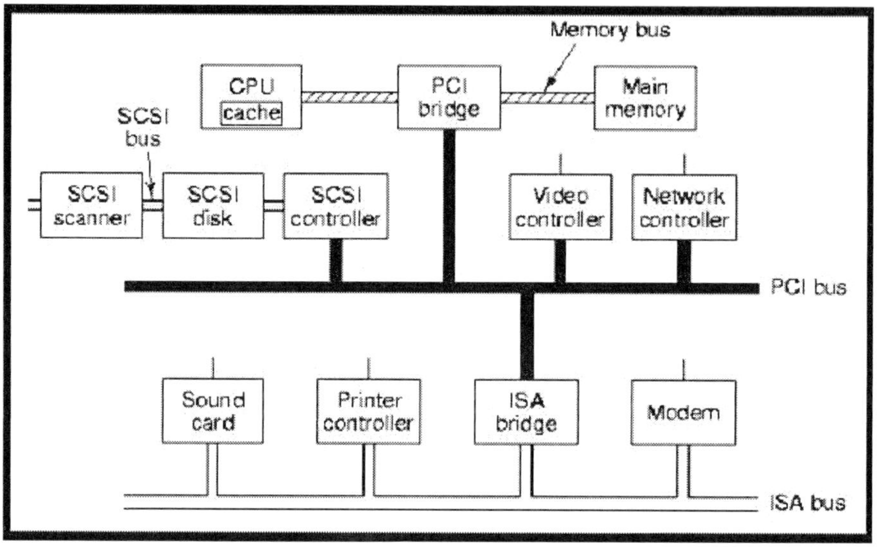

<IBM PC 버스 다층 구조>

ARM 코어에서 사용하는 on-chip 버스로 1995년에 공개된 오픈 표준 버스인 AMBA (advanced micro-controller bus architecture)가 있다. 여기에는 ASB (advanced system bus), AHB (advanced high-performance bus), AXI (advanced extensible interface), 및 APB (advanced peripheral bus)를 포함한다. 여기서 APB는 속도가 느린 입출력 장치에서 사용하는 버스이다. AMBA 버스는 다음의 특징을 갖는다.

- 32비트, 64비트, 및 128비트 데이터 전송이 가능하다.
- 32비트 주소 버스를 가진다.
- 동기식이고 다중화 되지 않은 버스이다.

중재자 (arbiter)에 의해서 한 번에 하나의 마스터가 데이터의 읽고 쓰는 것이 가능하다. 슬레이브는 주어진 주소 범위 내에서 읽고 쓰는 동작을 수행한다. 데이터 전송에 대해서 성공, 실패, 대기 상태에 대한 정보를 마스터에 보고한다.

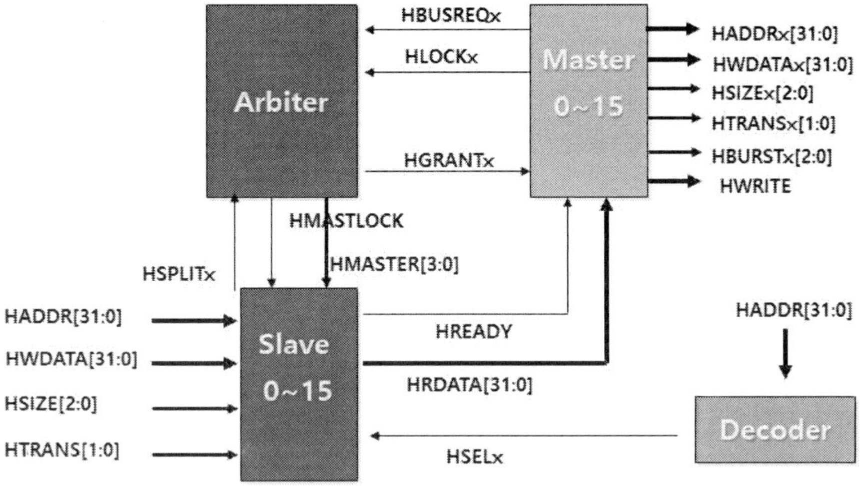

<AMMA 버스>

데이터 전송 순서

마스터가 데이터를 쓰는 순서는 다음과 같다.

- 마스터는 중재자에게 버스 사용 요구를 HBUSREQ 신호로 보낸다.
- 중재자는 버스를 사용할 수 있으면 HGRANT로 허가를 한다. 동시에 마스터들이 서로 사용한다고 하면 순위가 높은 마스터에게 허가된다.
- 마스터는 중재자에게 HLOCKx 신호를 보내면 사용한다.
- 허가를 얻은 마스터는 접근하고자 하는 슬레이브의 주소에 HADDR을 보낸다.
- 그러면 디코더가 주소를 디코딩해서 HSELx 신호를 해당 슬레이브에 보내어 해당 슬레이브를 활성화시킨다.
- 그런 다음에 읽을 때는 HWRITE 신호를 우선순위 1로 슬레이브에 보낸다 (우선순위 0이면 읽겠다는 의미이다).
- 슬레이브는 HREADY 신호를 이용해서 준비되었다고 알려준다.
- 슬레이브는 HWDATA 선에다가 데이터를 보낸다.

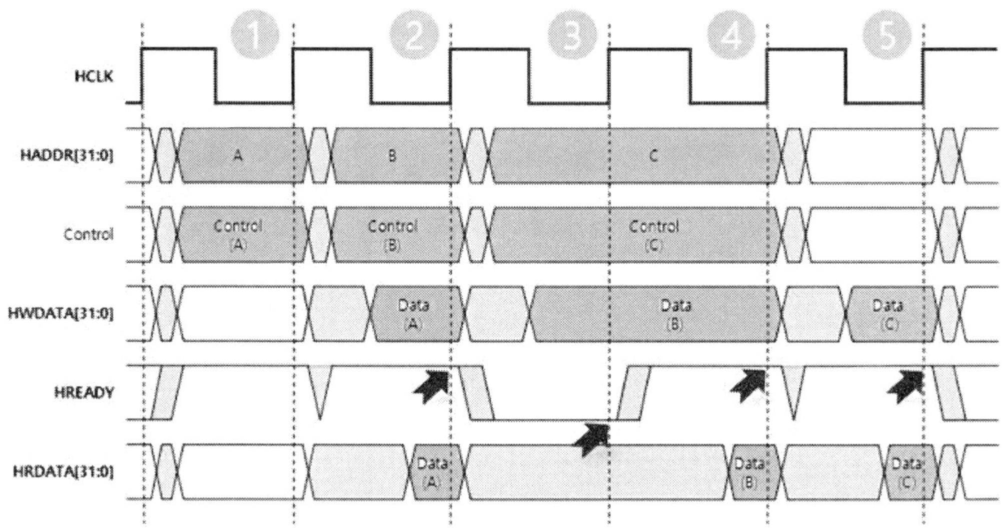

<AMBA 버스 타이밍도>

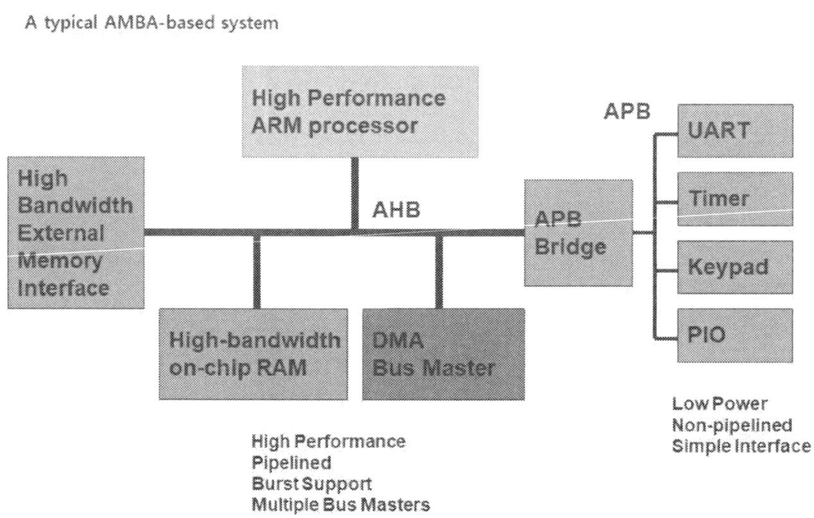

<AMBA 버스>

ASB

가장 먼저 발표된 AMBA 버스이다.

- 주소, 제어, 데이터 선들이 모두 독립적이다.
- 주소와 데이터를 번갈아 가며 보내는 양방향 버스이다.
- multi-master bus이다.
- 버스트 모드 지원 안된다.

AHB

ASB의 특징 외에 다음의 더 우수한 특징을 추가로 갖는다.

- pipelined 동작,
- high-performance 버스이다.
- 한 사이클 마스터 양도.
- 주소, 제어, 데이터 선들이 다중화 되어 있다.
- 4-beat, 8-beat, 및 16-beat 버스트 (burst) 전송이 가능하다.
- split transaction이 가능하다.
- non-tristate 버스 구현.

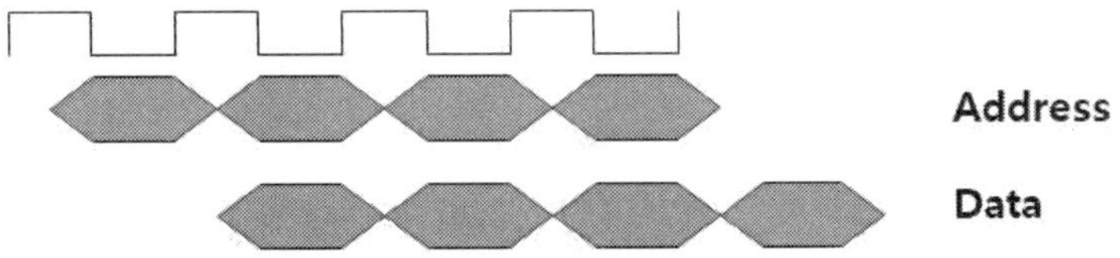

<AHB 버스의 pipelined operation>

APB

속도가 느린 주변 장치를 연결하기 위해 사용하는 버스이다. 다음과 같은 특징을 갖는다.

- latched address & control signals
- tri-state data bus
- burst mode는 지원되지 않는다.

AXI

AXI 버스는 Xilinx 사의 Zynq 장치들에서 널리 사용되고 있다. 전송하기 전에 핸드쉐이크하는 절차를 먼저 통신해서 설정한다. 대표적인 특징은 다음과 같다.

- 마스터나 슬레이브가 정보 전송 전에 준비 (ready) 및 유효 (valid) 신호들을 통해 손을 내민다.
- 제어나 주소 정보 전송 단계 (phase)와 별도로 데이터 전송 단계가 존재한다.
- 제어나 주소 정보 전송 채널과 별도로 데이터 전송 채널이 존재한다.
- 버스트 (burst) 데이터에 대해서 계속적인 전송을 허용한다.

❖ 중재기 (arbiter)

그리고 버스에 여러 개의 마스터가 있을 때 이들을 중재해주는 중재기 (arbiter)가 필요하다. 중재기로 다음과 같은 방식이 있다.

- polling 중재기
- daisy-chain 중재기
- 중앙집중된 (centralized) 중재기 또는 독립적 (independent) 버스 요구 및 허가

polling 중재기

버스에 2n개의 마스터가 있을 때 마스터들이 공통의 버스를 사용하기 위해 경쟁을 하게 된다. polling 중재기에서는 이들 장치들을 해독하기 위해 중재기로부터 나오는 n개의 폴링 선이 필요하다. 그리고 마스터가 버스 사용을 요구하는 버스 요구선인 BREQ와 버스가 사용되고 있음을 알리는 BBUSY 신호는 daisy-chain으로 연결되어 있다. 버스를 사용하기를 원하는 마스터는 BBUSY가 비활성화되어 있으면 현재 버스가 사용되고 있지 않다는 것을 알고서 버스 요구선 BREQ을 통해 버스 사용을 요구한다. 중재기는 n개의 폴링선을 통해 값을 0에서 2n까지 바꾸며 내보내면 이 값에 일치하는 장치가 BBUSY 신호를 활성화하며 버스를 사용하게 된다.

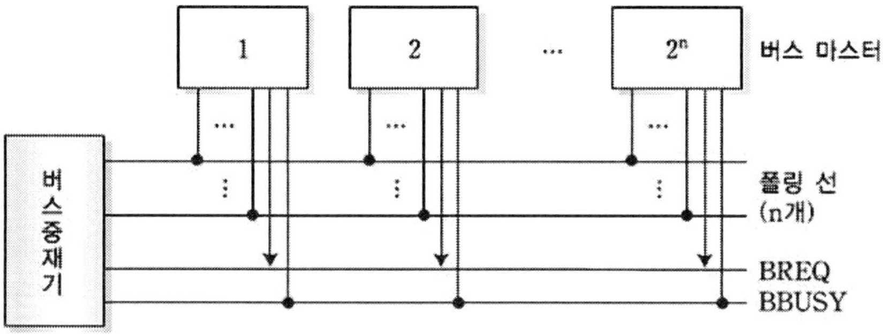

<polling 중재기>

daisy-chain 중재기

daisy-chain 중재기에서는 버스 허가 신호가 데이지 체인으로 연결되어 있다. 즉 중재기로 부터의 허가 신호 BGNT (bus grant)가 순위가 가장 높은 마스터의 BGNT 입력 신호에 연결되어 있고 가장 우선순위가 높은 마스터의 BGNT 출력은 다시 다음 순위의 마스터의 BGNT 입력에 연결하는 식으로 cascade로 연결시켜 놓았다. 버스를 사용하기를 원하는 마스터는 BBUSY가 비활성화되어 있으면 현재 버스가 사용되고 있지 않다는 것을 알고서 버스 요구선 BREQ을 통해 버스 사용을 요구한다. 중재기가 BGNT을 통해 버스 사용 허가 신호를 보내면 버스 사용 요구를 한 마스터가 그 마스터의 BGNT 출력을 비활성화시켜 자신 보다 낮은 마스터가 버스 상용을 못하게 막으면서 BBUSY을 활성화하여 버스가 사용 중임을 알린다.

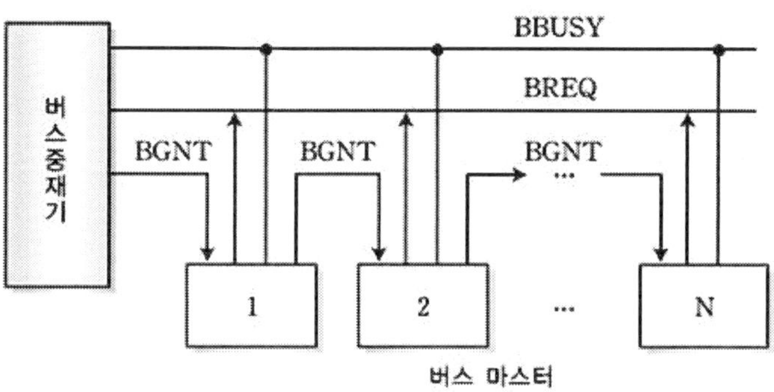

<데이지 체인 중재기>

중앙집중된 (centralized) 중재기 또는 독립적 (independent) 버스 요구 및 허가

중앙집중된 (centralized) 중재기에서는 버스 중재기가 버스 요구들을 받아서 순위 (priority)에 따라 버스 사용을 허가 하는 방식이다.

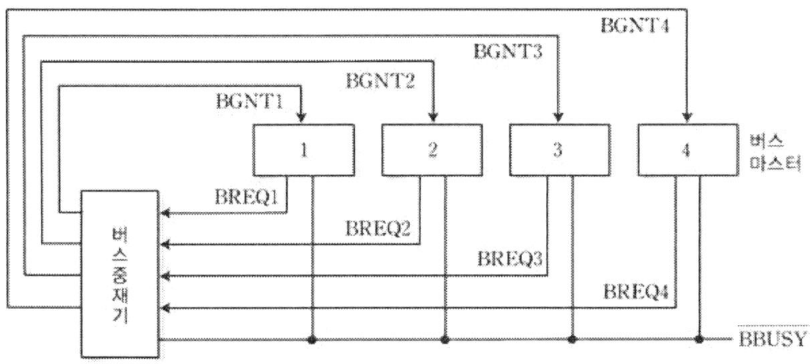

<중앙집중된 중재기>

❖ 네트워크 연결방식

네트워크에서 연결 지향 (connection-oriented) 서비스를 가상 회로 (virtual circuit) 연결이라 한다. 그에 반해서 무연결 (connection-less) 서비스를 데이터그램 (datagram) 네트워크라고 한다. 보통 패킷 통신은 패킷들이 같은 경로를 밟지 않기 때문에 데이터그램 네트워크이다.

가상 회로

- 연결 지향이라는 의미는 데이터 전송을 위한 자원을 사전에 예약한 연결이라는 것이다.
- 첫 번째 패킷이 먼저 연결을 확보하고 다음 패킷들이 그 경로를 따라서 전송한다.
- 첫 번째 패킷은 글로벌 헤더가 필요하고 뒤따르는 패킷은 글로벌 헤더가 필요없다.
- 확보된 경로로 전송되므로 목적지에 패킷이 보낸 순서대로 도착한다.
- 아주 신뢰도가 높은 전송 방식이다.
- 새로운 연결을 설정할 때마다 라우터가 자원 예약과 추가적인 정보를 처리해야 하므로 가상 회로를 구현하는 비용이 비싸다.

데이터그램 네트워크

- 무연결 서비스이므로 전용 경로를 위한 자원 예약 필요가 없다.
- 모든 패킷이 라우터의 라우팅 표에 의해서 어떠한 경로로도 갈 수 있다.
- 패킷이 어떠한 경로를 밟을지 모르니 패킷 내에 보낸 쪽 정보와 위 층 데이터에 대한 정보를 간직해야 된다.
- 목적지에 패킷이 순서대로 도달하지 않을 수 있으므로 새로 정렬하는 것이 필요하다.
- 가상 회로만큼 신뢰도가 높지 않다.
- 새로운 연결을 설정할 때마다 라우터가 자원 예약과 추가적인 정보를 처리해야 할 필요가 없으므로 라우터 구현이 쉽고 가격이 싸다.

❖ 패킷통신의 층 (layer) 구조

보통 직렬 통신 버스 구조에서는 구현의 편이를 위하여 ISO (international standards organization)은 OSI (open systems interconnection) 7층 모델로 나누어져 있다. 데이터는 각 층에서 PDU (protocol data unit)라는 장치 안에 포함된다.

<PDU와 OSI 모델>

		PDU name
7	application	data
6	presentation	data
5	session	data
4	transport	segment
3	network	packet
2	data link	frame
1	physical	bits

그렇지만 임베디드 시스템에서 사용되고 있는 대부분의 버스들은 아래 2~3층 정도까지 국제적 표준으로 구현되어 있다. 아래쪽 세 층으로 물리적 (physical) 층, 데이터 링크 (data link) 층, 트랜잭션 (transaction) 층이 있다.

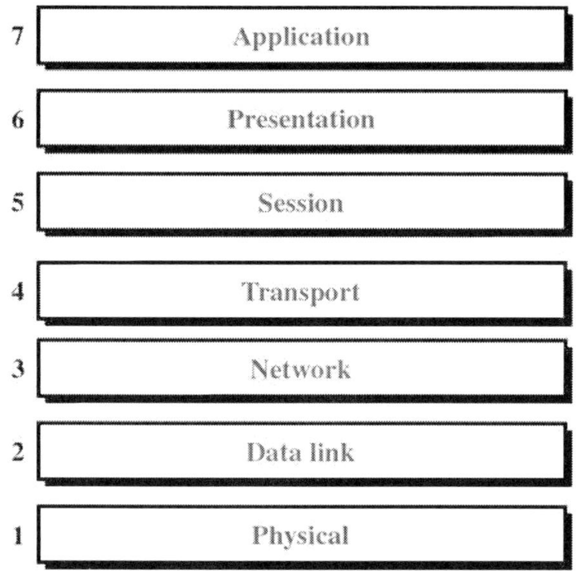

<패킷통신의 층 (layer) 구조>

물리적 층

물리적 층은 물리적 매개체 (medium)과 인터페이스를 정의한다. 비트들을 어떻게 나타내고 전송 속도와 비트 동기를 제어한다. simplex, half duplex, 및 full duplex 같은 전송 모드를 제어한다. 이 층에서는 다음 사항들을 정의한다.

- electrical signalling
- mechanical connectors and cabling
- arbitration mechanism
- serial coding and decoding of data
- transfer speed detection
- transmission mode

데이터 링크 층

링크가 살아있도록 하고 위층들과의 연결을 제공한다. 물리적 (physical 또는 flat) 주소에 바탕을 두고 있으며 물리적 주소는 고정되어 있어 노드가 옮겨지더라도 물리적 주소는 바뀌지 않는다. 매개체 접근 제어를 담당한다. 프레임 수준에서 흐름 제어와 오류 검출과 정정이 제공된다. 이 층에서는 다음 사항들을 정의한다.

- extract and put packets
- error detection and correction
- retransmission
- provision for cycle control for isochronous channel
- initialization and arbitration

네트워크 층

패킷의 end-to-end 배달을 담당한다. routing에 의해서 논리적 경로를 결정하고 생성한다. 하드웨어와 무관하게하기 위하여 아래층들을 가린다. 논리적 계층적 주소를 사용한다. 노드가 새로운 서브 넷으로 옮겨졌을 때 주소가 바뀐다.

트랜스포트 층

포트 (port) 라는 서비스 점 주소 (service point address: SPA)는 동일 시스템들 간의 여러 세션들을 추적하는데 사용된다. SPA는 노드가 한 개 이상의 서비스를 제공하는데 사용된다. 순서 번호를 이용하여 세그먼트들을 데이터로 재조립한다.

연결이 없거나 연결지향 세션을 제공한다. 연결이 없는 세션에서는 오류 제어는 위층에 의존한다. 그래서 이러한 연결이 없는 세션은 신뢰도는 떨어지더라도 더 빠른 링크에서 사용된다.

연결지향 세션은 송신자가 연결을 요청하고 수신자가 연결을 허가하며 수신이 허가되기 전에 얼마큼 데이터를 주고받을지 협상이 이루어진다. 오류 정정에는 허가와 재전송이 사용된다.

세션 층

응용들 간의 세션을 만들고, 유지하며, 종료시키는 층이므로 대화 제어기 (dialog controller)라고 한다. 응용들 간의 허가에 대한 checkpoint (fault tolerance)를 제공한다. 여러 연결들을 한 개의 가상 연결로 처리되므로 한 개라도 끝나거나 실패하면 모든 세션이 종료된다. 응용들 간의 대화를 추적한다. 응용 데이터인지 세션 제어 데이터인지 분간한다. naming 서비스에 대한 번역 기능을 제공한다.

프레젠테이션 층

이층에서는 데이터 포맷을 맞추고, 번역하고, 암호화하며, 압축한다.

응용 층

응용에 통신 서비스를 제공한다.

이에 반하여 TCP/IP (transmission control protocol/internet protocol) 모델에서는 아래 표처럼 나눈다.

<TCP/IP 모델>

<table>
<tr><th>OSI model</th><th>TCP/IP model</th><th colspan="6">TCP/IP Protocol Suite</th></tr>
<tr><td>application</td><td rowspan="3">application</td><td rowspan="3">telnet</td><td rowspan="3">FTP</td><td rowspan="3">SMTP</td><td rowspan="3">DNS</td><td rowspan="3">RTP</td><td rowspan="3">SNMP</td></tr>
<tr><td>presentation</td></tr>
<tr><td>session</td></tr>
<tr><td>transport</td><td>transport</td><td colspan="3">TCP</td><td colspan="3">UDP</td></tr>
<tr><td>network</td><td>internet</td><td colspan="6">IP</td></tr>
<tr><td>data-link</td><td rowspan="2">network interface</td><td rowspan="2" colspan="6">ethernet, token ring, frame relay, ATM</td></tr>
<tr><td>physical</td></tr>
</table>

❖ LAN (local area network)

IEEE에서 LAN (local area network)에 대한 표준을 제정하고 있는데 이것에 대한 데이터 링크와 물리 층에 대한 표준을 IEEE 802로 명명하고 있다. IEEE 802.1 하에 IEEE 802.2이 LLC (logical link control)을 제정한다. IEEE 802.3이 CSMA/CD (carrier sense multiple access/collision detection)을, IEEE 802.4가 token bus을, IEEE 802.5가 token ring을 제정하고 있다.

LAN은 다음 특징을 갖는다.

- 5km 이내 작은 지역에서 사용
- 높은 신뢰성
- 10 Mbps ~ 10G bps의 높은 전송률
- 개인 소유의 네트워크

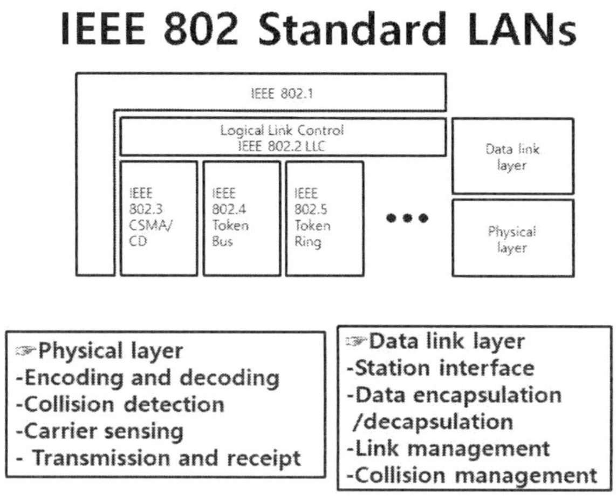

<IEEE 802 표준>

네트워크 토폴로지는 버스, star, 및 ring 구조가 있다.
multiple access protocol로는 다음과 같이 분류된다.

- random access
  - MA
  - CSMA/CD
  - CSMA/CA
- controlled access
  - reservation
  - polling
  - token passing
- channelization
  - FDMA
  - TDMA
  - CDMA

IEEE 802.3

Manchester 부호화를 사용하며 DPSK (differential phase-shift keying)로 변조한다. 10 Mbps의 속도를 지원하는 10 Base의 전송 거리와 매체 (media)에 따른 종류로는 다음들이 있다.

<IEEE 802.3의 종류>

	전송 매체	전송 거리	topology	용도
10Base5	thick wire coaxial	500m	버스	backbone network
10Base2	thin wire coaxial	185m	버스	office/department network
10BaseT	UTP	100m	star	hub
10BaseF	fiber optic	2km	star	hub

ethernet

세계적으로 널리 사용되고 있는 인터넷의 데이터 링크와 물리 층의 표준이 ethernet이다. ethernet의 데이터 프레임을 아래에 보였다.

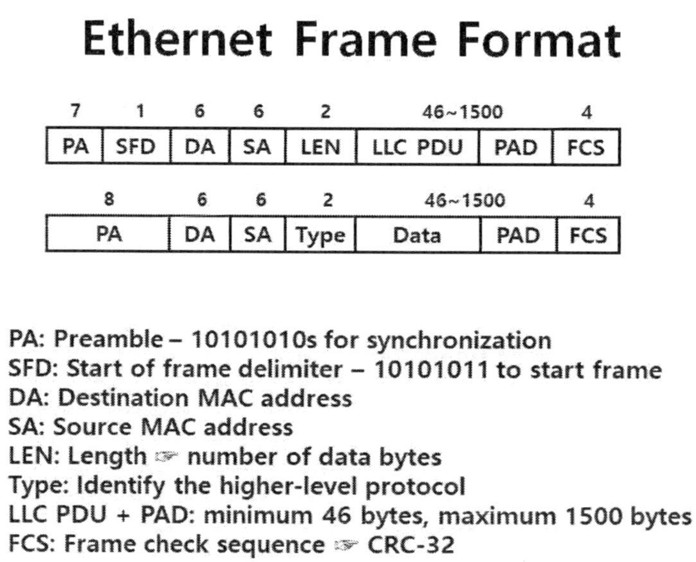

<ethernet 프레임>

전송 속도에 따른 분류

- standard ethernet: 10 Mbps
- fast ethernet: 100 Mbps
- giga bit ethernet: 1 Gbps
- ten giga bit ethernet: 10 Gbps

그리고 ethernet MAC (medium access control) 주소 포맷을 아래에 보였다 총 48 비트로 구성되어 있다. 8바이트의 주소로 이루어져 있는데 모든 비트가 1이면 broadcast 주소이고 MSB 바이트의 8번째 비트만 1이면 multicast 주소이다.

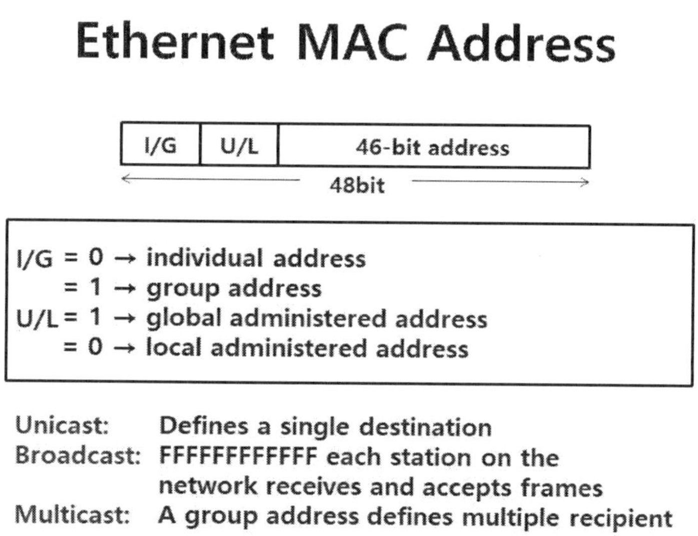

<ethernet MAC 주소>

IP 버전 4 (IPv4) 주소는 시스템에서 네트워크 인터페이스를 고유하게 식별하는 32비트 번호이다. 203.246.1.4처럼 8비트로 이루어진 네 개의 부호 없는 십진수를 마침표로 구분하여 표시한다. 이것을 네트워크 부분과 호스트 부분으로 나눌 수가 있다. 첫 번째 십진수가 네트워크 부분일 때는 class A, 두 번째 십진수 부분까지 네트워크 부분일 때는 class B, 그리고 세 번째 자리까지 네트워크 부분일 때는 class C라고 한다.

연습 문제

1. handshaking 방식과 strobe 방식의 차이를 설명하라.

2. 중재기의 종류에 대해서 설명하라.

3. 데이터그램 네트워크란 무엇인가?

4. data link의 역할은 무엇인가?

5. LAN의 버스 연결 방식에 대해서 설명하라.

6. MAC 주소에 대해서 설명하라.

14

USART (universal synchronous/asynchronous receiver and transmitter)

이 장에서는 다음 내용을 공부한다.

USART의 특징
USART의 흐름 제어 (flow control) 포맷
CAN 통신

❖ USART의 특징

USART 통신은 동기식과 비동기식 통신 모드를 지원하는 표준이다. 39.2kbps 속도까지 지원한다.

- 5 ~ 9비트 full duplex 동기식 및 비동기식 통신이다.
- 1:1 통신 (point-to-point)만 가능하다.
- RTS (request-to-send)와 CTS (clear-to-send)를 통한 하드웨어 handshaking이 가능하다.
- modem 신호방식 관리가 가능하다.

비동기식 수신 모드의 파형을 살펴보면 다음과 같다. 데이터를 보내지 않을 때는 우선순위 1의 상태를 유지한다. 송신단이 데이터를 보낼 때에는 먼저 한 개의 우선순위 0상태의 시작 비트를 보내 수신단에 데이터 전송의 시작을 알린다. LSB 부터 MSB 비트 순으로 데이터를 보내고 패리티 비트를 사용할 것 같으면 덧붙여서 보낸다. 그리고 데이터 전송의 마지막을 알리는 종료 비트를 보낸다. 전송 속도가 저속일 때는 두 비트의 종료 비트를 보내나 요즘과 같이 고속 전송을 할 때는 보통 한 비트의 종료 비트를 사용한다.

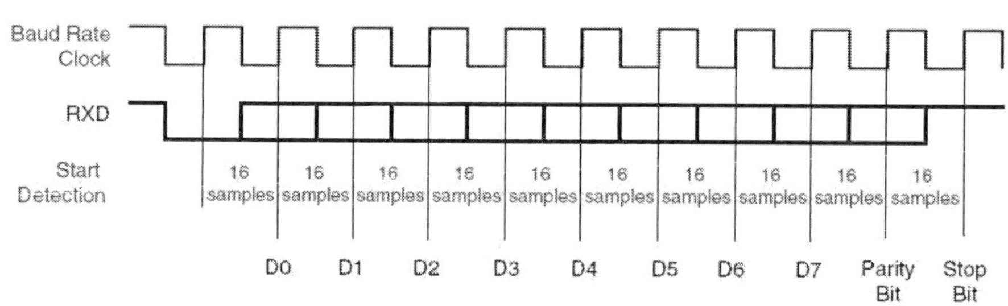

<비동기식 모드의 파형>

❖ USART의 흐름 제어 (flow control)

USART 통신을 할 때 수신측의 버퍼에서 처리할 수 있는 용량보다 많은 데이터를 한꺼번에 전송하게 되면 수신측 버퍼에서 데이터 처리 시간 지연 등으로 미처 처리되지 못한 이전 데이터들은 새로운 데이터들을 수신하는 과정에서 유실될 수 있다. 이때 수신측에서 송신측으로 “버퍼가 부족하니 데이터를 보내지 마라”라는 메시지를 전달하고 이 메시지를 받은 송신측은 "버퍼가 충분하다"는 메시지를 받을 때까지 기다렸다가 데이터를 전송하게 되면 수신 버퍼 부족으로 발생하는 데이터 유실을 막을 수 있다. 이와 같이 USART 통신 시에 상대 장비의 상태를 확인하고 상대 장비가 수신 가능한 상태일 때만 데이터를 전송하는 방식을 RS232 하드웨어 흐름제어 (flow control)라고 한다.

<하드웨어 흐름제어 신호>

RxD	상대측으로부터 데이터를 수신한다.
TxD	CTS가 활성화되었을 때만 상대측에 데이터를 송신한다. 만약, CTS가 상대측으로부터 비활성화되어 있는 것으로 수신되면 데이터를 보내지 않는다.
GND	ground
RTS	자신의 수신 버퍼가 충분하면 활성화된 신호를 상대측으로 전송한다. 자신의 수신 버퍼가 불충분하면 비활성화된 신호를 상대측으로 전송한다.
CTS	상대측으로부터 온 RTS 신호를 수신한다.

다음은 소프트웨어 흐름제어를 위한 데이터이다. 만약 수신 버퍼에 여유 공간이 충분하지 않으면 상대측으로 Xoff 신호를 보내고, 수신 버퍼에 여유가 생기면 Xon을 보낸다. 상대측으로부터 Xoff 신호를 받으면 상대측의 수신 버퍼의 여유가 없다고 판단하여 데이터를 송신하지 않고, 상대측으로부터 Xon 신호를 받으면 상대측의 수신 버퍼에 여유가 있다고 판단하여 데이터를 송신한다. 이것을 RS232 소프트웨어 흐름제어 (flow control)라고 한다.

<소프트웨어 흐름제어 데이터>

신호	데이터	설명
Xon	0x11	수신 버퍼에 여유가 있다.
Xoff	0x13	수신 버퍼에 여유가 없으니 데이터 송신을 금하라.

15

CAN (controller area network)

이 장에서는 다음 내용을 공부한다.

- CAN의 특징
- CAN 프레임
- CAN 버스의 연결
- 메시지 기반 네트워크 프로토콜
- 비트 전송
- CAN 메시지 포맷
- CAN 통신

CAN 통신은 차량 내에서 호스트 컴퓨터 없이 마이크로컨트롤러나 장치들이 서로 통신하기 위해 설계된 표준 통신 규격이다. CAN 통신은 메시지 기반 프로토콜이며 최근에는 차량뿐만 아니라 산업용 자동화 기기나 의료용 장비에서도 종종 사용되고 있다. CAN은 각 제어기들 간의 통신을 위해 주로 사용되는 non-host bus 방식의 메시지 기반 네트워크 프로토콜이다. CAN 버스는 다음의 요구조건을 만족하는 자동적인 직렬 버스로 개발되었다.

- 두선으로 연결된 여러 개의 마이크로컨트롤러를 가진 네트워크
- 마이크로 컨트롤러 간에 통신이 가능
- 고속의 실시간 양방향 통신 가능
- 전기적으로 잡음이 많은 환경에서 잡음 면역 (noise immunity) 제공

1983년 Bosch에서 개발이 시작되어 1986년에 소개되었다. 1993년에 ISO 11898로 표준화되었다. CAN은 폐쇄된 네트워크이기 때문에 보안, 로그인 등이 필요 없고 ISO 프로토콜 계층 구조에서 물리 계층과 데이터 링크 계층이 표준화되어 있으며 칩으로 구현되어 있다.

❖ CAN의 특징

CAN은 다음과 같은 특징을 가지고 있다.

- 버스가 사용되고 있지 않을 (idle) 때 어떤 노드도 사용할 수 있다.
- peer-to-peer network이다.
- 비동기식 양방향 multi-cast 통신을 지원한다.
- 저가격이다.
- 버스 충돌을 해결하는 능력이 내재되어 있다.
- 비파괴적 순위 (priority) 기반 비트단위 (bitwise) 중재를 한다.
- 자동적 에러 검출, 통보, 및 재시도 기능이 있다.
- 실시간으로 버스상의 노드를 감지해 결함있는 노드를 비활성화함으로써
- 신뢰성을 보장한다.

데이터는 다음과 같이 차동으로 부호화되어 (differential encoding) 전송된다.

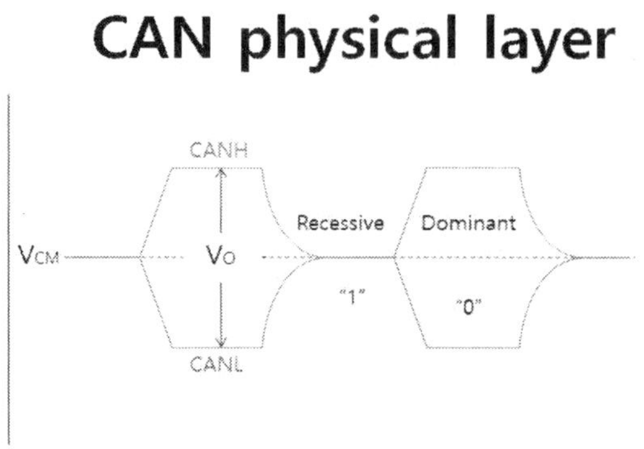

V_D = CANH – CANL

Recessive when $V_D \le 0.5V$ Dominant when $V_D \ge 0.9V$

A CAN compliant driver must produce at least 1.5V across a typical 60Ω load.

<CAN 버스상의 차동 부호화된 비트>

❖ CAN 프레임

CAN 프레임은 다음과 같이 구성되어 있다. 먼저 프레임의 시작을 알리는 한 개의 dominant bit (우선순위 0)인 SOF (start of frame)으로 시작한다. 이어서 순위 중재를 위해 사용되는 중재 필드는 메시지 종류 (message ID)와 원격 전송 요구 (remote transmission request: RTR)로 구성된다. RTR 비트가 dominant bit 이면 데이터 프레임이고 그렇지 않으면 원격 프레임이다. 다음에 두 비트와 DLC로 구성된 제어 필드가 전송된다. 4비트의 DLC (data length code) 비트는 데이터의 길이를 나타낸다. 표준 프레임은 보통 11비트이나 CAN VER 2.0B의 확장 프레임에서는 29비트를 사용한다. IDE (identifier extension) 비트는 표준과 확장 프레임을 구분한다. 데이터는 0 ~ 8바이트로 구성된다. SOF 에서 데이터까지의 계산된 CRC는 오류 검출을 위해 15비트로 구성된다. 메시지를 정확하게 수신한 모든 CAN 컨트롤러는 메시지의 말미에 ACK 비트를 전송한다. 전송 노드는 버스 상에 ACK 비트 유무를 확인하고, ACK가 발견되지 않을 경우 전송을 재시도한다. ACK 슬롯과 뒤따르는 delimiter (dominant bit)는 임의의 노드에서 올바른 메시지를 수신하게 되면 ACK 비트를 받게 되는 순간 ACK 슬롯의 값을 dominant bit로 설정해 계속 보내게 된다. 7개의 recessive bit로 구성된 EOF (end of frame) 필드는 메시지의 끝을 알린다.

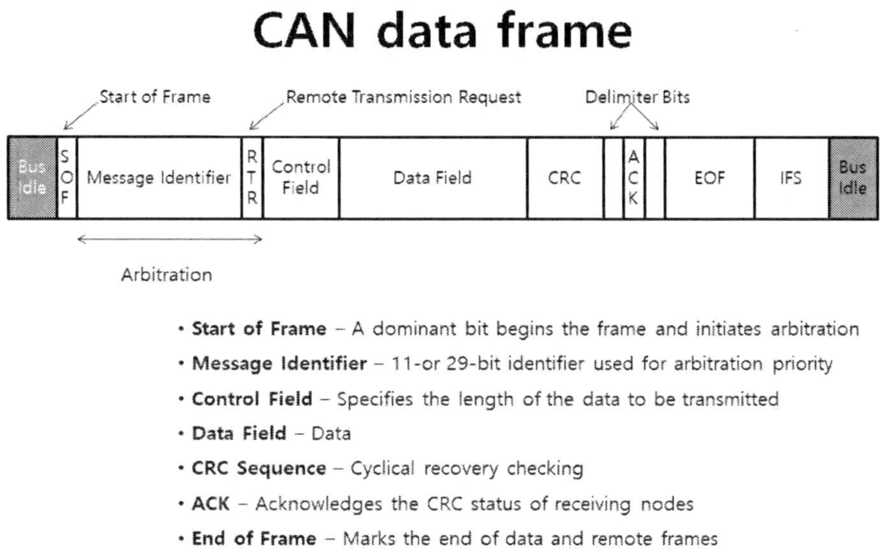

<CAN 메시지 프레임>

❖ CAN 버스의 연결

임베디드용 마이크로컨트롤러는 보통 CAN 컨트롤러와 CAN 트랜시버를 포함하고 있다. 그래서 바로 CAN 버스의 차동 신호인 CAN_H와 CAN_L에 연결한다.

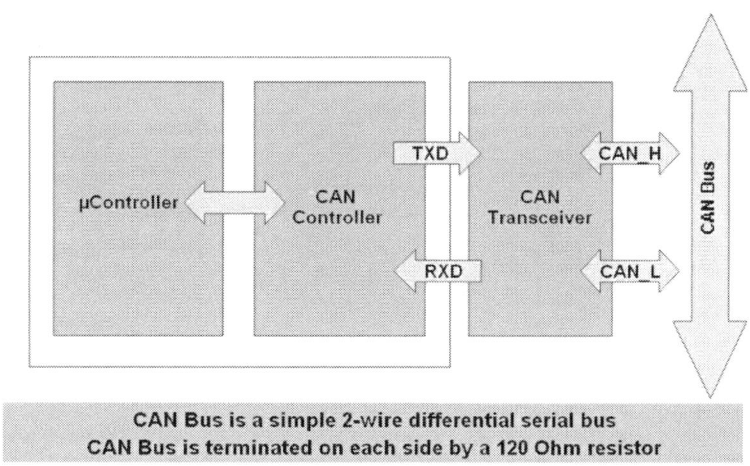

<CAN 버스>

❖ 메시지 기반 네트워크 프로토콜

메시지 기반 네트워크 프로토콜은 다음과 같이 정리될 수 있다.

- 각 노드가 메시지를 송수신 할 수 있다.
- 송신 노드는 버스 상의 모든 수신 장치들에 정보를 보낼 수 있다.
- 모든 노드들은 메시지를 읽고 처리해야 할 메시지인지 판단한다.
- 모든 노드들은 메시지에 오류가 없는지 검증해야한다.
- 모든 노드들은 수신했음을 알려야한다 (acknowledgement).

❖ 비트 전송

CAN에서는 5비트 연이어서 우선순위 0나 1을 전송할 경우 반대 상태의 비트를 채워 넣어 전송하고 (bit stuffing) 수신시 반대로 채워 넣은 그 비트를 제거한다. 이유는 클록 복구를 쉽게하기 위해서이다.

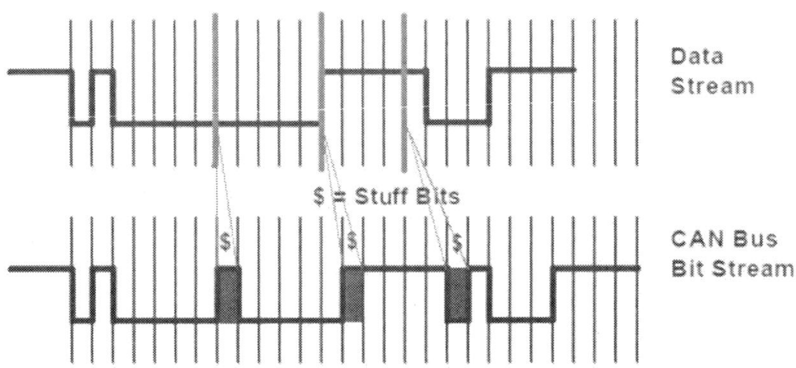

<CAN 비트 전송>

❖ CAN 메시지 포맷

CAN 메시지는 다음과 같이 구성되어 있다.

먼저 프레임의 시작을 알리는 dominant bit (논리 0)인 SOF (start of frame)으로 시작한다. 이어서 우선순위 중재를 위해 사용되는 메시지 종류 (message ID)와 원격 전송 요구 (RTR)가 전송된다. RTR 비트가 dominant bit 이면 데이터 프레임이고 그렇지 않으면 원격 프레임이다. 표준 프레임은 보통 11비트이나 CAN VER 2.0B의 확장 프레임에서는 29비트를 사용한다. IDE (identifier extension) 비트는 표준과 확장 프레임을 구분한다. 4비트의 DLC (data length code) 비트는 데이터의 길이를 나타낸다. 데이터는 0~8바이트로 구성된다. SOF 에서 데이터까지의 계산된 CRC는 오류 검출을 위해 15비트로 구성된다. 메시지를 정확하게 수신한 모든 CAN 컨트롤러는 메시지의 말미에 ACK 비트를 전송한다. 전송 노드는 버스 상에 ACK 비트 유무를 확인하고, ACK가 발견되지 않을 경우 전송을 재시도한다.

- CAN V2.0A Standard Frame: Identifier is 11 bits long

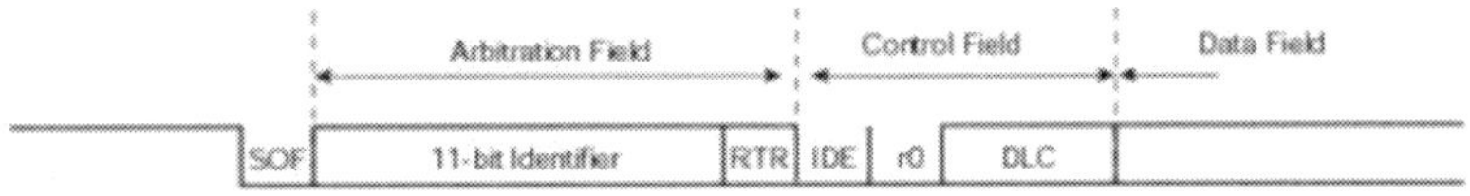

- CAN V2.0B Extended Frame: Identifier is 29 bits long

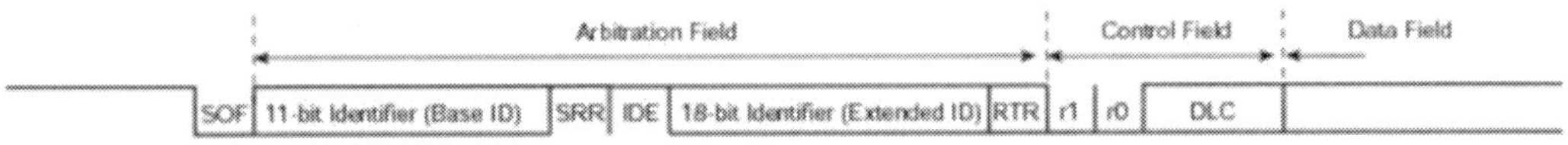

- ID: Identifier
- IDE: Identifier Extension
- RTR: Remote Transmission Request
- SRR: Substitute Remote Request
- RB0/1: Reserved bits
- DLC: Data Length Code

<CAN 표준 및 확장 프레임>

❖ CAN 통신

이전에 언급된 바와 같이 CAN은 피어 투 피어 (peer-to-peer) 네트워크이다. 다시 말하면, 개별 노드가 CAN 버스에서 데이터를 읽거나 쓰기 위해 액세스할 때 컨트롤하는 마스터가 없다. CAN 노드가 데이터 전송 준비 완료되면, 버스의 준비 여부를 확인하고 그 후 CAN 프레임을 네트워크에 작성한다. 전송되는 CAN 프레임은 전송 노드나 수신 노드 중 어느 쪽의 주소도 포함하고 있지 않다. 대신, 고유한 중재 ID가 네트워크에서 프레임을 분류한다. CAN 네트워크상의 모든 노드는 CAN 프레임을 수신하며, 전송되는 프레임의 중재 ID에 따라 네트워크상의 각 CAN 노드는 프레임 수용 여부를 결정한다.

다중 노드가 동시에 메시지를 CAN 버스로 전송하려는 경우 최고 우선순위를 가진 노드 (가장 낮은 중재 ID)가 자동적으로 버스에 액세스된다. 최저 우선순위를 가진 노드는 버스가 사용 가능할 때까지 반드시 대기해야 한다. 이러한 방식으로 CAN 네트워크를 실행하면 CAN 노드 사이에 결정성있는 통신을 구현할 수 있다.

CAN 버스에서의 장치들 간의 충돌 (contention) 중재

CAN 버스에서는 장치들 간에 데이터를 서로 보내려고 하는 충돌이 생기더라도 메시지 프레임내의 메시지 ID들 간에 중재 (arbitration)가 일어나서 순위가 높은 메시지가 버스 상에 전달되고 순위가 낮은 메시지는 포기를 한다. 이것은 I2C에서 메시지 프레임내의 장치 주소 ID가 낮을수록 더 높은 순위의 장치가 되도록 한 것과 같은 원리이다.

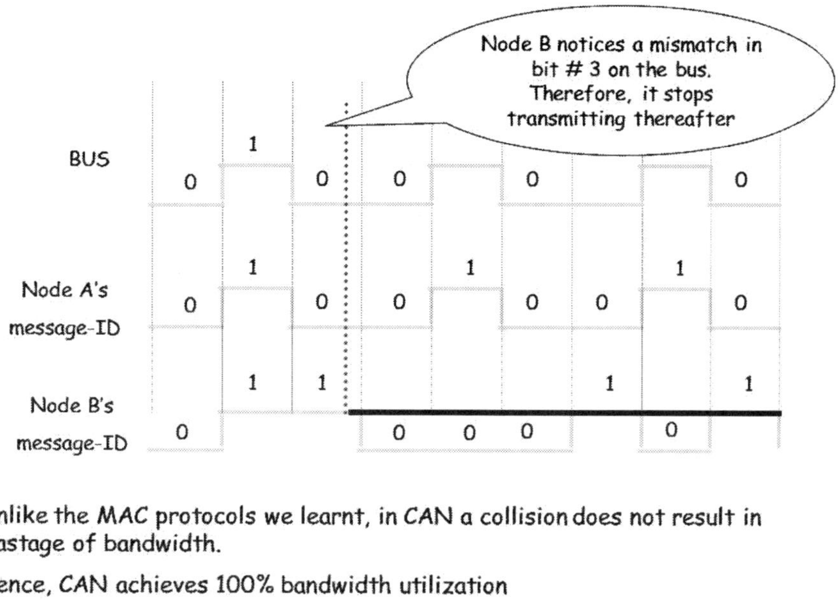

<CAN 버스 충돌 중재>

CAN 속도

다음의 속도를 지원한다.

- low-speed 40~125 kbps, 500 m 거리까지 가능
- medium-speed 250 kbps, 200 m 거리까지 가능
- high-speed 1Mbps, 40 m 거리까지 가능

연습 문제

1. CAN 버스에서 중재 방법에 대해서 설명하라.

2. 메시지 기반 네트워크 프로토콜이 성립하기 위한 조건은 무엇인가?

3. CAN2.0A와 CAN2.0B 간의 차이는 무엇인가?

16

I2C (inter integrated circuit)

이 장에서는 다음 내용을 공부한다.

I2C의 특징
I2C 버스의 연결
메시지 기반 네트워크 프로토콜
I2C 메시지 포맷

❖ I2C의 특징

I2C는 임베디드 시스템내의 마이크로컨트롤러, E2PROM, ADC, DAC, I/O 주변장치들 같이 느린 속도의 장치들을 연결하는데 사용되는 직렬 프로토콜이다. 클록 (SCL)과 데이터 (SDA)로 구성된 두 신호선을 이용하여 통신하기 때문에 TWI (two wire serial interface) 버스라고도 한다. 127개의 장치를 제어할 수 있다. 외부 장치는 버스 선에 독립적인 풀업 저항만을 가지고 연결하면 된다. Philips Semiconductor (지금은 NXP Semiconductor)사에 의해서 발명되었고 지금은 거의 모든 IC 제조자들에 의해서 사용되고 있다. 각 I2C 슬레이브 장치는 고유한 주소를 필요로 한다. I2C는 사용하기 간편하기 때문에 널리 사용되고 있다. 한 개 이상의 마스터가 있을 수 있다.

다음과 같은 특징을 가지고 있다.

- 동기식 통신방식이다.
- multi-master를 지원하고 마스터끼리는 안되지만 N:N 통신 지원
- 바이트지향 전송
- 두 개의 통신선을 사용하고 127개의 슬레이브를 연결할 수 있다.
- 두 선을 사용하는 half duplex 동기식 통신을 지원한다.

I2C 속도

다음과 같이 다양한 속도를 지원한다.

- slow-speed 혹은 standard speed (<100 kbps)
- fast-speed (400 kbps)
- fast-speed plus (1 Mbps)
- high-speed (3.4 Mbps) I2C v2.0에서 지원
- ultra fast-speed (5 Mbps) uni-directional

❖ I2C 버스의 연결

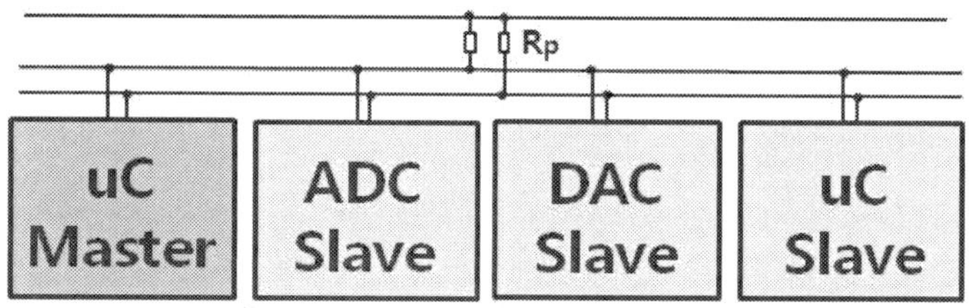

❖ 메시지 기반 네트워크 프로토콜

메시지 기반 네트워크 프로토콜은 다음과 같이 정리될 수 있다.

- 각 노드가 메시지를 송수신 할 수 있다.
- 송신 노드는 버스 상의 모든 수신 장치들에 정보를 보낼 수 있다.
- 모든 노드들은 메시지를 읽고 처리해야 할 메시지인지 판단한다.
- 모든 노드들은 메시지에 오류가 없는지 검증해야한다.
- 모든 노드들은 수신했음을 알려야한다 (acknowledgement).

❖ I2C 메시지 프레임

데이터는 먼저 SCL이 논리 1일 때 SDA가 논리 1에서 논리 0으로 천이하여 데이터의 시작을 알린다.

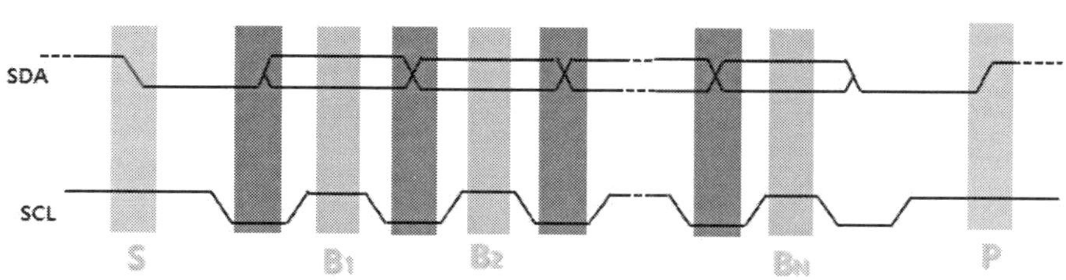

<I2C 비트 전송>

연습 문제

1. CAN 버스와 I2C 버스의 메시지 포맷의 차이점은 무엇인가?

2. I2C의 메시지 시작과 끝은 어떻게 구분하는가?

17

SPI (serial peripheral interface)

다음 사항을 공부한다.

- SPI의 특징
- 데이터 전송 모델
- 버스 구성
- SPI 주변 장치 종류들
- 클록 발생

❖ SPI의 특징

Google에 합병된 Motorola에서 개발된 통신방식으로 클록 (SCLK), 두 개의 데이터 선 (MOSI, MISO)에다 슬레이브 장치가 여러 개일 때 슬레이브를 선택하는 슬레이브 선택 (/SS) 등 세 개나 네 개의 신호 선으로 통신하는 동기식 방식이다. 속도는 거의 70Mbps까지 사용가능하므로 I2C에 비해서 고속이다. MOSI (master out slave in)는 SDO (serial data out), MISO (master in slave out)는 SDI (serial data in)이라고도 한다. SPI는 microwire 또는 QSPI (queued SPI)라고도 알려줘 있다. 주로 호스트 프로세서가 주변장치와 통신할 때 사용하나 두 개의 프로세서 간에 통신용으로도 사용된다.

마스터는 /SS에 논리 0로 활성화시켜 통신하고자하는 장치를 먼저 선택하고 SCLK을 통해 클록을 공급하면서 데이터를 주고받는다. 대화에 참가하지 않는 슬레이브들은 데이터 선을 고저항 (high impedance)fh 보낸다.

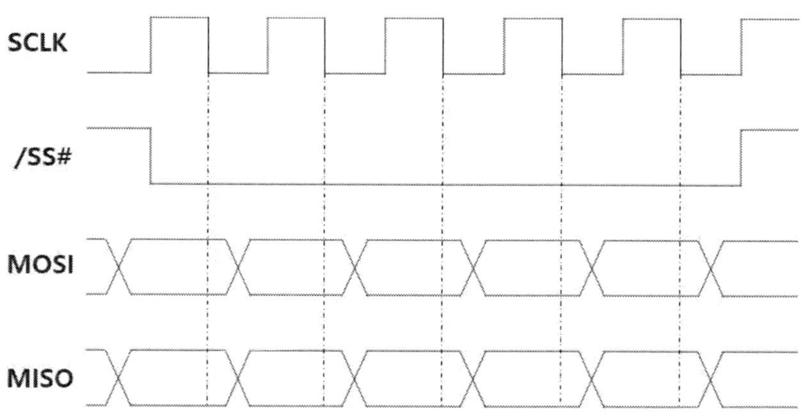

<SPI 통신 파형>

다음과 같은 특징을 갖는다.

- 4~16비트 데이터로 전송한다.
- full-duplex의 70 Mbps까지의 fast 동기식 직렬식 통신
- 하나의 마스터만 지원하고 여러 개의 슬레이브와 1:N 통신 지원한다.
- 칩 간의 통신에서 주로 사용된다.
- 시프트 레지스터로 만든 간편한 하드웨어를 통한 간단한 데이터 송수신이 가능하다.
- 슬레이브에 의한 흐름 제어 기능이 없다.

❖ 데이터 전송 모델

SPI에서는 아래 그림과 같이 송수신 장치 간에 이산기 (shift register)로 서로 연결시켜 비트들을 이동시켜 전송한다.

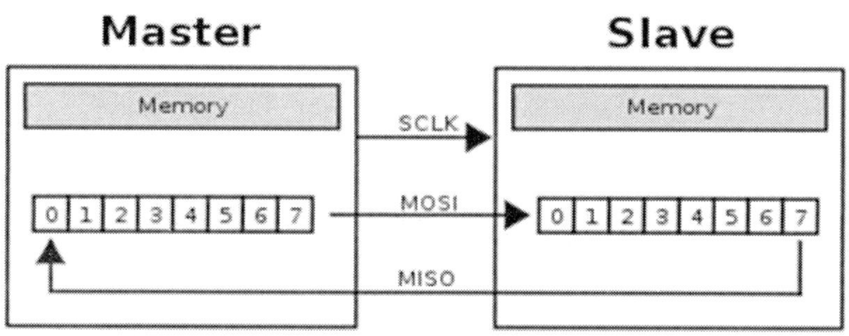

<데이터 전송 모델>

❖ 버스 구성

SPI은 다음과 같이 중앙집중된 (centralized) 구성과 데이지 체인 (daisy-chain) 구성으로 연결할 수 있다. 중앙집중식은 모든 슬레이브에 각각의 /SS을 연결하여, 마스터가 통신하고자 하는 슬레이브의 /SS을 활성화하여 통신한다. 비활성화된 장치의 데이터 출력을 hi-Z 상태로 보낸다.

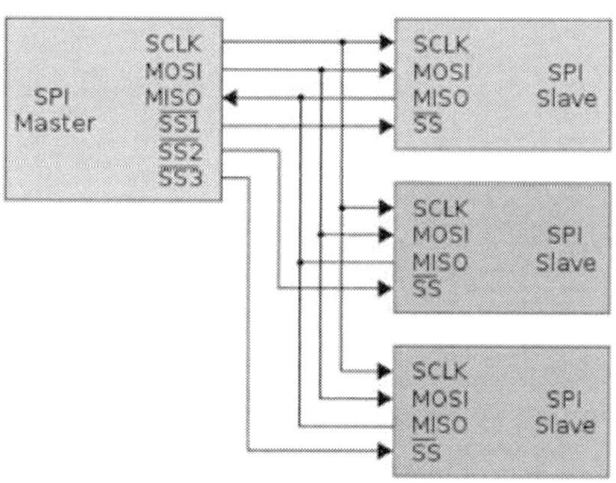

<중앙집중된 구성>

daisy-chain 방식은 한 개의 /SS만을 사용한다. 상위 슬레이브의 데이터 출력이 다음 슬레이브의 데이터 입력에 cascade로 연결해 놓은 구조이다.

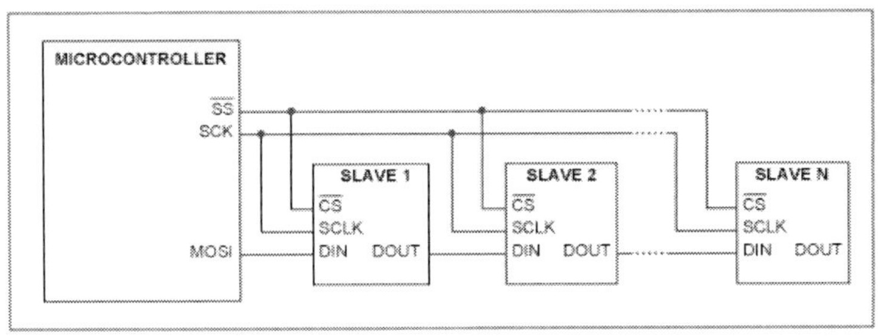

<daisy-chain 방식 구성>

❖ SPI 주변 장치 종류들

- ADC, DAC
- 메모리 (EEPROM, RAM, flash)
- 센서 (온도, 습도, 압력)
- 실시간 클록
- 제어기 (LCD, UART, USB, CAN)
- 전위계, 증폭기

❖ 클록 발생

SPI 통신에서는 클록을 발생하는 것에 있어서 표준 방법이 없다. 그래서 극성(polarity)과 위상 (phase)을 달리하여 4가지 방법이 존재한다.

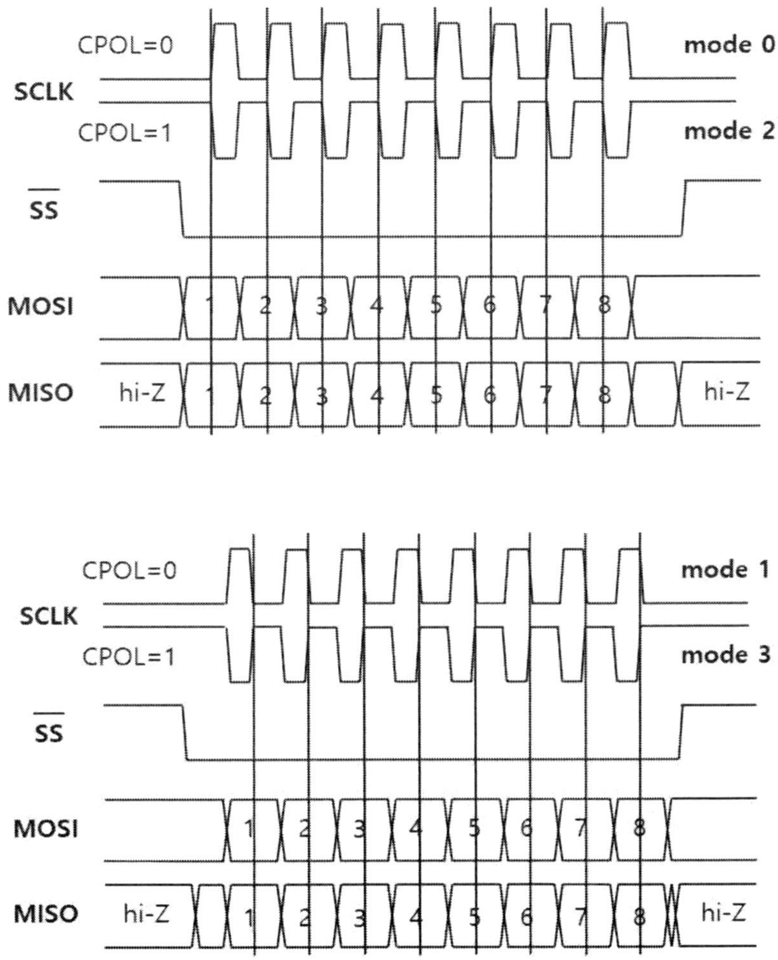

<클록 발생의 네 가지 모드>

마스터와 두 슬레이브 A와 B간의 통신은 다음과 같이 이루어진다.

- 마스터는 슬레이브 A의 클록 모드로 맞추어서 준비한다.
- /SS을 이용하여 슬레이브 A를 선택한다.
- 데이터를 전송한다.
- 슬레이브 A를 선택 해제한다.
- 마스터는 슬레이브 B의 클록 모드로 맞추어서 준비한다.
- /SS을 이용하여 슬레이브 B를 선택한다.
- 데이터를 전송한다.
- 슬레이브 B를 선택 해제한다.

이렇게 마스터는 클록을 사용하면서 재구성 할 수 있다.

연습 문제

1. SPI의 장점은 무엇인가?

2. 클록 발생의 네 가지 모드는 무엇인가?

18

USB (universal serial bus)

이 장에서는 다음을 공부한다.

USB의 특징
USB의 구성원
USB 통신
물리적 계층
트랜잭션 (transaction)
전송 종류
제어 전송에서의 데이터 주고받는 순서

❖ USB의 특징

USB (universal serial bus)은 1995년 컴퓨터 및 주변장치 회사들의 그룹 (Compaq, DEC, IBM, Microsoft, NEC, Nortel)에 의해서 발명되고 표준화되었다. IEEE1394와 경쟁되고 있는 표준이다. 1996년에 USB 1,0이 만들어졌고 2년 후인 1998년에 USB 1.1이 나왔다.

USB 1,1은 low-speed (1.5 Mbps)와 full-speed (12 Mbps) 속도를 갖고 있는데 USB 1.0은 low-speed만 지원되었다. low-speed는 키보드나 마우스처럼 대량의 데이터를 요하지 않는 저속의 장치에서 사용된다. USB 2.0은 2000년 4월에 발표된 규격으로 최대 480 Mbps (high-speed)까지 지원한다.

USB 3,0은 2008년 11월에 발표되었는데 USB 2,0보다 12배 빠른 5 Gbps (ultra high-speed)를 지원한다. USB 2.0까지 핀 수가 4개로 half duplex 통신을 지원했으나 USB 3.0부터는 9핀으로 full duplex 통신이 가능해졌다.

USB 3.1은 2013년 7월말에 발표되었고 USB 3.0보다 속도가 두 배 빠른 10 Gbps이다. USB 3.1에서는 type c 컨넥터를 사용하는데 상하 대칭이고 호스트와 디바이스 쪽의 모양이 같아 사용자의 실수에 문제가 되지 않게 했고 전류도 5A까지 공급할 수 있어 디스플레이, 프린터나 스캐너 등을 AC 전원 없이도 바로 PC에 연결해서 사용할 수 있도록 하고 있다.

<USB 분류>

USB 버전	speed	전류/전압 공급	
1.0	1.5 Mbps	150 mA/5 V	
1.1	1,5 Mbps/15 Mbps	150 mA/5 V	
2.0	480 Mbps	500 mA/5 V	
3.0	5 Gbps	900 mA/5~12 V	
3.1	10 Gbps	5 A	5 V, 12 V, 20 V 지원

다음과 같은 특징을 갖는다.

- P&P (plug and play)를 지원하기 때문에 사용하기 쉽다.
- 127개 까지의 장치를 연결할 수 있다.
- 패킷 기반 통신이고 오류 검출이 가능하다..
- USB 2,0까지 half duplex/USB 3,0부터 full duplex 통신이다.

- 논리적 토폴러지는 스타 구조 (star structure)이다.
- 폴링 (polling) 프로토콜을 사용한다.
- 7단계 (level) 까지 연결 가능하다.
- 장치들의 자동적인 구성이 가능하여 쉽게 연결가능하다.
- hot plug-in이 가능하다.
- 장치들에게 기본적으로 100~500 mA의 전원을 공급한다.
- 장치 가격이 싸다.

USB의 단점

- 프로토콜이 복잡하다.
- 자체적으로 장치를 구현하려면 돈을 지불해야한다.
- 과거의 장치 (legacy device)에서 하드웨어 문제가 생길 수 있다.

❖ USB의 구성원

호스트 (host)

장치 설계를 단순화하고 저가격으로 만들게 하기 위해 단지 한 개만 존재할 수 있다. 호스트로 허가를 얻어야만 미디어 접근이 가능하다.

허브 (hub)

한개 이상이 존재할 수 있으며 많은 장치들이 한 개의 USB 포트에 연결되도록 해준다.

장치 (device)

호스트를 제외하고 USB에 연결된 것은 허브를 포함하여 장치라고 한다. 장치들은 한 개 이상의 function을 가질 수 있다. 열거 (enumeration) 과정 후에 유일한 주소를 가진다.

❖ USB 통신

USB은 차동 부호 (differential encoding) 신호 방식 (signalling)을 사용하므로 데이터 라인 D+와 D-가 있다. 먼저 시작 패킷 (start of packet 또는 SYNC)을 보낸다. 그리고 패킷 ID (PID)에 따라 다르지만 패킷 ID, 데이터, CRC, 끝 패킷 (end of packet: EOP)을 보낸다.

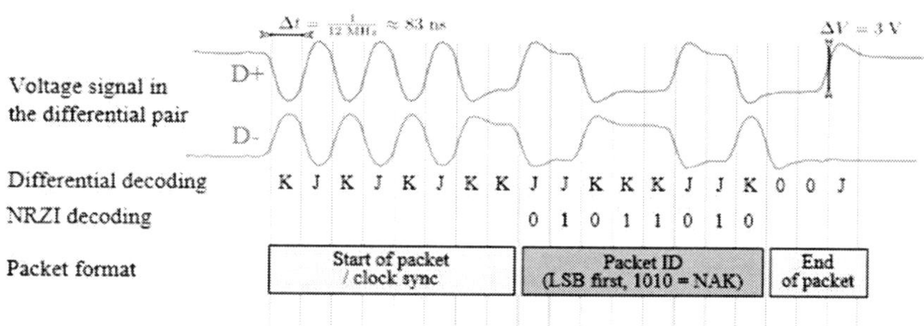

<USB 패킷 예>

USB 통신의 흐름

USB에서 function은 데이터와 제어 정보를 주고받을 수 있는 주변장치이다. USB 장치는 단일 function과 여러 function을 가질 수 있다. 예로 들어서 스캐너 기능을 겸비한 프린터 복합기는 프린터 및 스캐너의 두 개의 function을 가지고 있는 복합 (compound) 장치이다.

호스트상의 클라이언트 소프트웨어와 장치의 endpoint간의 논리적 통신이 이루어지는 채널을 파이프 (pipe)라고 한다. endpoint는 USB 케이블 상에서 전송되는 데이터의 출발점과 끝점을 의미한다. 각 endpoint는 고유의 번호를 가지고 있고 입력 또는 출력 방향을 갖는다.

그래서 새로운 장치를 연결하면 열거 과정에서 장치와 호스트 간에 설정에 관련된 패킷들 (descriptor)이 오가며 장치에 관련된 정보를 파악한다. 디스크립터로는 장치에 관한 전반적 정보를 가지고 있는 장치 디스크립터, 한 개의 인터페이스와 한 개 이상의 function들을 포함하는 구성 (configuration) 디스크립터, 장치 및 제작 회사에 관련된 문자 정보를 가지고 있는 스트링 디스크립터, 및 각 endpoint에 대한 endpoint 디스크립터가 있다.

USB 장치 연결과정

새로운 장치를 hub에 연결하면 hub가 호스트에게 검출 (detect) 이벤트를 발생하여 알린다. USB 1.1에서의 low-speed 장치와 full-speed 장치를 구분하기 위하여 전원이 공급되었을 때 function 쪽에 풀업저항이 D+에 연결되었으면 full speed 장치로, D-에 연결되었으면 low speed 장치로 인식한다. 그리고 다시 USB 2.0에서 같은 케이블로 high-speed 장치까지 구분하기 위해서 다른 방법을 사용한다. 방법은 high-speed 장치를 full-speed 장치로 연결하고 후에 high-speed 장치로 확인 받는 것으로 하고 있다. USB 리셋 과정 중에 장치가 high speed일 때, 리셋 (10~20ms 동안 D+와 D-를 논리 0로 보내는 것)을 감지하고 chirp K (D-를 논리 1로 보내는 것)를 호스트로 보낸다. 호스트는 chirp K를 수신 후 적어도 3개의 chirp K와 J (D+를 논리 1로 보내는 것) 열 (sequence)을 발생한 후 high-speed 모드로 진입한다. 그리고function 쪽의 풀업 저항을 off시킨다. 이 과정을 chirp 핸드쉐이크라고 한다.

열거과정을 요약하면 다음과 같다.

- USB에 장치가 연결되면 hub나 root hub가 호스트에게 detect 이벤트를 발생하여 알린다. 즉 전원이 공급되었을 때 풀업저항이 D+에 연결되었으면 full speed, D-에 연결되었으면 low speed로 인식한다.
- 호스트는 디바이스에게 포트 인에이블과 리셋 명령을 발생한다. 디바이스가 high speed일 때, 리셋을 감지하고 chirp K를 호스트로 보낸다. 호스트는 chirp K를 수신 후 KJ sequence 발생 후 high speed 모드로 진입한다. 그리고 매 125μs마다 한번씩 SOF를 발생한다.
- high speed가 아닐 때 호스트는 매 1ms마다 한번씩 full speed 일 때 SOF나 low speed일 때 EOF를 발생한다.
- 호스트는 주소 0과 엔드 포인트 0으로 setup PID와 setup 데이터 (8 바이트)를 디바이스에 발생하면 디바이스는 ACK 패킷으로 응답한다. 응답이 없을 경우 enumeration 진입이 안된다. 이 과정을 get descriptor 요청 과정이라 한다.
- 디바이스는 호스트의 get descriptor 요청 과정에 대해서 디바이스 자신의 정보를 호스트에 보내준다.
- 호스트는 디바이스로부터 받은 데이터가 만족되면 호스트는 디바이스에게 새로운 주소를 할당한다 (set new address).
- 이 새로운 주소를 통해서 다시 get_&_set descriptor를 실시한다.

❖ 물리적 계층

USB 케이블은 4선으로 이루어져 있다. 버스 상의 신호는 두 선 D+와 D-상에서 보내진다. 논리 1을 보내려면 D-는 낮게, D+를 높게 해서 보내고 논리 0은 반대이다. 데이터의 부호화 (encoding) 및 복호화 (decoding)은 NRZI (non-return to zero inverted)을 이용한다. 이 방법은 논리 1을 보낼 때 과거 값을 반전하고 논리 0을 보낼 때는 과거 값을 유지하는 것이다.

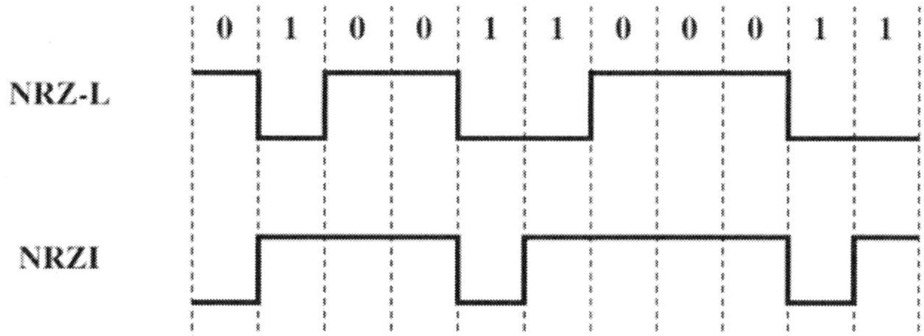

<NRZI 부호화>

❖ 트랜잭션 (transaction)

USB 트랜잭션 (transation)은 패킷 단위로 이루어지며 3단계 (phase)로 구성되어 있다.

토큰 (token) 단계

호스트가 앞으로 이루어질 전송 종류를 알려주는 토큰을 시작시키는 단계이다.

데이터 단계

실제 데이터가 전송되는 단계이다.

핸드쉐이크 단계

트랜잭션의 성사 여부를 알려주는 단계이다.

❖ 전송 종류

제어 (control) 전송

- 장치를 구성 (열거)하는데 사용되는 전송이다.
- 설정 (setup), 데이터, 및 상태 (status) 단계로 구성된다.
- 모든 장치는 endpoint 0에서 제어 전송을 지원해야 한다.
- 제어 전송은 IN과 OUT endpoint를 요구한다.
- 열거과정에서 endpoint 0을 사용한다.
- 패킷 크기는 8, 16, 32, 및 64가 있다.

동시식 (isochronous) 전송

- 프레임당 고정된 개수의 바이트를 전송한다.
- 대역폭이 확보된다.
- 오류 정정이 없다. 그래서 ACK 필드가 없다.
- 타이밍이 요구되는 지속적인 통신에 사용된다 (스트리밍 데이터).
- 패킷 크기는 1 ~ 1,024 바이트이다.

대량 (bulk) 전송

- 대량의 데이터를 전송할 때 사용된다.
- 궁극적으로 전송이 완료되나 대역폭은 보장되지 않는다.
- 패킷 크기는 16, 32, 64, 및 512바이트가 있다.

인터럽트 전송

- 단방향으로 스트림을 보낼 때 사용된다.
- 처리 지연 시간이 보장된다.
- 오류를 검출하고 오류가 있을 시 다음 주기에 재시도 한다.

❖ 전송에서 데이터 주고받는 순서

제어 전송에서 데이터 주고받기

앞에서 언급했듯이 세 단계로 이루어진다. 먼저 설정 단계에서 호스트가 디바이스 주소와 endpoint 번호를 포함하는 설정 토큰 (token)을 보낸다. 그 다음에 dtata0의 PID 종류를 갖고 요구 종류를 자세히 기술하는 설정 패킷을 포함하는 데이터 패킷을 보낸다. 마지막으로 function은 데이터 수신 여부를 알려주는 핸드쉐이크 패킷을 보낸다. 오류가 생겼을 때는 아무 응답도 안한다. 즉 function은 STALL이나 NAK을 생성할 수 없다.

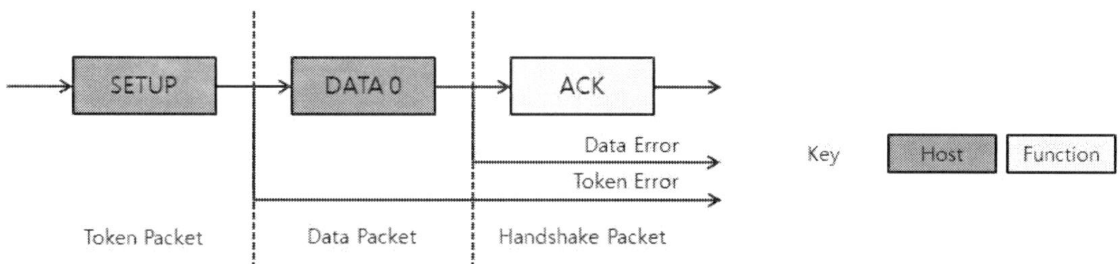

<설정 단계>

추가적인 데이터 단계에서는 여러 개의 IN이나 OUT 패킷으로 이루어진다. 설정 패킷 속에 전송받을 데이터 크기가 있으므로 그 양이 패킷에서 보낼 수 있는 최대 크기를 초과하면 여러 개로 쪼개어서 보내게 된다.

만약 호스트가 데이터를 수신하기를 원한다면 IN 토큰을 보낸다. function은 PID와 반전된 PID를 비교하여 일치여부로 패킷에 오류가 있는지 확인한다. function은 오류가 있으면 아무 반응을 하지 않는다. 오류가 없으면 장치는 제어 정보를 포함하는 DATA 패킷을 보낸다. 오류가 생겼을 때 STALL 패킷을 보낸다. function이 아직 작업 중이라 잠정적으로 보낼 데이터가 없을 때 NAK 패킷을 보낸다.

만약 호스트가 데이터를 송신하기를 원한다면 OUT 토큰을 보낸다. 이어서 데이터 패킷을 보낸다. function은 수신된 패킷에서 오류가 있으면 무시하고 endpoint 버퍼가 비워있으면 클록을 발생시켜 받아들이고 ACK 패킷을 발생한다. 만약 버퍼가 비워 있지 않으면 NAK 패킷을 발생한다. 오류가 생겼을 때 STALL 패킷을 보낸다.

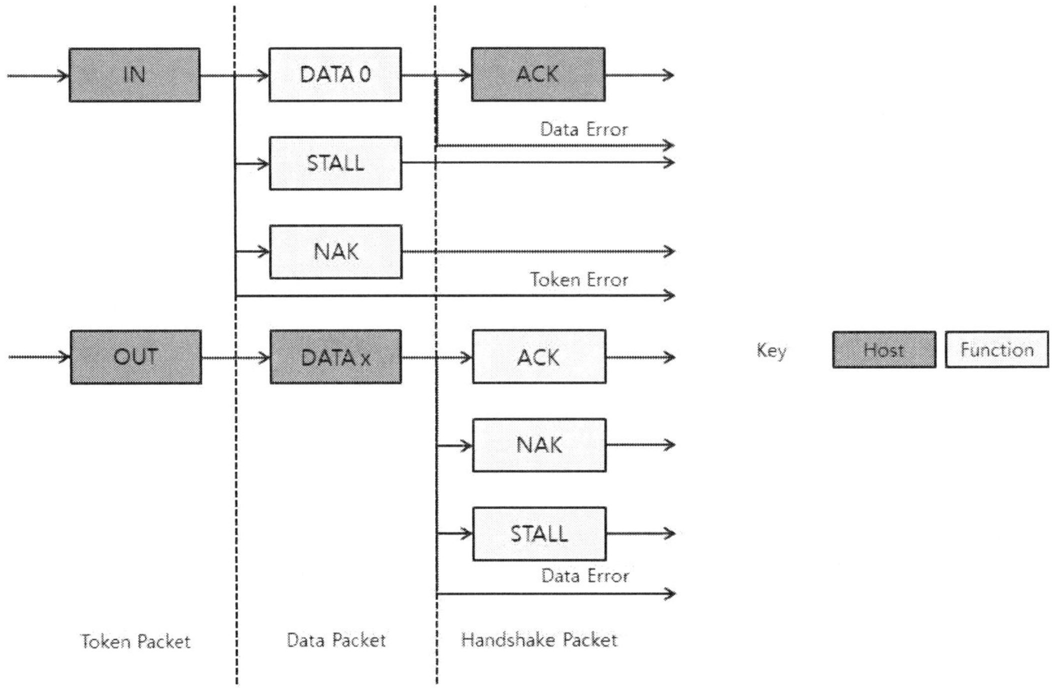

<데이터 단계>

마지막으로 상태 단계에서는 전송 방향에 따라 다르지만 전체적 전송에 대한 보고를 한다. 상태 보고는 function이 담당한다.

만약 호스트가 IN 패킷을 보낸 경우라면 데이터 단계에서 데이터를 수신하고 데이터 수신의 성공 여부를 function에게 알려준다. 방법은 OUT 토큰을 보내고 무 데이터(길이 0의 데이터)의 데이터 패킷을 보내는 것이다. 그러면 function은 ACK, NAK, 혹은 STALL 패킷으로 응답한다.

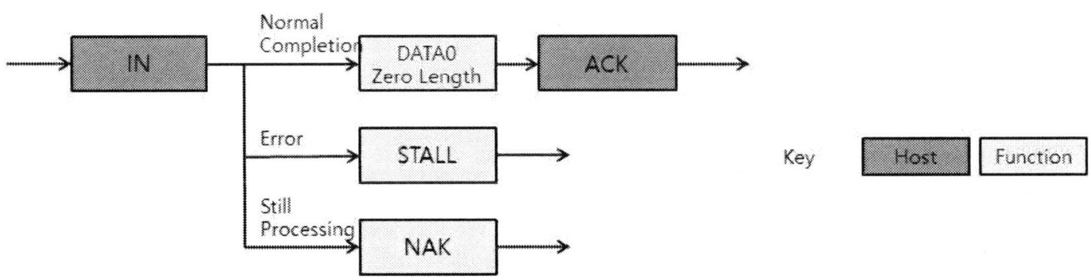

<IN 패킷에 대한 상태 단계>

만약 호스트가 OUT 패킷을 보낸 경우라면 데이터 단계에서 데이터를 송신한다. 그러면 function은 성공적인 데이터 수신이 이루어졌을 때 호스트로부터의 IN 토큰에 대한 응답으로 무 데이터의 데이터 패킷을 보낸다.

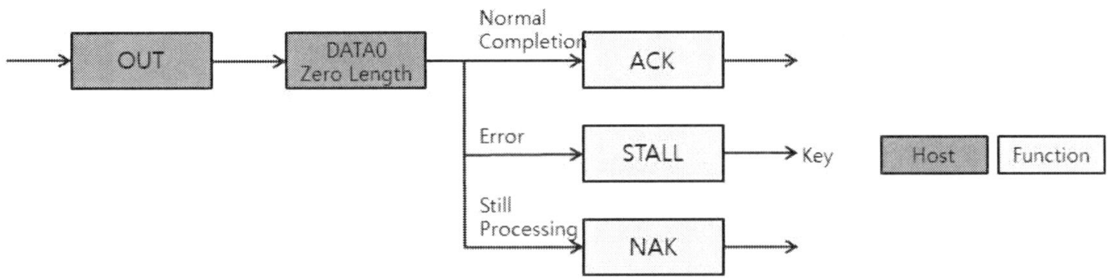

<OUT 패킷에 대한 상태 단계>

제어 전송의 더 큰 그림

위에서 설명한 제어 전송을 호스트가 장치 열거 (enumeration) 과정에서 descriptor를 요구하는 것으로 하여 좀 더 큰 그림을 그려 설명한다.

- 호스트는 장치 주소와 0으로 지정된 endpoint 번호를 담은 설정 패킷을 보낸다.
- 그리고 호스트는 8바이트의 장치 descriptor 요구를 담은 data0 패킷을 보낸다.
- function은 ACK 패킷으로 오류 없이 처리되었음을 알린다.
- 오류가 생겼다면 function은 아무 반응도 안한다. 그러면 호스트는 잠시 후에 설정 패킷을 재전송한다.

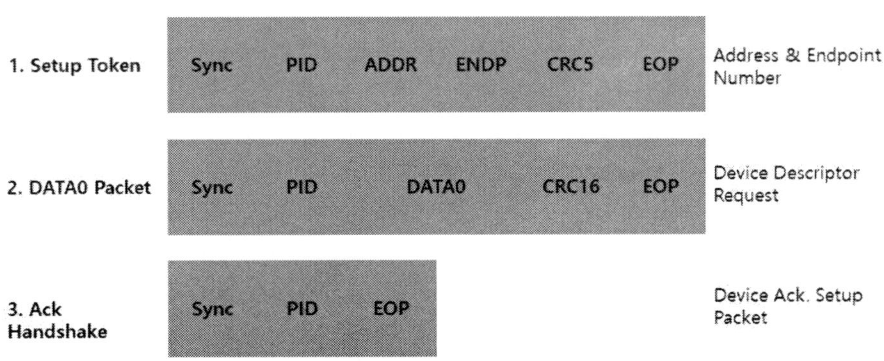

<첫 번째 트랜잭션>

위의 세 패킷은 첫 번째 트랜잭션이다. USB 장치는 보내온 8바이트가 장치 descriptor를 보내달라는 요구로 해석하고 다음 트랜잭션에서 보낸다.

- 호스트는 endpoint에 대한 데이터를 보내라는 IN 토큰을 보낸다.
- 12바이트의 장치 descriptor를 나누어서 보내면 호스트는 매 전송마다 ACK 패킷을 보낸다.

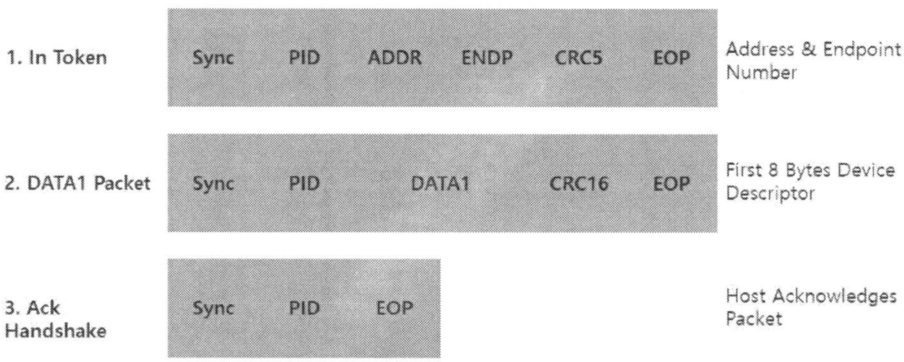

<장치 descriptor 데이터를 보내는 트랜잭션>

위와 같이 12바이트 데이터를 보내야 하는데 패킷에서 보낼 수 있는 최대 바이트가 8바이트라면 data1 패킷으로 먼저 보내고 나머지 4바이트를 패딩하여 data0 패킷으로 보낸다. 데이터 패킷은 PID가 반듯이 data0와 data1이 번갈아 나와야 한다.

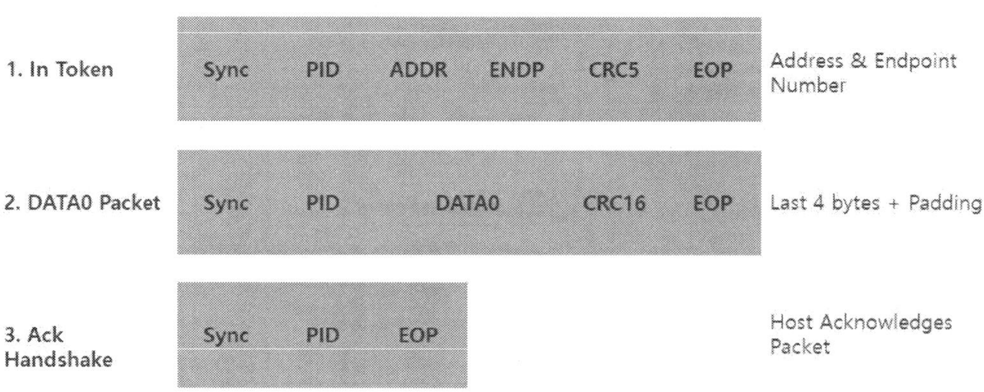

<나머지 장치 descriptor 데이터를 보내는 트랜잭션>

일단 장치 descriptor가 보내지면 상태 트랜잭션이 시작된다.

- 앞의 트랜잭션이 성공적이었다면 호스트는 전체 트랜잭션이 성공적이었다고 알리는 OUT 토큰을 보낸다.
- 이어서 무 데이터의 데이터 패킷을 보낸다.
- function은 상태를 나타내는 무 데이터의 패킷을 보낸다.

이렇게 새 장치가 연결되면 get descriptor 트랜잭션 다음에 set new address 트랜잭션이 따라온다. 마지막으로 새로 설정된 주소로 get and set descriptor 트랜잭션을 하여 열거과정이 완료된다.

다음 그림은 LeCroy USB 프로토콜 애널라이저를 이용하여 열거과정을 캡처한 결과이다.

<열거 과정>

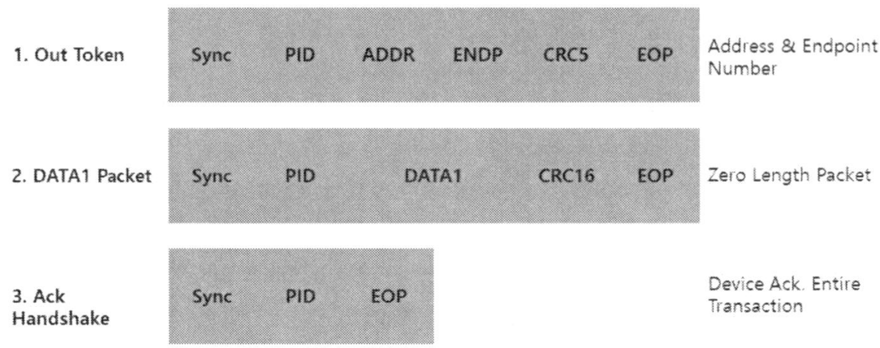

<상태 트랜잭션>

동시식 전송에서 데이터 주고받기

동시식 전송은 지속적이고 주기적으로 발생된다. 오디오 및 비디오 정보가 스트림 형태로 전송된다. 동시식 전송은 핸드쉐이크 단계가 없다. 그래서 오류 등을 보고할 수 없다.

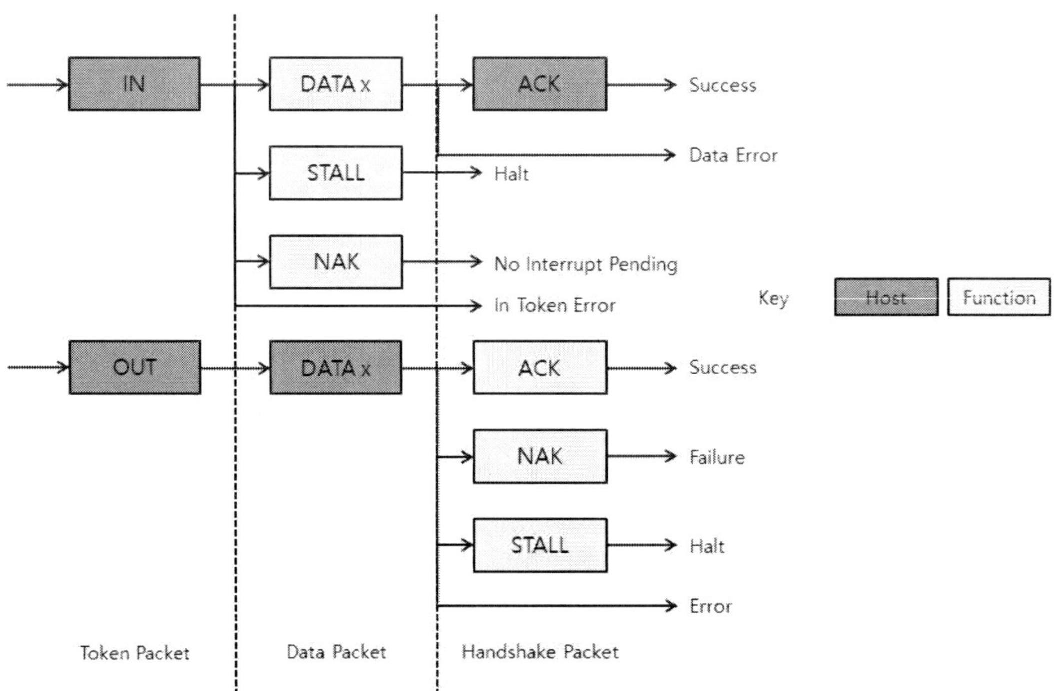

<동시식 (isochronous) 전송>

대량 전송에서 데이터 주고받기

만약 호스트가 데이터를 수신하기를 원한다면 IN 토큰을 보낸다. function은 PID와 반전된 PID를 비교하여 일치여부로 패킷에 오류가 있는지 확인한다. function은 오류가 있으면 아무 반응을 하지 않는다. 오류가 없으면 장치는 대량 DATA 패킷을 보낸다. 오류가 생겼을 때 STALL 패킷을 보낸다. function이 아직 작업 중이라 잠정적으로 보낼 데이터가 없을 때 NAK 패킷을 보낸다.

만약 호스트가 대량 데이터를 송신하기를 원한다면 OUT 토큰을 보낸다. 이어서 대량 데이터 패킷을 보낸다. function은 수신된 패킷에서 오류가 있으면 무시하고 endpoint 버퍼가 비워있으면 클록을 발생시켜 받아들이고 ACK 패킷을 발생한다. 만약 버퍼가 비워 있지 않으면 NAK 패킷을 발생한다. 오류가 생겼을 때 STALL 패킷을 보낸다.

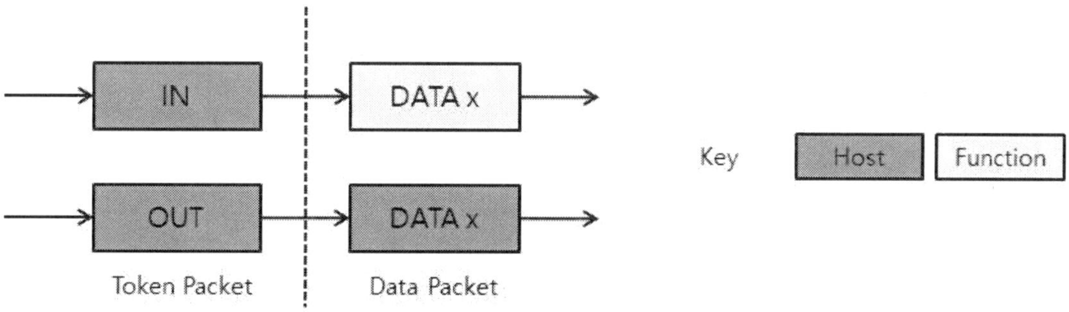

<대량 (bulk) 전송>

인터럽트 전송에서 데이터 주고받기

인터럽트 전송에서의 인터럽트는 마이크로컨트롤러에서의 인터럽트 처리와는 다르다. 장치가 긴급한 처리를 원하더라도 호스트가 polling할 때까지 기다려야한다. 인터럽트 전송은 보통 비주기적이고 제한된 처리 지연을 요구한다.

만약 호스트가 인터럽트 데이터를 수신하기를 원한다면 호스트는 인터럽트 endpoint들을 폴링한다. 폴링 주기는 endpoint descriptor에 명시되어 있다. polling은 호스트가 IN 토큰을 보내는 것이다. function은 PID와 반전된 PID를 비교하여 일치여부로 패킷에 오류가 있는지 확인한다. function은 오류가 있으면 아무 반응을 하지 않고 새로운 토큰을 지속적으로 감시한다.

만약 호스트가 인터럽트 데이터를 송신하기를 원한다면 OUT 토큰을 보낸다. 이어서 인터럽트 데이터를 포함한 데이터 패킷을 보낸다. function은 수신된 패킷에서 오류가 있으면 무시하고 endpoint 버퍼가 비워있으면 클록을 발생시켜 받아들이고 ACK 패킷을 발생한다. 만약 버퍼가 비워 있지 않으면 NAK 패킷을 발생한다. 오류가 생겼을 때 STALL 패킷을 보낸다.

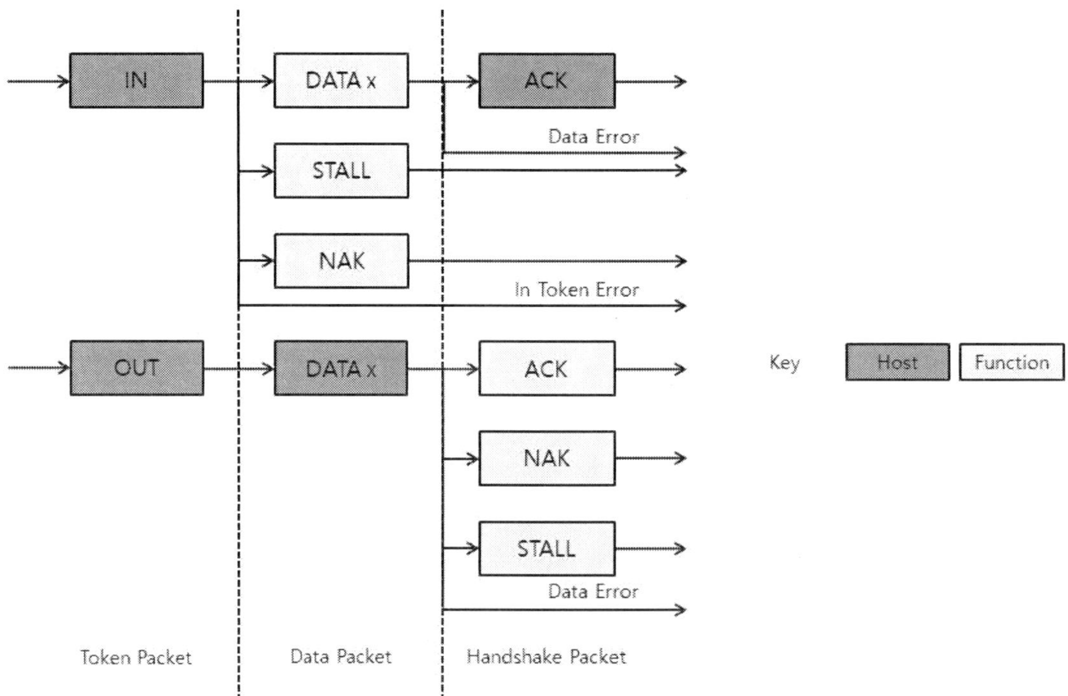

<인터럽트 전송>

이외에도 PRE 패킷이 있는데 low-speed 장치를 위해 있는 것이다. low-speed 패킷의 시작을 알리는 용도이다.

19

IEEE 1394

이 장에서는 다음을 공부한다.

IEEE 1394의 특징
전송 종류

연습 문제

1. USB 트랜잭션에는 어떤 단계로 구성되어 있는가?

2. 데이터 전송 종류에는 무엇이 있는가?

3. 열거 과정을 설명하라.

컴퓨터에 사용되는 수많은 주변기기가 서로 호환되지 않아 사용하기 불편할 뿐만 아니라 설치 시 많은 물리적 공간을 할애해야 했다. 이러한 단점을 보완하기 위해 19880년 후반에 Apple Computer와 TI사에서 공동으로 IEEE 1394가 개발되었으며 PC와 멀티미디어 장치들을 연결하기 위해 고안되었으며 USB와 경쟁하고 있는 직렬 버스이다. iLink, Lynx, FireWire라고도 한다.

❖ IEEE 1394의 특징

패킷 내의 6비트 노드 ID를 사용하므로 63개의 장치를 연결할 수 있고 10비트 버스 ID는 1023개의 브리지를 연결할 수 있게 한다.

- 반복적인 디지털 대 아날로그의 변환에 따라 발생하는 지속적인 신호의 감쇠를 처리.
- SCSI와 달리 장치의 설치와 제거가 컴퓨터 구동 중에도 용이.
- 케이블 장착만으로 플러그 앤 플레이를 통해 장치와 컴퓨터와 연결.
- USB와 동일하게 빠른 속도 제공.
- 63개 까지의 장치를 사용.
- 별도의 선 종단기 (terminator)가 필요 없음.
- 전원을 공급.
- 패킷기반의 peer-to-peer 통신.

IEEE 1394의 속도

- IEEE1394: 100/200/400Mbps
- IEEE 1394b: 800/1,600/3,200Mbps

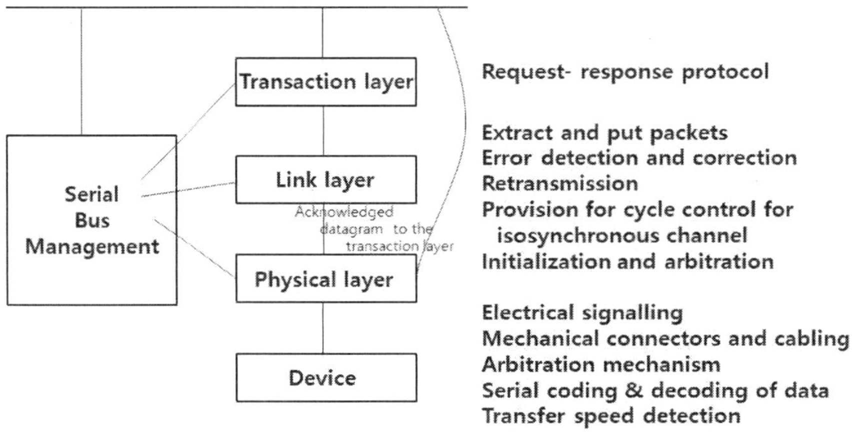

IEEE 1394 신호

IEEE 1394는 양방향의 차동부호화 된 신호를 사용한다. 4개의 신호선과 두 개의 전원선을 사용한다. 신호선으로 TPA+ 및 TPA- 쌍과 TPB+ 및 TP- 쌍이 있다. 한 쪽의 A 쌍을 다른 쪽의 B 쌍에 같은 부호끼리 연결하면 된다. 전원선은 8~40 V (0.5 A)와 접지선이다.

❖ 전송 종류

동기식 (synchronous) 전송

- one-to-one 또는 one-to-many 형태로 브로드캐스팅한다.
- 가용 대역폭의 80%까지 사용한다.
- 오류 정정이 없다. 또는 재전송이 없다.

비동기식 (asynchronous) 전송

- 특정 주소의 장치에 전송할 때 사용된다.
- 오류 검출하고 재전송한다.
- 대역폭 확보 보장 안된다.

연습 문제

1. IEEE 1394와 USB 간의 차이점은 무엇인가?

2. IEEE 1394 데이터 전송 종류에는 무엇이 있는가?

20

LIN (local interconnect network)

이 장에서는 다음을 공부한다.

LIN의 특징
LIN 메시지 프레임 포맷

❖ LIN 버스 특징

LIN (local interconnect network) 버스는 자동차 네트워크에서 저가형, 로우엔드 멀티플렉스 통신을 구축하기 위해 개발되었다. CAN은 고대역폭의 고급 에러 핸들링 네트워크 요구사항을 해결하지만, 파워윈도우 기능 (power window)과 좌석 조절기 같은 높은 성능이 필요하지 않는 기능을 CAN으로 구현하기에는 지나치게 높은 비용을 필요로하게 된다. LIN은 CAN의 대역폭과 다양한 기능이 필요하지 않은 응용에 효율적인 통신을 제공한다. 대부분의 현대식 저가 8비트 마이크로컨트롤러에 임베디드된 표준 UART를 사용하면 비교적 저렴하게 LIN 통신을 구현할 수 있다.

현대의 자동차 네트워크는 LIN (차체 전자장치에서의 저가형 응용), CAN (주요 파워트레인 및 차체 통신) 및 FlexRay 버스 (능동 현가장치와 같은 고급 시스템에서 고속 동기화된 데이터 통신)의 통합된 형태를 사용한다.

LIN 버스는 1998년에 탄생했고 속도는 20 kbps이다. LIN 마스터와 하나 이상의 LIN 슬레이브로 구성된 마스터/슬레이브 방식을 사용한다.
LIN 은 다음과 같은 특징을 갖는다.

- event에 의해서 기동된다.
- UART SCI (serial communication interface) 데이터 포맷을 따른다.
- 저렴한 네트워크이다.
- 한 선을 이용하고 3~20 V 전압의 NRZ (non-return to zero) 코딩을 사용한다.
- 단일 마스터 버스이다.
- CAN의 서브 버스 (sub-bus)로 사용된다.

❖ LIN 버스 구성요소

마스터

마스터가 전체 버스와 프로토콜을 제어한다. 어느 순간에 어느 메시지를 보낼지를 마스터가 제어한다. 오류 처리도 같이 수행한다. 이런 기능을 위해 다음 기능을 수행한다.

- 동기 break를 보낸다.
- sync 바이트를 보낸다.

- ID 필드를 보낸다.
- 데이터 바이트들과 checksum 바이트를 감시하고 데이터가 일치하는지 평가한다.
- 버스가 idle 상태일 때 슬레이브가 어떤 동작을 요구하면 wakeup break를 받는다.
- 기준 클록을 제공한다.

슬레이브

적절한 메시지 ID가 마스터로부터 보내어졌을 때, 데이터를 보내거나 받는다. 다음의 기능을 수행한다.

- ID을 탐색한다.
- ID에 따라 데이터를 주고받을지 아무것도 안할지 결정한다.
- 데이터를 보낼 때, 1, 2, 4, 혹은 8바이트를 보내고 checksum 바이트를 보낸다.
- 마스터 노드가 슬레이브 노드가 될 수 있다.

❖ 프레임 포맷

메시지 헤더 (header)와 메시지 응답 (response)으로 구성되어 있다. 메시지 헤더는 13비트의 논리 0과 1비트의 delimiter인 논리 1로 구성된 브레이크, 0x55 값을 갖는 sync 바이트, 및 메시지 ID (identifier)로 구성되어 있다. 메시지 ID는 6비트의 언 ID에 두 비트의 패리티를 붙인 보호된 (protected) ID로 만든다. 메시지 응답은 1, 2, 4, 혹은 8바이트의 데이터로 구성된 데이터와 한 바이트의 checksum 바이트로 구성되어 있다.

$$P(0) = ID(0) \oplus ID(1) \oplus ID(2) \oplus ID(4)$$
$$p(1) = ID(1) \oplus ID(3) \oplus ID(4) \oplus ID(5)$$

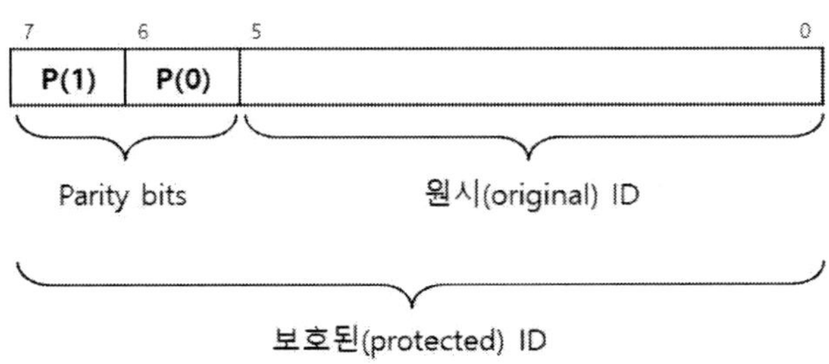

<보호된 ID>

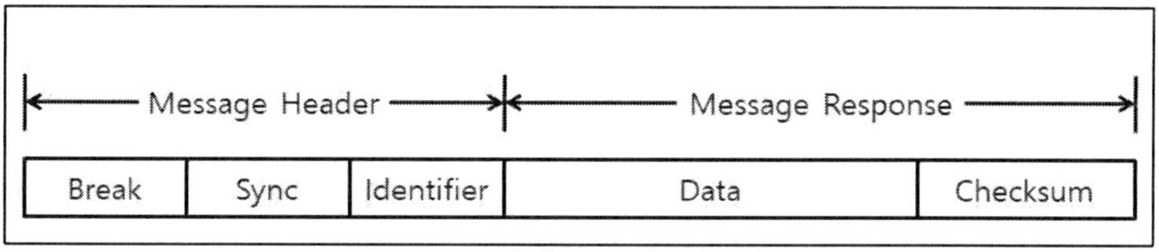

<프레임 포맷>

checksum을 계산하는 방법은 두 가지가 있다. 기존의 방법은 데이터 바이트들을 단지 더함으로써 계산했고 나중에 나온 향상된 방법은 보호된 ID를 포함하여 데이터 바이트들을 더한 뒤 modular-255 연산 (합한 값에서 255로 나누어서 나머지를 계산)을 하여 구한다.

호스트가 메시지 헤더를 보내면 슬레이브가 메시지 응답을 보내는 형태로 진행된다.

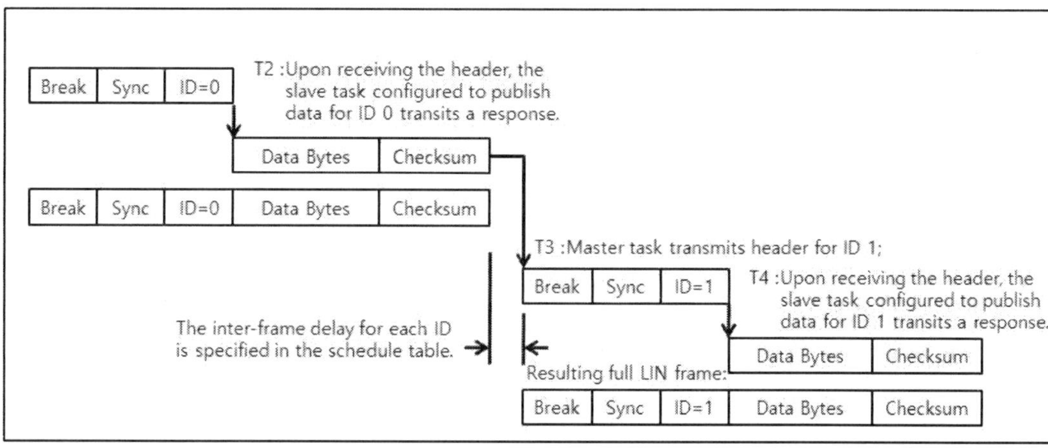

<데이터 주고받기>

마스터가 디바이스 ID 0에 대한 데이터를 요구하는 헤더를 보내면, 이 요구에 대한 데이터를 생성할 슬레이브가 해당 데이터를 보낸다. 마찬가지로, 마스터가 디바이스 ID 1에 대한 데이터를 요구하는 헤더를 보내면, 이 요구에 대한 데이터를 생성할 슬레이브가 해당 데이터를 보낸다.

연습 문제

1. LIN 버스는 CAN 버스와 함께 왜 사용되는가?

2. LIN 버스 프레임 구조를 설명하라.

3. checksum은 어떻게 계산하는가?

21

보안 (security)

이 장에서는 다음을 공부한다.

hash function
MAC (message authentication code)
디지털 서명 알고리즘

사물 인터넷 (IoT) 기술이 대중화되면서 보안 기술이 아주 중요해졌다. 현재도 세계적으로 인터넷 통신의 70%가 보안기술이 적용되지 않은 상태로 이루어지고 있다고 한다. 에로 들어서 스마트홈 네트워크를 해킹하여 그 집 내의 기기들을 마음대로 조작할 수 있다는 것이다.

보안 (security) 기술에는 암호 (cryptology), privacy, 및 safety가 있다. 그리고 IoT 보안에 대한 요구조건은 CIA 즉 보안된 통신 (communication), 엄격한 사물 식별 (identity), 및 엄밀한 권한 부여 (authorization)가 있다. 기기 간에 안전한 연결이 되기 위해서는 certificate (또는 public identity), private key (또는 private proof), 및 root CA (또는 validate)가 필요하다. 즉 CA (certificate authority)로부터 네트워크에 연결될 각 사물이나 서버마다 CA로부터 인증서가 발부되고 연결 시 CA로부터 검증을 받는 형태이다.

주요 보안 서비스로 다음이 있다.

- authentication: 데이터 송신자가 맞는지 증명.
- access control: 비권한 접근 방지.
- confidentiality: 암호를 이용하여 데이터 노출 방지.
- integrity: 송신단에서 보낸 대로 수신단에 데이터가 도달 증명.
- non-repudiation: 송수단 중의 어느 쪽에서 데이터의 송수신에 대한 거부 방지.

보안 메카니즘으로는 다음과 같이 있다.

- 암호 (encryption): 대칭 키, 비대칭 키
- 디지털 서명 (signature)
- 접근 제어
  MAC (message authentication code)
  sequence numbering
  time stamping
  cryptographic chaining
- 데이터 integrity
- authentication protocol: passwords, biometrics
- traffic padding, route control

디지털 서명할 때 hash 함수를 많이 사용하는데 이 함수의 목적은 임의의 유한 길이의 메시지를 고정 길이의 메시지로 맵핑하는 것이다. 다른 입력이 같은 출력으로 맵핑되는 충돌 (collision)이 없어야한다. 메시지의 hash 값을 fingerprint라고 한다.

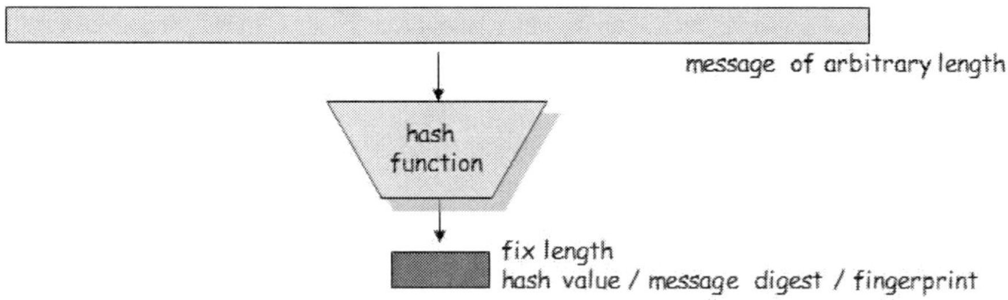

<hash function>

만약 입력 메시지가 처리할 수 있는 길이보다 더 길게 들어오면 처리할 수 있는 고정 길이의 블록들 x1, x2, ..., xn으로 나누어 다음과 같이 처리된다. 마지막 블록은 padding이 있을 수 있다. 여기서 f는 압축 (compression) 함수라고 하고 블록 암호화기 일수도 있고 그냥 전용 압축 함수일 수도 있다.

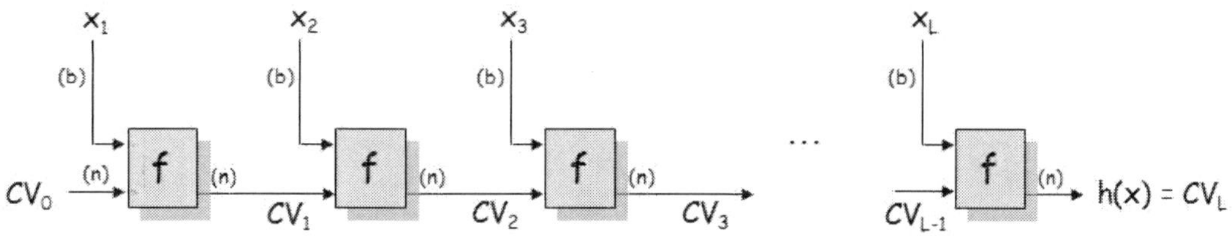

<반복된 hash function>

데이터 integrity와 메시지 origin authentication을 위하여 MAC (message authentication code)를 사용한다. 메시지 외에 동시에 비밀 키를 입력 받는 일종의 hash function이라 볼 수 있다. 비밀 키가 없으면 정확한 MAC을 생성할 수 없다.

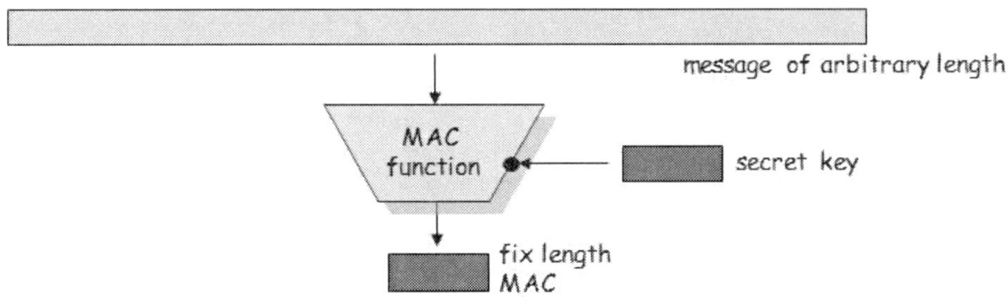

<MAC>

비밀 키로 hash된 MAC을 메시지와 함께 상대방에 보내면 수신자는 받은 메시지와 이 메시지를 같은 비밀 키로 hash하여 계산된 MAC과 보내온 MAC과 비교하여 일치 여부로 검증한다.

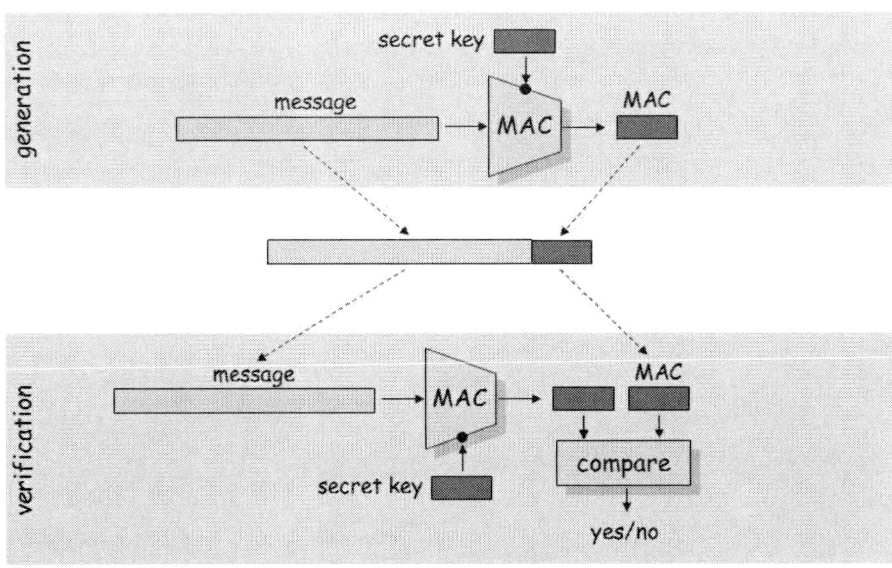

<MAC 생성과 검증>

디지털 서명 알고리즘 (digital signature algorithm: DSA)은 MAC과 유사하나 수신자에 의해서 조작될 수 없고 제 삼자에 의해서 검증된다는 것이 다르다. 메시지 authentication과 non-repudiation을 위해 사용된다. MAC에서는 동일한 비밀 키를 사용했지만 디지털 서명에서는 데이터 송신자의 일치 여부가 중요하기 때문에 hash된 메시

지를 송신자의 private 키로 암호화하여 생성된 서명을 메시지와 함께 보내면 수신 쪽에서는 송신자의 public 키로 서명을 다시 복호화하여 것과 보내온 메시지의 hash된 내용과 비교하여 검증한다. 이들 알고리즘으로 다음과 같이 있다. 임베디드 시스템에서는 마이크로컨트롤러마이크로컨트롤러의 계산 능력이 약하므로 짧은 서명 길이를 갖지만 해킹 위험에 강한 ECDSA (elliptic curve DSA)가 널리 사용될 것으로 예상되고 있다.

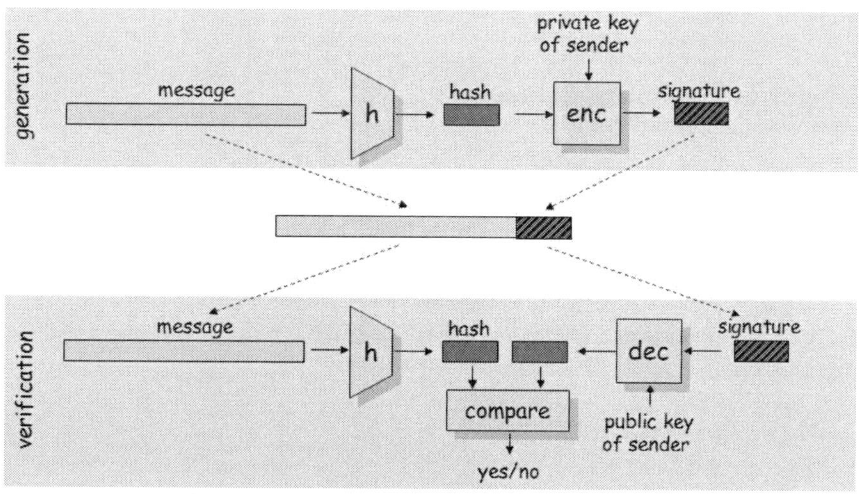

<디지털 서명 생성과 검증>

<디지털 서명 방식>

schemes	사용 알고리즘	서명 길이
RSA (Rivest–Shamir–Adleman)	RSA 암호화와 동일하고 비밀 키 사용	1,024비트
DSA (digital signature algorithm)	ELGamal scheme에 기반	1,024비트
EC (elliptic curve) DSA	DSA와 동일하나 elliptic curve상에서 동작	보통 320비트

현재 IoT 기술에서 보안에 있어서 표준화가 되어있지 않지만 PKI (public key infrastructure)가 가장 유망해 보인다. certificate과 private key의 생성, 발행, 유통, 파기, 관리, 연장, 재발급 등을 관장하는 센터를 두고 보안된 네트워크 연결이 이루어지도록 하자는 것이다.

- 먼저 client가 서버한테 certificate과 private key 생성을 요구한다.
- 서버가 요구한 certificate과 private key를 client에게 발행하여 보낸다.
- client는 이것들을 안전한 곳에 저장해서 보관한다.
- 서버는 CSR에 있는 certificate에 서명해서 client에 돌려준다.
- client는 private key로 생성된 CSR (certificate signing request)를 서버에 보낸다.
- client는 서명된 certificate을 안전한 곳에 저장해서 보관한다.

새로운 장치를 연결할 때는 다음 절차를 따른다.

- client는 잠정적 서명 certificate의 등록을 서버에 요구하기 위해서 검증 코드 요청을 한다.
- 서버는 검증 코드를 client에게 보낸다.
- client는 그 검증 코드를 이용하여 생성된 CSR를 서버에 보낸다.
- 서버는 CSR에 있는 certificate에 서명해서 client에 돌려준다.

연습 문제

1. 디지털 서명을 위해 암호화 및 복호화에 필요한 키는 무엇인가?

2. ECDSA에 대해서 좀 더 알아보자.

찾아보기

저자 : 하 판봉
현재 : 창원대학교 메카트로닉스대학 전기전자제어공학부 교수

하드웨어 기반의 내장형 시스템

2018년 02월 20일 초판 인쇄
2018년 02월 25일 인쇄 발행

저 자	하판봉
발 행 인	송기수
발 행 처	도서출판 GS인터비전
편 집 처	도서출판 GS인터비전
인 쇄 처	대명프린팅
등록번호	제 25100-2016-000050 호
I S B N	979-11-5576-236-5(93560)

주 소 서울 은평구 증산로 15길 69 2층
전 화 02-976-7898, 02-3272-7898.
팩 스 02-6468-7898
홈 페 이 지 gsintervision.co.kr
E - M a i l gsinter7@gmail.com

정 가 25,000 원